일본의 요괴문화
그 생성원리와 문화산업적 기능

중앙대학교 한일문화연구원 편

일본의 요괴문화
그 생성원리와 문화산업적 기능

중앙대학교 한일문화연구원 편

머리말

과연 요괴란 무엇인가.

어쩌면 우리에게 요괴라는 용어는 생경한 것이기도 하다. 신, 귀신, 유령, 도깨비 등으로 설명되는 한국적인 존재들과는 또 다른 측면에서 중국적인 괴이, 괴기, 괴수, 신수, 이매망량 등을 찾을 수 있는가 하면, 서양식 판타지 세계에서는 요정, 데몬, 괴물, 괴수 등을 볼 수 있다.

그러나 요괴라고 하면 이와는 또 다른 세계의 존재들로 보이는데 일본적인 용어라 하여 요괴에 대해 논하기를 주저할 수도 있다.

사실 일본에서도 요괴라는 용어를 쓴 역사는 그리 오래되지 않았다. 산발적이고 개별적인 존재들을 통칭하기 위하여 한자를 조합하여 단어를 만들어낸 시기는 에도 후기이니, 200년 정도에 지나지 않는다. 일본에서는 요괴라는 용어가 민간에서도 학계에서도 널리 쓰이고 있다. 신과 요괴는 다르지만 일본에서는 신도 때로는 못된 짓을 하다가 인간에게 퇴치되기 때문에 다른 요괴는 물론 신까지도 요괴라는 용어에 포함시키기도 한다.

오늘날 일본의 요괴는 전통적인 요괴의 모습을 유지하면서 일본문화의 아이덴티티를 드러내는가 하면, 끊임없이 새로운 모습의 요괴를 생성 아니 창작하고 있다. 요괴는 허황한 것, 허튼 것, 비과학적인 것이라 해서 물리치고 배격하는 것이 아니라, 인간 상상력의 또 하나의 표현양식이라

는 관점에서 요괴를 긍정적으로 해석하며, 나아가 여러 가지 방식으로 요괴를 즐기는 문화를 형성하고 있다. 더러는 문화산업으로 응용되어 세계시장에 진출하기도 하고, 국내에서도 마이너스적인 힘을 해소하는 분출구로서의 역할도 하게 된다.

아무튼 일본의 요괴는 출생과정도, 하는 짓도, 생김새도 흥미롭다. 더러는 그로테스크하기도 하지만, 귀엽고 예쁘게 재창조되는 요괴는 마스코트가 되어 남녀노소의 소지품이 되기도 한다.

이 책은 중앙대학교 한일문화연구원과 일본연구소가 2004년에 주관했던 심포지엄 「일본 요괴문화의 상상력과 표현양식」으로 촉발된 한국과 일본의 요괴문화에 대한 공동연구의 성과를 담은 것이다. 이로써 요괴라는 문화요소를 통한 새로운 문화읽기의 계기가 되기를 바란다.

일본 요괴의 형성과정과 연구방식, 그리고 다양한 요괴의 하나하나의 모습을 정리한 이 책에는 일본인의 유머와 상상력이 번뜩이고 있다. 좋은 글과 자료를 주신 집필자 여러분과 출판을 맡아주신 한누리미디어 김재엽 사장님, 편집과 교정을 담당해 주신 남효순 선생에게 감사한다.

일본의 요괴문화
그 생성원리와 문화산업적 기능

5

목차

문화로서의 요괴

요괴생성의 메커니즘과 문화산업 | **박전열**
요괴를 즐기는 일본인 요괴를 탐구하는 일본문화 | **고마쓰 가즈히코**

일본의 요괴문화 그 생성원리와 문화산업적 기능

문화로서의 요괴

요괴생성의 메커니즘과
문화산업

박전열

요괴생성의 메커니즘과 문화산업

박전열

대낮에도 요괴가 활보한다는 섬

지난 해 여름, 일본인 교수들과 함께 민속조사차 일본 남쪽 끄트머리에 있는 어느 작은 섬에 갔을 때의 일이다. 오키나와에서 배로 4시간 걸리는 섬에 도착하여 정해진 민박에 짐을 풀었다. 민박 아래의 낮은 구릉지대 주위에는 화훼재배단지가 있고 마을은 사탕수수밭으로 둘러싸여 있어 꽤 괜찮은 풍치를 지니고 있는 곳인데도 바닷가의 해수욕장에는 어쩌다 가끔씩 육지에서 손님이 올 정도라는 한적한 마을이었다.

친절한 민박 할머니는 집안 곳곳을 안내하고 식사시간을 일러주었다. 8월 한여름의 뙤약볕은 가만히 앉아 있어도 땀이 줄줄 흘러내리는 무더운 날씨였는데 차려놓은 점심을 먹고 샤워를 한 뒤에 마을로 나서려니까 할머니가 정색을 하면서 지금 외출하면 안 된다는 것이었다. 할머니는 "우리 섬에서는 12시부터 2시 사이에는 사탕수수밭 속을 걸어 다니면 절대로 안 돼요. 만약 이걸 어기면 키가 한 길이 넘는 사탕수수밭에서 오바케가 갑자기 나타나 사람을 납치해 가요. 그러니 이때는 집안에 있어야 해요."라고 하며 오바케란 무언가가 변하여 된 무시무시한 요괴라고 일러주는 것이었다.

나중에 알고 보니, 날씨가 너무 더운 여름날 이 섬에서는 무더운 한낮

에는 이웃에 찾아가지 않고, 밭일도 서늘해지기를 기다려서 하는 풍속이 있었다. 나만 낮에 일하면 공동체의 관습에 어긋나기도 하고, 나만 혼자 낮잠을 자려 해도 꺼림칙하니까 이런 관습이 생겼는지 모르나, 대낮에도 요괴가 출현한다는 말에 일본 교수들도 함께 웃으며 조사일정을 조정하기로 했다.

새로 짠 조사일정은 오전에 조사, 점심식사 후에 휴식 및 자료정리, 3시부터 저녁때까지 조사, 그리고 해가 긴 이곳에서는 저녁식사 후에 남의 집을 찾아가는 것이 실례가 아니라 하여 밤에도 조사차 방문을 하기로 했다.

사실 일본에서 생활하는 한국인이 공통적으로 느끼는 점은 일본에는 정말로 신이 많다는 점이다.

신도 많고 귀신도 많고, 요괴도 어찌 그리 많은지, 일본인들조차 일본에는 요로즈노가미(萬の神)가 있다고 하여 셀 수 없이 많은 신과 귀신, 오바케, 요괴 등이 있다고 생각한다는 것이다.

여객기의 동체에 그린 피카추는 어린이뿐 아니라 어른들까지도 판타지의 세계로 인도한다. (ANA제공)

곳곳에 격이 높은 신을 모시는 신사가 있는가 하면, 집안마다 신을 모시고, 골목마다 신을 모시는 작은 신당이 있고, 산밑이나 산중턱 또는 정상에, 논둑이나 강가에도 신을 모시는 건물이나 상징물이 눈에 뜨인다. 어디 그뿐인가. 현대 문명의 첨단장비인 여객기에도 요괴를 상품화한 캐릭터인 피카추를 그려놓고, 애니메이션, 게임 등 대중문화의 중심에도 요괴가 주요 등장인물로 자리 잡고 있다.

국가가 요괴의 호적을 만들어 관리한다는 말은

신, 귀신, 오바케, 요괴 등의 구분은 복잡하고 어려우니 차차 하기로 하고 아무튼 인간의 지적 능력으로는 그 실체를 파악하기 어렵지만 많은 사람들이 존재한다고 믿는 그런 존재가 있다. 특히 원한을 품은 채로 죽은 사람은 유령 혹은 귀신, 자연이나 물건 혹은 그 어떤 영적 능력을 지닌 존재로 형체를 바꾸어 활동하는데, 사람에게 해코지를 하기도 하지만 때로는 도움도 주고, 흉측한 모양인가 하면 때로는 귀여운 모양이라고도 하는 그런 존재. 파악하기 어렵지만 존재한다고 믿어지기도 하며, 흥미진진한 이야깃거리가 되기도 하고, 그림으로 그리거나 모양을 만들어 유통시키기도 하는 그런 존재.

일본에서는 일찍이 이런 존재를 포괄하는 용어인 요괴라는 단어에 사회적으로도 큰 흥미를 모아왔다. 한국의 경우에 비하여 요괴에 관한 민간의 이야기가 훨씬 많고 그림도 많이 남아 있다. 요괴가 등장하는 연극작품이 많이 전해지고 있는 등 요괴를 소재로 하는 이야기, 그림, 연극 등을 즐기는 문화가 매우 발달되어 있다.

그리고 일본에서는 이를 즐기는 데 머물지 않고 근세부터 요괴를 학문의 대상으로 삼아 요괴자료를 집대성하여 성격이나 모습 혹은 기능에 따른 분류를 시도하고, 왜 이런 신앙이 형성되는가, 그러니 어떻게 대처해야 하는가 등에 관한 담론이 지속되었다.

근대에 들어서서 서양식 논리적 학문이 수입되자 새로운 학문적 방법으로 요괴에 대한 논의를 심화시키기도 하여, 종교학을 비롯한 심리학, 정신의학, 민속학 등 다방면의 학문에서 일본의 요괴는 중요한 연구대상이 되기에 이른다. 요괴에 대한 연구는 요괴의 실체를 밝히고자 하는 것이 아니라, 문화적 대상으로 요괴의 형성과 요괴에 대한 신앙 등을 다양한 학문분야에서 논의하게 되었다. 이 무렵에 요괴학이라는 학문 용어가 만들어지고 요괴에 대한 연구는 본격적으로 전개되는 양상을 띠게 되었다. 근대적 방식으로 요괴에 대한 분석과 이해가 시도되던 시기에도 일본

국립연구기관이 제작, 관리하며 매년 수십만 회가 넘는 억세스 기록을 지니고 있는 피이 요괴 데이터베이스에는 끊임없이 새로운 요괴가 등록되고 있다.(www.nichubun.ac.jp/youkaidb)

의 요괴는 자취를 감추는 것이 아니라, 새로운 문화 속에서 새로운 요괴가 속속 등장하고 있었다. 과학문명이 발달되고 일본인들의 생활이 윤택해지고 생활환경이 현대화되어 요괴가 발붙일 곳이 없을 것 같은데도, 현대에는 현대생활과 문명을 반영하는 새로운 요괴가 등장하는 것이다. 아니 사람들이 요괴를 필요로 하여 생산해내는 것인지도 모른다.

일본의 인터넷에서 요괴라는 단어로 검색을 해보면 수많은 사이트가 떠오른다. 그 중에는 개인이 취미로 만든 사이트도 있고, 요괴를 소재로한 상품을 소개하는 사이트, 요괴를 관광자원으로 삼는 마을의 사이트 등등 다양한 분야의 사이트가 링크되어 있지만 재미있는 것은 접속건수가 높기로 유명한 국립연구기관에서 만든 대단한 요괴사이트도 링크되어 있다는 사실이다. 이 사이트는 문헌과 현장조사 등을 통해서 얻은 데이터를

지역과 명칭에 따라 체계적으로 분류하고, 요괴의 출신지역, 성격, 모양, 활동사항 등을 정리하여 괴이·요괴전승 데이터베이스를 구축한 것이다. 요괴학이 학문적인 체계를 이루고 성과가 축적됨에 따라서 흩어져 있던 자료를 국가프로젝트의 한 가지로 만들어, 국립연구기관의 데이터베이스로 체계화시킨 것이다. 말하기에 따라서는 일본에서는 국가가 요괴의 호적을 관리하고 있다고 할 수도 있다. 요괴, 그까짓 것하고 저만치 밀어두는 것이 아니라 일본의 소중한 문화유산의 한 가지라고 여기고 차근차근 정리해낸 학자들의 연구태도에 찬사를 보내고 싶다.

요괴를 즐기는 문화

일본에서는 예전부터 요괴란 즐기는 것으로 인식되어 왔다. 요괴의 존재에 대해서는 이야기해도 이야기해도, 물어도 물어도 해답은 나오지 않지만, 끝없이 이야깃거리로 삼는 즐거움은 있었다.

사실 존재한다, 아니다 라는 문제에 대한 단정적인 답변이 중요한 것이 아니라, 이야기한다는 것 자체가 즐거운 것이다. 에도시대에 민간에는 햐쿠모노가타리(百物語)라는 모임이 있었다.

약속한 날 밤에 친구들이 촛불을 하나씩 켜들고 요괴에 관한 이야기를 하나씩 준비해 가지고 방에 모인다. 정해둔 순서에 따라서 한 사람이 한 편씩 무시무시한 이야기를 하는데, 이야기를 끝낸 사람은 자기 촛불을 끈다. 촛불이 하나씩 꺼지면 차츰 어두워지고 밤은 깊어간다. 무서운 이야기가 반복되는 동안에 공포심은 차츰 더해진다. 그러다가 마지막 남은 촛불마저 꺼지면 주위는 아무 것도 보이지 않는 어둠으로 공포에 휩싸이게 되는데, 이때 진짜 요괴가 나타나서 공포의 극치를 이루게 된다고 한다. 바로 이런 공포를 유머러스하게 그리고 적극적으로 즐기려는 전통은 오늘날에도 이어지고 있다.

햐쿠모노가타리는 우선 서적으로 대량 출판, 유통되었다. 이런 자리에 가려는 사람은 이야깃거리를 준비해야 하니까, 이런 책을 사서 읽는다.

일본의 요괴문화 그 생성원리와 문화산업적 기능

이런 자리에 갈 수 없는 사람은 책을 사서 읽음으로써 대리만족을 얻는다. 책만 아니라 그림으로도 유통되었다. 판화가는 채색한 요괴그림에 이야기를 넣어서 대량 생산하였는데, 이것이 폭발적인 인기를 얻어 대량으로 팔려 나갔다. 그림을 소장하는 즐거움에 더하여 친구들이 오면 그 그림을 꺼내놓고 이야깃거리로 삼는 풍습이 자리를 잡고 있었던 것이다. 귀중한 접시를 깼다는 누명을 쓰고 억울하게 우물에 빠져 죽은 하녀의 이야기, 이미 유령이 되어 버린 남편이 다른 남자와 모기장 속에서 사랑을 나누는 아내를 하염없이 쳐다보고 있다는 등의 이야기를 담은 판화는 이야기가 이야기를 낳는 즐거움을 제공해 주었다.

요괴에 대한 상상력은 하나하나 따로 존재하던 요괴를 묶고 관련을 맺어주고 이들이 긴밀하게 움직이는 이야기를 꾸며내어 두루마리 그림으로도 표현되었다. 하나의 스토리 속에 편입된 요괴들은 서로서로 가족이나 친구가 되기도 하고 사제지간이 되기도 하여 괴기하고도 흥미로운 그림으로 구성되어 유통되었다. 시간이 지나는 동안에 이런 그림은 패턴을 이루게 된다. 예를 들면 많은 요괴들이 밤중에 행렬을 지어 도회지의 거리

두루마리 불경을 든 요괴를 비롯하여, 함지, 솥뚜껑, 빗자루, 솥, 방울 등을 든 요괴는 여러 가지 도구가 변화되기 전의 모습을 보여준다. (두루마리 그림 「백귀야행」)

를 활보한다는 백귀야행이라는 종류의 그림이다.

요괴는 인간과 같은 캐릭터로 설정되어, 선도 보고, 결혼도 하고, 아기도 낳고, 재산도 모으고 하인도 두고 잘 살아간다. 인간의 이상적인 출세 코스에 대한 교과서 같은 역할도 하는데, 클라이맥스가 인간의 경우와 크게 다르게 묘사되어 있다. 모든 것을 다 얻어 누리고 편안하게 노년을 맞이하나 했더니 날이 밝아 해가 떠오르자, 요괴들은 어둠 속에 전개되던 그간의 부귀영화를 다 팽개치고 혼비백산 흩어져 버리는 장면으로 두루마리 그림은 끝을 맺는다.

그림의 각 장면에 등장하는 요괴는 인간의 모습과 비슷하기는 하되 인간이 아니며, 일상생활에 쓰이던 도구가 인간과 비슷한 모습으로 모양을 바꾸거나, 동물이 변신하여 요괴의 형상을 이룬다. 요괴의 모습은 인간의 모습과 어떤 방식으로든 유사성, 공통성이 있어야 한다는 요괴생성의 원리를 잘 드러내고 있는 경우가 된다.

에도시대에 서민들의 인기를 독차지하던 연극인 가부키나, 인형극인 닌교조루리에서도 요괴는 중요한 등장인물이 되었다. 극진히 섬기던 남편이 다른 여자에게 마음을 빼앗긴 것만 해도 안타까운데, 남편의 손에 죽임을 당한 여인의 처절함이 여인으로 하여금 요괴로 변신하여 복수에 나서게 한다는 이야기가 있다. 변신한 여인의 추악한 모습은 분노에 가득 차 있는데, 보는 이로 하여금 큰 공포를 느끼게 한다. 실제 생활 속에서라면 이런 추악한 모습은 피하고 싶은 것, 보고 싶지 않은 것이겠지만, 연극이기 때문에 비싼 입장료까지 지불하면서 변신하는 과정과 변신한 모습을 보려고 한다.

특히 극중에서는 변신하는 과정 자체가 중요한 볼거리로 주목을 받는다. 그것도 관객이 보는 앞에서 사람이 저주받은 동물로 변신하기, 미녀에서 유령으로 변신하기, 얼굴 없는 요괴로 변신하기, 귀여운 요괴로 변신하기 등을 재빠른 변신 연출로 전개하여 관객을 사로잡음으로써 요괴에 대한 저항감을 없애고 요괴를 즐기는 문화의 전형으로 받아들이게 한다.

일본의 요괴문화 그 생성원리와 문화산업적 기능

요괴 분류하기

실존하지 않는다고 하지만, 사람들은 요괴가 실존한다고 믿기 때문에 수없는 요괴가 생산 혹은 생성되고 있는데, 과연 일본의 요괴는 어떤 것이 있는가. 이 책에서 차츰 구체적인 요괴의 모습이 논의되겠지만, 일본의 특징적인 요괴이자 자주 등장되는 전통적인 요괴로는 여우, 덴구, 너구리, 갓파, 뱀, 오니 등을 들 수 있다.

여우는 일본뿐 아니라 세계적으로도 변신하는 동물로 여겨지는 존재이다. 한국에서도 여우 같은 여자라고 하면 연상적으로 떠오르는 이미지가 있지 않은가. 일본에서도 여우는 변신에 변신을 거듭하는 존재로서, 때로는 사람을 돕기도 하지만, 독특한 캐릭터로 특히 남자를 괴롭히는 요괴로 자주 활약한다. 그러나 다른 측면에서는 농업이나 상업을 관장하는 신의

갓파는 사람처럼 걷고 개구리처럼 헤엄치며 물가에 살면서 사람이나 말을 홀려서 피를 빨아먹는 요괴인데, 인간과 흡사하지만 신의 사자로서 초능력을 지닌다고 한다.

심부름꾼으로서 사람이 잘 섬기면 복을 가져다주기도 한다는 양면성이 매력의 포인트가 되기도 한다.

덴구는 하늘을 날아다니는 새 모양이라고도 하고, 산속에서 축지법을 쓰면서 자유자재로 돌아다니는 몸이 붉고, 키가 크고, 코가 긴 남자 모습이라고도 한다. 초능력을 지니고 사람들을 골탕 먹이기도 하지만, 때로는 사람을 돕기도 한다는 존재이다. 붉은 색에 코가 크다

요괴 생성의 메커니즘과 문화산업 | 박전열

는 신체적 특징 때문에 여자들의 코큰 남자에 대한 동경과 오버랩되면서 묘한 매력을 지니는 요괴이다. 어떤 지역에서는 자기네 산 속에 덴구가 살고 있다고 선전하여 관광자원으로 활용하기도 한다.

너구리는 사람으로 변신하기도 하니, 너구리는 사실 사람일지도 모른다는 생각이 두루 퍼져 있었다. 특히 스님으로 변신하여 마을에 찾아왔다는데 사람들은 스님으로 대접하지만, 개는 정체를 알고 짖어대기 시작하여 발각되었다는 이야기, 너구리에 씌우면 밥을 많이 먹고 배가 너구리 배처럼 불룩해졌다가 죽는다는 등 너구리를 주인공으로 하는 이야기가 많이 전해지고 있다. 또 너구리를 잘 섬기면 한국의 전통 민속에서 '업'이 들어왔다고 할 때의 '업'처럼 집안에 복을 가져다주는 요괴로 여기기도 한다. 술가게 앞에 도기로 만든 너구리가 술병을 들고 있는 모습을 만들어 세우기도 하는데, 너구리가 여유 있고 엉뚱한 일을 저지르는 존재라는 생각에 따른 풍습이다.

갓파는 물가에 산다는 요괴인데, 세월이 지나는 동안에 차츰 귀여운 모습이 강조되면서 변형을 거듭하여 왔다. 물속에 살면서 물가에서 물을 마시려는 말을 물속으로 끌어들였다거나, 사람을 유인하여 골탕을 먹인다는 이야기가 많이 남아 있다. 오늘날에는 흉측한 요괴로 묘사되기보다는 움푹 패인 정수리에 물을 이고 다니는 귀여운 모습으로 캐릭터화 되어 소녀들이 마스코트로 달고 다닐 정도가 되었다. 갓파의 전설이 전해지는 지역에서는 이 호수가 바로 그 갓파가 살고 있는 호수라는 식으로 선전하여 관광자원으로 삼기도 한다.

뱀은 여자로 혹은 요괴의 모습으로 변신하여 사람을 홀리기도 하고, 소원을 들어주지 않으면 복수를 한다는 설정으로 이야기나 연극에 자주 등장한다.

오니는 한자로 쓰면 귀(鬼)라고 한다. 한국의 귀신과는 다른 이미지로서 오니는 원혼과 관련이 깊지만, 때로는 신처럼 전지전능하고 무섭다가도 사람에게 속임을 당하기도 하고 사람에게 복을 가져다주기도 한다는 다중적인 성격을 지닌다. 한국의 혹부리영감 이야기와 같은 이야기가 일

일본의 요괴문화 그 생성원리와 문화산업적 기능

본에 있는데, 한국의 도깨비는 일본 이야기에서는 오니로 등장한다.

요괴는 이뿐만이 아니다. 현대에도 새로운 요괴는 새로운 사회적 요소를 반영하며 만들어지고 있

너 100m에 몇 초야?

3초!

한국에서 유행하는 빨간 마스크 이야기의 원산지가 일본이라는 점은 흥미롭다. 공포의 대상이기도 하지만, 쇼킹과 위트가 어우러져 흥미진진함이 독자의 마음을 사로잡는다. (만화 「빨간 마스크 파란 마스크」 키덕 키덕 제공)

다. 한국에서도 인기가 있는 여고괴담 시리즈는 일본의 것에 영향을 받아 만들어진 것이라 할 수 있다. 근년에 서점의 만화코너에서 한 칸을 차지하고 있는 만화 가운데 마스크 이야기는 아직도 열기가 대단하다. 빨간 마스크 파란 마스크라는 이름으로 인터넷의 엽기사이트에서 화제를 모으고 있는 이 이야기는 하얀색 레인코트에 큰 마스크, 긴 머리가 특징인 여인이 밤에 사람을 만나면 "나 예뻐?"라고 묻는다. 예쁘다고 하면 귀까지 찢어진 입을 보여주고, 못생겼다 하면 식칼을 들고 쫓아온다는데 100m를 3초에 달린다고 하는 무서운 요괴이다.

그러나 정작 이 이야기의 원형은 1970년대 후반 일본에서 유행하기 시작한 '입이 찢어진 여자'라는 이야기인데, 한국에 들어오면서 빨간 마스크라는 제목으로 번안된 요괴 이야기인 것이다. 당시 일본에서는 경제적인 대성공을 거두면서 그 그늘에 숨겨진 여성의 사회진출 문제, 가정교육 문제 등이 이런 요괴 이야기를 생성한 것이라는 분석이 나오기도 했다.

요괴는 대중문화의 중요한 소재

요괴와 관련된 상상력의 세계가 이야기, 그림, 연극, 애니메이션, 만화, 영화, 캐릭터상품, 게임 등 곳곳에 응용되고 있다. 결론부터 말하자면 요괴는 일본대중문화를 생성하고 순환시키는 데 중요한 캐릭터로 기능하고

요괴 생성의 메커니즘과 문화산업 | 박전열

있다.

스타크래프트도 그렇지만, 일본의 닌텐도나 소니의 게임에는 사실적인 등장인물의 수효보다, 사람 같지만 사람이 아닌, 초능력을 발휘하며, 죽어도 다시 살아나며, 베어도 베이지 않는, 하늘을 날고, 사람의 눈

환경운동과 자연회귀 욕망이 번져가고 있던 시기에 동물 판타지로서 등장한 도토로는 거대한 요괴이자 귀여운 요괴로 애니메이션의 성공과 더불어 캐릭터 상품의 전형을 이루었다. (영화 「이웃집의 도토로」)

을 속이며, 수없이 변신할 수 있는 능력을 지닌 주인공이 즐비하다. 굳이 판타지계열의 게임이 아니라 해도, 전통적인 요괴문화를 바탕으로 전개되는 요괴적 주인공이 일본인의 공감을 얻어 맹활약 중이기도 하다.

만화나 애니메이션, 영화에도 요괴를 즐기는 문화는 풍성하여 매일매일 새로운 작품 아니 상품을 생산하여 즐기고 소비하고 있다. 미야자키 하야오의 이웃집 도토로는 도토로 자체가 즐겁고 포근한 이미지의 요괴이다. 센과 치히로의 행방불명은 이상한 문 저쪽이 온통 요괴들의 세계였다. 영화 '음양사'는 요괴를 알아보는 초능력을 지닌 스페셜리스트가 요괴를 달래기도 하고 요괴를 부리기도 하고 쫓아내기도 하는 과정을 우아하게 그려낸 영화이다. 이 영화에서 요괴는 사람의 몸속을 들락거릴 수도 있고 병들게 할 수도 있는 존재로 묘사된다.

영화 '링'에서는 요괴가 존재한다는 전제에서 원한과 복수가 어떻게 이루어질 수 있는가를 공포분위기 속에서 그려내고 있다. 영화의 속편이 만들어질 정도로 널리 공감을 얻은 이 영화는 요괴를 적극적으로 해석하려는 현대인의 호기심과 요괴문화의 전통이 살아있음을 시사해 주고 있다.

일본에서 게임의 주인공을 캐릭터 상품화하는 일은 이 방면의 기업으로서는 당연한 영업활동이 되어 있다. 어린이들로 하여금 캐릭터를 하나

하나 구입하여 전체 세트를 완비하고 싶은 욕구가 들도록 선전을 통하여 끈기 있게 조작한다. 대표적인 사례가 피카추 선풍이었고, 지금도 요괴인 피카추는 귀여운 모습으로 아이들이 생활하는 방에 장식되기도 한다. 이미 방에 두면 무서워서 잠을 못 이룬다는 그런 마이너스적인 존재가 아니라 귀여운 요괴, 안고 자는 인형, 베고 자는 베개로 쓸 수 있는 귀여운 요괴로 자리잡고 있다.

요괴의 생성원리

무서운 요괴에서 귀여운 요괴로 변신하는 데는 일본의 문화전통을 바탕으로 하는 상상력이 원용되었듯이, 없던 요괴를 만들어내고, 있던 요괴를 재창조하는 데도 몇 가지 창작원리가 있다고 생각된다.

무엇보다도 호기심이 요괴 생성의 첫째 요소가 된다. 인간에게 있어서 호기심은 무엇인가를 말이나 글이나 혹은 물건으로 만들어냄으로써 형상화되고 완결될 수 있다.

성경에는 신이 자신의 모습을 본떠서 인간을 만들었다고 한다. 바꾸어 말하자면 인간은 자신의 모습을 본떠서 신의 모습을 만들었다고 할 수 있

실컷 이용당한 뒤에 인간에게 버림받은 도구들이 요괴로 변하여 인간에게 복수할 방도를 논의하고 있다. 도구와 인간의 중간적인 모습으로 묘사되었음이 특징이다. (두루마리 그림 「쓰쿠모신키」)

지 않은가. 인간은 신이나 귀신이나 요괴의 모습을 만들 때, 가장 먼저 인간의 모습에서 출발한다. 귀신이나 유령이 인간의 모습을 기본으로 하여 머리를 풀어 헤치거나, 손톱이 많이 길거나, 키가 엄청나게 크거나 하는 변형된 모습으로 묘사된다. 때로는 발이 없는 모습이나 둥둥 떠다니는 모습으로 그려지기도 한다.

쓰쿠모가미의 이야기라는 두루마리 그림에 등장하는 요괴의 모습은 일상생활에 쓰이던 도구들이 변신한 존재이다. 신발, 솥, 가야금, 비파, 방망이, 염주, 항아리, 모자, 상자 등등. 그러나 이런 기물이 그대로의 모습이라면 스스로 움직일 수도, 생각할 수도, 말도 할 수 없는 존재, 생명력이 없는 존재로 머물게 된다. 그러나 요괴로 변신한다는 것은 이런 기물들이 서로 푸념을 늘어놓기도 하고, 인간을 원망하기도 하며, 인간에게 복수하려는 생각도 한다는 설정이다. 그러다 보니 신발, 솥, 가야금, 비파 등은 손발이 붙어 있고, 생각도 하고 말도 하는 존재로 묘사된다. 이로써

낡은 절터나 달밤의 거리를 누군가 터벅터벅 걸어가는데, '저, 누구세요' 하고 물어도 대답이 없고 문득 돌아본 모습은 얼굴도 없이 몸통에 손발만 늘어진 썩은 고깃덩이 요괴 눗베후호후 혹은 눗페보였다고 한다. (미즈키 시게루가 그린 「요괴사전」에서)

일본의 요괴문화 그 생성원리와 문화산업적 기능

늘이고 줄이고 자유자재인 요괴. 비정상적으로 길게 늘어난 목은 머리를 멀리까지 보내기도 하고, 병풍을 넘어다보기도 한다. 자유자재로 늘어나는 목이라는 뜻의 로쿠로구비는 공간을 초월하고 싶다는 인간의 욕망의 표본이다. (우타가와 구니사다의 그림 「로쿠로구비」)

인간에 대항할 수 있는 존재, 요괴로 대접받을 수 있는 것이다.

이처럼 요괴가 되려면 먼저 인간과 유사한 모습을 지녀야 한다. 때로는 인간과 꼭 같은 모습이 되어 인간이 요괴를 인간인 줄 알고 인간대접을 하는 경우도 있다. 그러나 완전한 인간으로 변신하여 완전한 인간으로 삶을 마친다면, 이는 요괴도 아니며 이야깃거리도 되지 않는다.

인간으로 변신하기는 했지만 어딘지 부족하거나 불완전하여 어린이에게 발각되거나 집을 지키던 개에게 발각된다. 완전한 존재가 아니라 불완전한 변신이야말로 요괴로서 아이덴티티의 기본인 셈이다. 이런 불완전한 요괴의 모습이란 어떻게 묘사되는가. 인간에 가까우면서도 인간과는 다른 모습이나 능력이야말로 요괴 묘사의 기본이자 요괴문화 생성의 원리가 된다.

요괴의 능력이나 모습에도 천차만별이 있지만, 요괴는 인간의 변형, 즉 축소, 과장, 생략, 대치 등의 원리로 생성된다고 할 수 있다.

일본의 요괴 가운데는 몸이 아주 작은 엄지라는 요괴나, 다리가 아주 짧은 거미 같은 요괴가 있는가 하면, 키가 아주 크든가 몸집이 집채만큼 커서 벽이라고 불리는 요괴도 있다. 다리는 보통인데 팔만 엄청나게 긴 요괴도 있고, 눈이 여럿 달린 요괴, 몸체는 그대로인데 목이 쭉쭉 늘어나서 머리통만 이리저리 움직일 수 있는 요괴, 특정한 신체부분을 과장하는 요괴도 있다. 눈이 하나만 달린 요괴, 얼굴에 눈, 코, 귀, 입이 달리지 않은 요괴, 보통이라면 뿔이 한 쌍이어야 하는데 뿔이 하나만 달린 요괴 등은 기존의 조건에서 부분을 생략함으로 성립된다.

요괴는 창조하는 것이지만, 전혀 없던 것을 만들어낸다기보다 이미 있던 사물이나 인간의 보편적인 모습을 일그러뜨리거나 축소하거나 반복하거나 뒤틀어 놓음으로써 새로운 요괴를 생성한다. 물론 이 과정에 일본인의 미의식이나 기존의 요괴관이 개입된다.

일본의 요괴문화

일본문화를 연구하는 방법이나 대상은 실로 다양하다. 그 방법의 한 가지로서 요괴라는 대상을 통하여 보는 일본문화는 우선 우리들의 상상력을 자극하며, 이미 알고 있던 일본문화에 대한 새로운 해석을 할 수 있게 한다는 점에서 흥미진진하다.

요괴라는 것은 존재 과학적으로 실증될 수 있는 성질의 것이 아니지만, 요괴에 대한 일본인들의 관심에 관한 것이나 요괴가 직접 혹은 간접적으로 표현된 문화현상은 도처에서 발견된다. 요괴라는 학문적 안경을 쓰고

3D 액션게임으로 개발되어 비밀통로를 질주하는 쾌감을 즐기는 주인공 소닉은 인간도 아니고 새도 아니고 또 짐승도 아니지만, 인간의 질주본능을 대신해주는 요괴로 인기를 모았다. (게임 캐릭터 「소닉」)

일본문화를 보려 할 때 다양한 시야가 열리며, 자유롭게 사고하는 일본인들의 발상법뿐 아니라 발상에 머무르지 않고 구체적인 글이나 그림이나 연극 혹은 물건으로 표현하려는 노력이 선명하게 보이며, 이런 것들이 본능에 가까운 일본적인 문화방식인 듯하다.

　요괴를 적극적으로 담론하며 유형적인 표현방식을 개발하던 일본인의 요괴문화는, 요괴학이라는 학문을 성립시킴으로써 차원을 높여가고 있다. 나아가 이를 관광의 자원으로 승화시키며, 요괴를 문화상품으로 발전시켜 나가는 지혜는 우리에게도 많은 시사점을 던져준다.

요괴생성의 메커니즘과 문화산업 | 박전열

일본의 요괴문화 그 생성원리와 문화산업적 기능

문화로서의 요괴

요괴를 즐기는 일본인,
요괴를 탐구하는 일본문화

고마쓰 가즈히코

요괴를 즐기는 일본인, 요괴를 탐구하는 일본문화

고마쓰 가즈히코

일본의 요괴문화 그 생성원리와 문화산업적 기능

Ⅰ. 일본은 지금 요괴붐

일본에는 오랜 동안 (대략 20년 정도가 되리라) 조용하게 요괴붐이 지속되고 있다. 매년 각지의 박물관이나 미술관에서 요괴 관련 특별전시회가 개최되고 있다. 예를 들면 금년에는 『대 미즈키 시게루 전시회(水木し

げる展)』가 돗토리현립(鳥取縣立) 박물관을 필두로 전국을 순회 중에 있고, 가와사키시(川崎市) 시민뮤지엄에서 『일본의 환수전(幻獸展)』이, 히로시마현립(廣島縣立) 역사민속자료관에서는 『이노요괴록(稻生物怪錄)과 요괴의 세계 - 미요시의 요괴그림』 등이 개최되고 있다.

고전적인 요괴와 현대를 배경으로 하는 새로운 요괴를 만화화하여, 만화가의 시각에서 요괴문화를 발전시킨 미즈키 시게루(1922년생)의 2005년 전시회 포스터

그러나 이런 붐은 미즈키 시게루의 요괴화(妖怪畵)나 그 선인들의 요괴화에 대한 관심에 의해서 또는 미야자키 하야오(宮崎駿)의 『이웃집 도토로(となりのトトロ)』『원령공주(ものの

커다란 머리와 손만 있는 부인 요괴는 웃음소리와 함께 한밤중에 이노(稲生)에게 나타난다.

け姬)』『센과 지히로의 행방불명(千と千尋の神隱し)』등의 일련의 애니메이션 작품과 교코쿠 나쓰히코(京極夏彦)의 『우부메의 여름(姑獲鳥の夏)』을 비롯한 다수의 괴기소설 등 대중문화적인 작품을 통해서 일어난 것으로, 요괴문화의 연구는 이러한 붐에 자극을 받아 불과 최근 20년 사이에 활성화 되었다는 것이 실상이다.

사람들이 다니지 않는 터널을 지나면 나타나는 저쪽 세계에는 시간과 공간의 개념이 전혀 다른 또 하나의 세계 즉 인간과 비슷한 모습을 지닌 요괴의 세계가 펼쳐지고 있다고 설정된 애니메이션 「센과 치히로의 행방불명」(2001년 스타지오 지브리 제작)

따라서 요괴문화연구는 현재로서는 아직 요괴에 대한 관심을 지닌 연구자가 각자의 관심에서 개별연구를 축적하고 있는 단계에 머물러 있는 정도라고 생각된다.

그러나 이와 같은 대중문화를 선도하는 많은 사람들이 인정하고 있는 것처럼 인원수는 그다지 많지 않지만 넓은 의미에서의 요괴문화연구의 착실한 성과가 그들의 창조력(상상력)을 자극하였음은 분명하다. 다소 자기 자랑 같은 소개가 되는데, 예를 들면 금년 2월에 『속 항간 백가지 이야기(續巷說百物語)』로 나오키상(直木賞)을 수상한 교

촌락사회가 외부에서 온 사람 즉 떠돌이를 어떻게 맞아들이는가, 혹은 배타시 하는가 하는 문제는 요괴문화를 형성시키는 기본적인 요소가 될 수 있다는 새로운 논점을 제시한 베스트셀러 『이인론』(1985년 간행)

코쿠 나쓰히코는 졸저 『빙령신앙론(憑靈信仰論)』이나 『이인론(異人論)』을 만나지 않았다면 요괴나 유령을 주제로 한 소설을 쓰려는 충동이 일어나지 않았을 것이라고 말하였다.

또한 요괴에 관심을 지닌 연구자나 창작자, 학생, 일반시민들의 민속적인 요괴전승(妖怪傳承)에 대한 접근을 위한 루트로써 문부과학성(현재는 일본학술진흥회)의 과학연구비 보조금을 받아서 4년간의 세월에 걸쳐 완성시킨 「요괴·전승 데이터베이스」(국제일본문화연구센터의 홈페이지에서 일반공개)는 공개 후에 약 2년에 걸쳐 현재 소박한 학술적 데이터베이스로서는 경이적인 접근 건수인 약 40만을 넘는 인기를 누리고 있다. 지금은 요괴문화연구가 요괴붐을 배후에서 지원하며, 그 붐이 다시 요괴문화연구를 자극하고 있는 상황이다.

그런데 요괴문화를 연구하는 데는 여러 가지 입장이 있으며, 생각해야 할 것도 매우 많다. 예를 들면 도대체 「요괴」란 무엇인가. 요괴문화란 구체적으로 어떤 영역을 가리키는가, 요괴문화연구는 언제부터 시작되어 어떤 업적이 있으며, 지금은 어떻게 되어 있는가, 등등의 의문이 생긴다. 지면 관계상 이 모든 문제를 두루 다 답할 수는 없다.

그래서 여기서는 근대에 이르러 「요괴」라는 말로 일본문화의 한 측면을 드러내어 그것을 연구대상으로 삼던 이른바 요괴문화연구의 선학과 그들이 생각했던 「요괴관(妖怪觀)」을 대강이나마 살펴봄으로써 요괴란 무엇인가, 요괴문화란 어떤 영역을 가리키는가, 요괴연구로부터 무엇을 이끌어낼 수 있는가에 대하여 검토해 보고자 한다.

Ⅱ. 「요괴」를 정의한다

「요괴」라는 말은 까다로운 단어이다. 우선 이 말이 가리키는 대상이 확실하지 않다는 점이다. 예를 들면 오니(鬼)라고 하면 거의 모든 사람들은 뿔이 있고 체격이 우람하며 훈도시를 찬 모습을 상상할 것이다. 「갓파(河童)」라고 하면 머리에 접시가 있고 손에는 물갈퀴가 있고 등에는 껍질이 있는 어린이 같은 모습을 상상할 것이다. 이들은 모두 요괴 종목을 구성하고 있는 요소이지, 이것으로 요괴라는 카테고리의 전체적 특징을 떠올릴 수는 없다.

그렇다면 「요괴」라는 말은 무엇을 의미하고 있는 것인가. 그것을 어떻게 알기 쉽게 설명할 수 있을까. 많은 일본인은 적어도 자신은 이것이 요괴이다 라고 생각하는 몇 가지 요괴종목을 떠올리며, 괴상한 존재, 불가사의한 현상을 요괴라고 한다는 정도로 설명할 수밖에 없지 않을까.

「요괴」를 정의하는 일은 매우 어렵다.

그러나 생각만 하는 것보다는 이것을 우선 글자 그대로 이해하여 「이상한 것」이나 「이상한 일」 즉 「괴이(怪異)」라고 평이하게 이해해 두는 것이 무난할 것이다. 「요괴」라는 말은 중국에 기원을 두는 말이다. 한서(漢書)에 '도읍에 요괴가 있어' 라는 기록이 있다. 이는 바로 위에서 말하는 요괴이다. 즉 불가사의한, 불가해한, 괴이한 일이 일어났다는 정도의 의미이다. 그 현상이 어떤 현상이며 그 정체(원인)를 당시의 고대 중국인이 어떻게 생각했는지 알 수 없다. 이 말이 일본에서 처음 쓰인

물가에서 살고 있다는 갓파는 자주 이야깃거리가 되는 만큼 다양한 모습으로 그려진다. 머리 모양은 파충류를 닮은 얼굴로 전형화 된다. 『백피도권』 (후쿠오카시 박물관 소장)

것은 『속일본기(續日本記)』 777년 3월 19일 조에 보이는 「크게 부정을 물리쳤다. 궁중에 빈번히 요괴가 나타나기 때문이다」는 기록이다. 이 「요괴」의 원인은 아마도 「오니」의 탓이라고 여겼던 것이라 생각된다.

즉 사람에게 「이상하다」든가 「불가사의」라고 생각되는 것은 모두 「요괴」라는 라벨을 붙여도 문제가 없었던 것이다. 예를 들면 집안에 「이상하다」고 생각되는 「소리」가 나면 그것은 그 자리의 「요괴」가 된다. 또한 가족 가운데 한 사람이 「이상하다」고 생각되는 「얼굴」이나 「몸짓」을 하면 이것은 그때의 「요괴」가 된다. 즉 「요괴」란 사람의 인식체계나, 이해할 수 있는 지식의 체계로부터 일탈된 것 모두를 가리키게 된다.

일본의 요괴문화 그 생성원리와 문화산업적 기능

농민들이 잔치를 하는데 커다란 손만 보이는 요괴가 이상한 소리를 내면서 나타나 신을 우습게 아는 놈들을 혼내줘야 한다며 낚아채 가버리고 말았다는 이야기의 그림책이 전해지고 있다. 『도사 요괴 그림』 (고치현 개인소장)

대개 이러한 「요괴」의 대부분은 잘못 들은 것이거나 잘못 생각한 것이거나, 알고 보면 이해할 수 있는 사항이어서, 곧바로 그런 현상이나 물건의 「이상하다」는 속성이 해소되는 경우도 많다.

내가 체험했던 사례를 들어보기로 한다. 한 서클에 초대를 받고 가나자와(金澤)의 민가에서 강연을 한 일이 있다. 테마는 「요괴」였다. 강연 도중에 돌연히 정전이 되어, 작은 소동이 벌어졌다. 여러 모로 원인을 조사하여 보니 결국 새로 단 전등의 전구가 끊어진 것이었지만. 모인 사람들로서는 이 사건이 매우 기분이 언짢았다. 이 사건은

과연 「요괴」현상이라 해도 좋을 사건이었다. 참가한 사람들 전원이 새로
단 전구가 우연히 불량품이었다고 생각하면, 이는 이해할 수 있는 현상으
로써 「요괴」현상은 아닌 셈이 된다. 이처럼 「요괴」란 사람들에게 「이상하
다」는 생각이 들게 하는 모든 것을 의미한다. 그리고 이런 「이상한 현상」
은 여러 가지가 있지만 이런 현상을 「구분하여」 즉 세분화하여 각각 「명
명」함으로써 각 종류의 「요괴현상」이 발생되는 것이다.

　「요괴」를 정의한 뒤에, 또 하나의 까다로운 문제는 「요괴」라는 말이 「이
상한 현상」의 일반적인 경우뿐만 아니라 이상한 현상을 불러일으켰다고
판단되는 「요괴」의 「정체」(신비적, 영적 존재이며, 인간에게 잠재적인 위
험으로 추측되는 존재)에도 적용된다는 점이다.

　예를 들면 어떤 요괴현상을 일으키는 것이 「오니」라고 판단되면 이는
「요괴」라는 카테고리로 분류된다. 또한 여우 너구리의 소행이라고 여기면
여우 너구리도 「요괴」의 카테고리로 분류된다. 또한 이것이 죽은 사람의
탓이라고 생각되면 그것은 「요괴」로 분류된다. 이런 「요괴」 카테고리에
포함되는 존재도 많이 있다. 여우, 너구리, 고양이, 거미, 뱀, 거미, 식물
등의 실존하는 동식물을 기초로 그것을 신비화시킨 존재 혹은 오니나 덴
구(天狗), 갓파 등의 상상의 존재, 나아가 인간이 만든 기물과 같은 것에

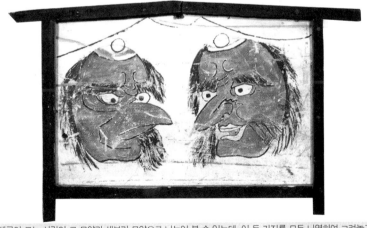

덴구의 코는 사람의 코 모양과 새부리 모양으로 나누어 볼 수 있는데, 이 두 가지를 모두 나열하여 그려놓고
덴구의 힘을 빌리려는 데 부적으로 쓴다.

이르기까지 환상·신비화된「요괴」의「정체」로 여기게 되었다.

그런데 고대에는「오니」가 자주「요괴」의「정체(正體)」라고 여겼다. 고대에는「오니」로 여기는 일이 많았다. 이 레벨에서의「오니」는 중국의 영향을 받아 일본에 침투된 사고라고 생각되며, 한국의「귀신」에 가까운 존재라고 생각된다. 나아가 이「오니」의「정체」가 한층 세분되어「죽은 사람의 영(死靈)」「살아 있는 사람의 영(生靈)」「지옥의 옥졸(獄卒)」「번개의 신·바람의 신」「살아 있는 사람의 변신」「기물의 영」등 다수의「오니」를 생각해내게 되었다. 이윽고 이런「오니」가 도회지의 밤의 어둠 속에 떼지어 다니는 모습이 환시(幻視)되자, 이를 백귀야행(百鬼夜行)이라 명명하게 되었다.

또 하나의 까다로운 문제는 시각화·조형화가 적극적으로 진행되었다는 점이다. 고대의 일본에는 이처럼「요괴」로 분류된「정체」는 원래는 형태가 보이지 않는 것이어서 우연히 보았다고 해도 모습이 애매하여 그려내기 어려운 존재였다.

그러나 중세에 이르자 공포와 불안이 순화(馴化)되었다고 해도 좋을 정도로 지적 활동이 진척되어「요괴」(오니나 덴구)가 나타나 사람들을 괴롭히기는 했지만, 종교자나 장수들의 활약으로 퇴치(격퇴)되었다는 요괴퇴치 이야기가 그림을 곁들여 만들어졌다.「오니」의 모습을 본뜬 가면을 쓰고 오니로 가장한 인물이 쎄쓰분(節分)의 쓰이나(追儺) 의례에 등장하게 되었다. 거기에는「오니」나「덴구」가 정형화 되어, 캐릭터로서 사람들에게 침투되었다.

이것이「오니」란 빨강이나 검정, 청색 등의 원색의 피부에 체구가 크고 호랑이 가죽으로 만든 훈도시를 두르고, 쇠방망이나 망치를 들고 있다는 식의 이미지이다. 이는 현대의 일본인이「오니」라는 말을 들었을 때 떠올리는 전형적인 모습이기도 하다.「덴구」도 또한 얼굴은 새처럼 부리가 있고, 등에는 날개가 돋치고 야마부시(山伏)의 모습이라는 전형적인 모습으로 그려지게 되었다.

일본「요괴」의 큰 특징은 에도시대에 들어 이처럼 시각화, 조형화, 캐릭

일본의 요괴문화 그 생성원리와 문화산업적 기능

산골짜기에서 사락사락하는 소리가 계속해서 들려오는 경우가 있는데 이는 요괴가 개울에서 콩을 씻는 소리라고 한다는 전승에 뿌리를 두고 있는 현상이다. 대개 산골짜기나 다리 아래 나타나서 '콩을 씻을까 사람을 잡아먹을까' 라는 노래를 부르며 개울물에 콩을 씻는다고 한다.

터화가 극단적으로 진척되었다. 이야기 가운데 한 장면의「요괴」모습이 그「요괴」의 전형적인 특징(캐릭터)으로 파악되어 이야기로부터 분리되면서 그 전형적인 모습만이 회화화(繪畵化)되어 유통되기에 이르렀다.

예를 들면 깊은 산속에 머물게 되었을 때 깊은 밤, 골짜기 쪽에서 콩을 볶는 듯한 소리가 들린다는 요괴현상이 있다.

이 현상을 이름하여「콩 씻기(小豆あらい)」라 한다. 이는 괴이(요괴)현상이지만, 이를 회화화하여 유통시키면「콩 씻기」는 구체적인 형상을 지니는 요괴 존재가 되고, 마침내 그런 모습으로 사람들 앞에 등장하게 된다. 이처럼 일본에서는 많은 수의「요괴」(존재)가 태어나서 요괴도감에 수록되기에 이르렀다.

여기서 일본의「요괴」라는 용어와 개념을 요괴의 역사에 따라서 정리해 보면「그 어떤 것(もの)」이「신(かみ)」과「오니」로 분화되어 그「오니」가 한층 구체적인 유서를 지닌「오니」로 분화됨과 동시에「오니」와 병치되는 형식으로「여우」나「너구리」「덴구」등등의「요괴」가 태어났고, 나아가 회화화, 캐릭터화를 거쳐, 실로 많은「요괴종목」이 나타난 것이라고, 그 과정을 생각해 볼 수 있다. 즉 현대에는 그 모두가「요괴」로서 캐릭터화되어 있지만, 그 내부를 살펴보면 여러 층에 걸쳐 분절화가 이루어져 있음을 알 수 있다.

「요괴」라는 말과 관련하여 하나의 다른 관점에서의 문제점을 지적하기도 한다.「요괴」와 같은 뜻이라고 생각되는 몇 가지의 단어가 있다. 이따

일본의 요괴문화 그 생성원리와 문화산업적 기능

금「요괴」와「바케모노」(化物, お化け)는 같은 것인가,「바케모노」와「유령」은 어떻게 다른가 등의 질문을 받는다. 따라서 여기서 말하는「요괴」라는 말을 정의하고 설명해 둘 필요가 있다고 생각한다.

우선「요괴」이다. 이 말은 지금은 세간에 널리 침투되어 있지만, 메이지(明治, 1868~1912) 이전에는 그다지 널리 쓰이지 않았던 것 같다. 그렇다면 어떻게 하여「요괴」라는 말이 등장하게 된 것인가. 아직 확실히 알수는 없지만 메이지시대가 되어「요괴」라는 용어로 두루 묶어낼 수 있는 현상이나 존재에 흥미를 지니고, 이에 관한 연구에 종사하는 사람들이「학술용어」로서 의식적으로 쓰기 시작하였다. 이런 의미에서의 최대의 공로자가 다음에 논할「요괴박사」라는 별명을 지닌 철학자 이노우에 엔료(井上円了)였다. 즉 학술용어로서 만들어낸「요괴」가 연구자의 영역을 벗어나 차츰 세간에서도 널리 쓰이게 되었다. 그리하여 오늘날에는 현대인의 일상생활에 널리 쓰이는 어휘가 되기에 이른 것이다.

그러나 현대에 가장 널리 유통되고 있는 말이면서도, 그 의미가 선뜻 가슴에 와 닿지 않는 사람이 많은 듯하다. 이는 학술용어로서 출발하였기 때문에 그 구체적인 이미지가 쉽게 파악되지 않기 때문이다.

앞에서도 말한 것처럼, 현재 가장 알기 쉬운 것으로는 미즈키 시게루가「요괴」라는 총칭으로 쓰고 있는「이형(異形)의 존재들」이라고 설명할 수 있다. 즉「요괴」라는 말은 학자들이 생각하는「요괴」개념이 세간에 침투되어 있다고 하기보다는, 현대에는 미즈키 시게루가 묘사한 이형의 존재들이「요괴」이다 라는 식으로 침투되어 있다고 생각할 수 있다.

이미 말한 바와 같이 근년에 요괴에 대한 관심이 높아지는 계기가 된 것은 미즈키 시게루의 요괴화의 인기였다. 여기서 추측할 수 있는 것처럼 요괴붐을 지탱하고 있는 것은 요괴화에 대한 관심이다.

즉 미즈키 시게루가 그린 다종다양한 요괴화는 미즈키 시게루에 의하여 회화화된 것도 있지만, 그 가운데는 이전에 활동하던 요괴 화가가 그린 많은 요괴화를 바탕으로 미즈키 시게루가 그의 상상력을 덧보태어 수정한 것도 포함되어 있다. 이런 전통을 바탕으로 하고 있다는 점이 차츰

밝혀지고, 메이지시
대로부터 에도시대,
나아가 중세에 그려
진 요괴화가 염가판
의 칼라 인쇄본으로
보급될 수 있는 환경
에 힘입어 많은 양이
출간되기에 이르렀
다.

도모코모라는 이름의 머리를 둘 가진 요괴는 신통한 능력을 지닌 두 의사인데 서로 솜씨를 겨루다가 결국 모두 죽어버리고 말았다는 설화가 전해지고 있다.

요괴붐의 기초자료
가 된 주요한 그림집을 열거해 보면, 우선 선구적인 역할을 한 것은 『요괴 그림(妖怪繪卷)』(每日新聞社, 1976)으로 이후에 많은 연구자가 다루게 된 대부분의 요괴그림이 수록되어 있다.

이에 앞서 요괴그림을 다룬 계몽적인 서적으로는 『오바케 도회(お化け 圖繪)』(芳賀書店, 1973)도 빼놓을 수 없다. 내가 요괴그림의 전체상을 어렴풋하게나마 알게 되었던 것은 이 책이었다.

중세부터 근세에 걸친 몇 가지의 오토기조시(お伽草子)에도 요괴가 등 장하는 작품이 많이 있지만, 이런 작품이 수록된 『재외 나라 그림책(在外 奈良繪本)』(角川書店, 1981)과 『오토기조시 두루마리 그림(御伽草子繪 卷)』(角川書店, 1982)으로 요괴화의 세계가 확대되었으며, 나아가 1977 년부터 간행이 시작된 「오에야마 두루마리 그림(大江山繪卷)」과 「땅거미 소시(土蜘蛛草紙)」 등을 수록한 풀칼라판의 『일본 두루마리 그림 대성 (日本繪卷大成)』(中央公論社, 1977~78), 그리고 도리야마 세키엔(鳥山 石燕)의 『화도백귀야행(畵圖百鬼夜行)』(國書刊行會, 1992), 『니노 모노 노케 기록 두루마리 그림(稻生物怪錄繪卷)』(小學館, 1994) 등이 요괴의 이미지를 확대하였다고 할 수 있다.

최근에도 고쿠쇼간코카이(國書刊行會)에서 니시키에(錦繪)의 요괴화 집인 『요괴도감(妖怪圖鑑)』『그림책 하쿠모노가타리(繪本百物語)』『교사

요괴를 즐기는 일본인 · 요괴를 탐구하는 일본문화 | 고마쓰 가즈히코

이 요괴백경(曉齋妖怪百景)』『구니요시 요괴백경(國芳妖怪百景)』『요시토시 요괴백경(芳年妖怪百景)』『호쿠사이 요괴백경(北齋妖怪百景)』 등이 속간되고 있다.

또한 이런 요괴화의 존재에 주목한 박물관이 요괴화를 중심으로 하는 전람회를 개최하게 되었다. 그 선구가 된 것은 효고현립(兵庫縣立) 박물관이 1987년 여름에 개최한 「오바게·요괴·유령……」이었다. 동관의 도록은 후에 『도설 일본의 요괴(圖說日本の妖怪)』(河出書房新社, 1990)라는 제목으로 재편집 간행되었다.

그리고 십수년이 지난 현재에도 박물관의 요괴붐은 더욱 융성해지고 있는데, 이후에도 한 동안은 위세가 꺾일 것 같지 않다.

Ⅲ. 요괴문화연구의 여명기

20여년 전부터 현재에 이르기까지 오랜 동안 요괴붐이 일고 있음에도 불구하고, 실은 요괴를 학술적으로 연구하려는 사람은 매우 적다. 요괴는 그림뿐만 아니라 민간전승이나 문학, 연극, 영상, 유희 등 여러 분야에 등장하고 있다.

그러나 이를 종합적으로 고찰하는 연구자는 물론 개별 전문분야에조차도 연구자가 매우 적다. 이는 전문분야 안에 여러 가지 사정 때문이라고 생각하지만, 어느 분야에서나 요괴 종류에 대한 연구를 이상한 연구, 미신의 연구 혹은 저급한 신령에 대한 연구로 다루려는 경향이 강하기 때문이다. 요괴연구를 하는 것 자체가 학회의 「이단아」로 간주되어 학문과 관련 없는 연구를 하는 것으로 인식되고 있다.

이런 학문적 상황 속에서 요괴연구를 허용하는 분위기를 지닌 유일한 학문이라고 할 수 있는 학문이 민속학이다. 왜냐 하면, 일본민속학의 창시자라고 하는 야나기타 구니오(柳田國男)가 일찍부터 민속으로서의 요괴연구의 필요성을 주장했기 때문이다.

그러나 「요괴」를 근대적 의미에서 학문의 대상으로 삼을 필요성을 논한

오니는 여러 가지 형상과 다양한 색채로 그려져 두려움의 대상인 동시에 친근한 모습으로 일상생활 속에 나타나기도 한다. 빨간 오니(赤鬼)와 푸른 오니(靑鬼)는 청홍의 대조적인 색채로 여러 가지 의미를 표현하게 된다.

것은 야나기타 구니오가 최초는 아니었다. 그 영예는 이미 거명했던 이노우에 엔료에게 돌아가야 할 것이다. 야나기타 구니오는 이 이노우에의 요괴연구에 이의를 제기하는 형식으로 스스로의 요괴연구를 피력했다.

이노우에 엔료는 철학자이다. 뿐만 아니라 서양의 학문을 존중하는 근대적인 학문정신을 지니고 있었다. 이와 같은 사람이 「요괴」를 연구하는 학문을 「요괴학」이라 명명하고 철저하게 요괴를 규명하고자 하였다. 그는 매우 넓은 틀에서 「요괴」(불가사의한 현상)를 정의하며, 이에 포함되는 「요괴」를 철저하게 고찰하고자 했다. 일찍이 1886년 그가 28세 때 불가사의연구회(不可思議研究會)를 조직하였고, 이듬해에는 불가사의암(不可思議庵) 이노우에 엔료라는 이름으로 『요괴현담(妖怪玄談)』(哲學書院)을 간행하였다. 이는 「곳쿠리산(コックリさん)」을 합리적으로 해석하려는 것이었다. 그는 이를 다음과 같이 설명한다.

"……이것을 시도하려는 사람은 대개 모두가 미리 곳쿠리[1]가 빙글빙글 회전할 것을 알며, 또한 그것이 회전함으로 사람과 사이에 응답이 오간다는 것을 알고 있다. 따라서 그런 생각이 자기도 모르는 사이에 작용하여 손이 움직이고, 단지 그 회전하는 것만 보는 것이 아니라, 그 회전을 통하여 점괘가 전달된다는 것을 알게 된다."

---

1) 역자주 : 「狐狗狸」라고도 표기한다. 점법의 한 가지. 끈으로 묶어 교차시킨 3개의 대나무로 쟁반을 받치고, 세 명이 가볍게 쟁반을 눌러, 한 사람이 기도하고, 한 사람이 묻는 등 하여, 쟁반이 저절로 움직이기 시작했을 때, 혼이 실렸다고 하여 그 움직임으로 사물을 점친다.

요괴를 즐기는 일본인 · 요괴를 탐구하는 일본문화 | 고마쓰 가즈히코

즉 곳쿠리가 회전하는 것, 물음에 응답하는 것 등의 과정을 미리 알고 있음으로, 무의식 중에 곳쿠리를 움직여 반응하게 하는 것이라고 풀이하였다. 즉 그의 요괴학은 많은 요괴현상을 합리적으로 해석하여 가능한 한 요괴를 박멸하려는 것이었다.

나아가 이노우에 엔료는 1891년에 요괴연구회를 발족시켜 동서고금의 서적을 섭렵하여, 요괴현상·존재에 관한 기사를 수집하는 한편, 전국각지를 순회강연하며 모은 자료를 정리하여 1986년에 대저서『요괴학강의』를 간행하기에 이른다. 그의 요괴학의 기본적인 목적은 불가사의(요괴)한 현상을「가괴(假怪)」와「진괴(眞怪)」로 구별하였다.「가괴」란 사람들이 초자연적인 것의 소행으로 여기는「이상한 현상·존재」인데, 이노우에 자신은 이런 것을 합리적으로 해석할 수 있는 것이라고 판단했던 것이다. 따라서「우선 이상하다」는 의미로 그렇게 이름을 붙였던 것이다. 그리고 그것을 합리적으로 설명함으로써,「가괴」를 박멸하고자 했던 것이다.

이에 대하여 근대적인 과학으로 아직 충분히 설명할 수 없는 현상(불가사의)을「진괴」라 명명했다.「생명은 불가사의하다」는 등의「불가사의」였다. 이노우에는「요괴」를 박멸하고자 애쓰던 운동가였던 것이다. 이런 생각은 이노누에 엔료에 한정된 것이 아니었다. 서구 모델의「문명개화」를 추진하려던 당시 지식인 문화인에게 공통된 생각이었다.

이노우에 엔료는 일본인이 근대인이 되기 위하여, 즉 근대일본을 건설하기 위하여 장애가 되는 것을 요괴로 규정짓고 가괴를 이해함으로 그 박멸의 선봉에 서려는 것이었다.

이와 같은「요괴박멸학」으로서의「요괴학」을 발족시킨 이노우에 엔료였지만, 그는 박멸 대상으로 해야 할 요괴를 사랑하고 있었음에 틀림없다. 합리주의자라는 것과 요괴애호자라는 것은 조금도 모순되지 않기 때문이다. 그런 생각이 들 정도로 그는 요괴 찾기를 지속하였다. 당시 매스컴이나 민중이 그를「요괴박사」라는 별명으로 불렀던 이유를 알 만하다. 그의 요괴학 관계저작은 당시에 이미 중판을 거듭하고 있었으며, 현재에

역사학적 관점에서 요괴의 형성과 변천과정을 다룬 에마 쓰토무의 『일본요괴헨게사』는 1923년에 간행되어 요괴에 대한 학문적 연구의 길을 열었다.

도『이노우에 · 요괴학전집』(전6권, 柏書房, 1999~2001)으로 읽을 수 있다.

이노우에 엔료의 정력적인 활동에 의하여「요괴」라는 단어가 세간에도 차츰 유통되어,「요괴」는 구체적으로는 이노우에가 다룬 현상이나 존재를 가리키게 되었던 것 같다. 즉 학술용어로서의「요괴」는 이노우에 엔료에 의하여 쓰이기 시작한 것이다. 여기서 유의해야 할 점은 그가 주의를 기울였던「현상(現象)」이었다. 민중이 정말로 신비적인 현상이라고 생각하는 것을 합리적으로 해석하려는 것이었다.

이런 움직임에 자극을 받았는지, 1923년 새로운 시점에서의 요괴연구가 대두되었다. 풍속사(風俗史)에 흥미를 지니고 있던 에마 쓰토무(江馬務)가 역사학 시점에서「요괴」를 다룬『일본요괴헨게사(日本妖怪變化史)』[2](현재는 中公文庫로 입수할 수 있다)이다. 에마 쓰토무는 이노우에 엔료와는 확실히 다른 연구 자세를 지녔다. 그는 머리말에서 다음과 같이 말했다.

"여러분은 이렇게 말할지도 모른다. - 지금이나 옛날이나 이치는 단 하나이다. 요괴 헨게 등이 세상에 있을 턱이 없다. 혹시 주관적으로는 존재할지 모르지만, 객관적으로는 존재하지 않으므로 오늘날 자동차니 비행기가 날아다니는 세상에 이와 같은 세상을 어지럽게 하는 이야기는 듣고 싶지 않다고 할 것이다. 한편으로는 지당한 일이다. 그러면서도 그런 논

─────────────────

2) 역자주 :「變化」를 헨카라 읽을 때는 바뀌다 변화하다는 뜻이지만, 헨게라고 읽을 때는 본래의 모습을 바꾸어서 나타남, 또는 그것. 요괴나 괴물을 의미한다.

요괴를 즐기는 일본인 · 요괴를 탐구하는 일본문화 | 고마쓰 가즈히코

의에 대항하는 독자와 우리들의 견지는 근본적으로 다르다는 것을 우선 자각하기 바란다. 이 책은 요괴 헨게를 어떻게 보는가, 어떻게 이해하는 가, 어떻게 대처하는가 하는 것을 당면 문제로 논하자는 것이다."

즉 박멸대상이었던 「요괴」가 역사적 고찰대상으로 다시 떠오른 것이다.

에마 쓰토무의 요괴 역사의 연구는 획기적인 연구였다. 합리주의 관점에서 현대인이 부정하기는 하지만, 근대 이전의 사람들이 요괴의 실존을 믿고 있었다면, 그 요괴의 변천을 추적하는 연구도 역사적인 의의가 있다고 주장하였기 때문이다. 그는 박멸해야 할 요괴 혹은 박멸한 요괴를 다시 한 번 문화사의 한가운데 등장시키려 했다. 결국 그의 「요괴관」은 이노우에보다 훨씬 더 좁았다. 즉 그는 「둔갑한다(化ける)」(실은 에도시대 후기의 「요괴」의 대부분은 둔갑 변신할 수 없었다)는 속성에 주목하여 그 정체로 여겨지는 존재를 인간, 동물, 식물, 기물, 자연물 등 5가지로 구별하고, 나아가 한층 더 복잡하게 재분류를 시도하였다. 이런 요괴의 고찰은 주로 형체를 지닌 요괴에 관한 언설(이야기)나 회화를 염두에 둔 것이었다고 할 수 있다.

그는 시각화 회화화된 혹은 캐릭터화된 「요괴」에 대하여 관심을 쏟고 있었다. 『일본요괴헨게사』는 당시의 서적으로서는 드물게 많은 요괴그림이 사진이나 모사화(模寫畵)로 실려, 요괴도감적 성격을 띄고 있었다.

흥미로운 것은 에마가 역사적 변천을 추적하면서도 요괴 헨게를 여러 가지 각도에서 분류 고찰하고자 하였음이다. 예를 들면 요괴의 형태를 앞에서 말한 5가지를 기초로 정체를 분류하기도 하고, 출현 이유를 애정보다도 원한에 의한 것, 그밖의 사정이 있는 것, 무슨 까닭인지 모르는 것 등으로 분류하기도 하고, 요괴의 능력이나 성별, 약점 등에 주의를 기울였다. 이는 오늘날에도 참고가 되는 기준이다.

그런데 이때까지 논의되던 요괴박멸학으로서의 이노우에 엔료의 요괴학의 융성을 마땅치 않게 생각하는 한편, 에마 쓰토무의 요괴 헨게의 역사학에 박수를 보냈다고 생각하는 것은 일본민속학의 창시자 야나기타 구니오였다. 야나기타는 근대일본이 성립되는 과정에서 배제되고 버려지거나 박멸되고 있던 「일본문화」를 「민속」으로 추슬러 근대학문 가운데 다시 자리잡게 하려 했다. 그의 「민속」의 일부에 「요괴」도 포함되어 있었다. 야나기타는 1936년에 발표한 『요괴담의(妖怪談義)』에서 「존재 유무는 사실 문제되지 않는다. 오바케는 어디든지 있는 것이라고 생각하는 사람들이 옛날에는 많았으며 오늘날에도 조금은 있다는 이유를 알지 못하는 어려움에 처해 있다」고 한 것처럼 이노우에 엔료와 같은 과학적 합리주의에 바탕을 둔 요괴부정론자와는 달리 요괴라는 존재를 믿었던 사람들의 사고구조 즉 심성(心性)에 근거를 두는 「요괴의 우주론」이라 할 수 있는 연구의 필요성을 역설했다. 야나기타 구니오는 민속학의 일환으로서의 요괴학의 필요성를 주장하면서도 아쉽게도 세부적인 연구에는 이르지 못하였다.

그러나 『요괴담의』는 배제 박멸되고 있던 요괴를 민속으로써 다시 회수하여 그 연구의 의의를 역설하며 이를 위한 이론적 발판을 마련하고자 했던 점에서 획기적인 것이었다.

야나기타는 요괴연구에서 다음과 같은 3가지를 강조하였다.

첫째, 전국 각지의 요괴종목(종류)을 채집할 필요가 있다. 그가 주목한 「요괴」는 민속(촌락)사회의 그것이었기에, 회화화된 「요괴」가 아니라, 오히려 「현상」으로서의 「요괴」 혹은 모습 형태가 아직도 파악되지 않는 「존재」로서의 「요괴」였다.

둘째, 「요괴」(바케모노)와 「유령」을 구별하여, 요괴는 어떤 장소에 나타나는 것이고, 유령은 어떤 사람에게 나타나는 것이라고 구별하였다. 혹은 바케모노는 「황혼 무렵」에 출몰하며, 유령은 「한밤중」에 출몰한다는 차이가 있다고 정의했다. 이런 「요괴」와 「유령」을 구별하는 지표는 그후 구체적인 사례연구를 통해서 대부분 쓸모 없는 이론이 되어 버렸다. 「유령」도 「요괴」라는 카테고리에 포함되는 것이 일반화 되고 있다.(에도시대의 「바케모노 일람」에도 유령은 바케모노의 한 가지 카테고리로 생각했다.) 「유령」은 요괴 가운데도 근현대에 돌출적인 위치를 차지하게 되어 「요괴」라는 카테고리로부터 분리 독립된 듯한 인상을 주게 되었다

셋째, 요괴는 신(神)이 영락
(零落)한 것이라는 가설. 민속
학적 요괴연구는 오랜 동안 이
지침에 따라서 진행되었다. 야
나기타는 우선 「요괴」를 일본
인의 두려움과 공포의 감정에
뿌리를 둔 것이라 하였다. 이
런 감정이 일정한 형태로 나타
나는 것이 「요괴」라는 것이다.
사람의 마음 깊은 곳에 있는
두려움과 공포가 「요괴」를 만
들어낸다는 시점은 극히 중요
한 지적이며, 오늘날에도 충분
히 적용되는 견해이다.

너구리의 변신 이야기 가운데, 아이들에게 잡혀 죽게 된
너구리를 살려주자 은혜를 갚기 위해 주전자로 변신하여
팔려 가지만 화덕 위에 놓이게 되어 뜨거워 혼난다는 이야
기는 전형적인 동물변신담의 하나이다.

한편 이와 같은 공포감정의
형상(形象)인 「요괴」를 사람들이 신앙하던 신들이 영락한 존재라고 이해
하였다. 물의 신이 영락한 모습이 「갓파」라는 「요괴」이며, 산의 신이 영락
한 모습이 「야마우바(山姥)」라는 「요괴」라고 생각했다. 즉 신앙이 영락된
존재, 즉 「속신(俗信)」의 전형적인 예로써 「요괴」를 상상하게 된 것이라
했다. 영락한 신들과 공포감정이 융합되어 「요괴」가 나타나게 되었다고
이유를 설명하였다.

근대화 가운데 버려져 쇠락해 가고 있던 민속의 중요한 구성요소인 민
간신앙 가운데, 특히 주변적인 것으로 위치시켰던 「속신」(미신, 신앙의
파편)은 우선 과학적 합리주의자의 공격목표가 되었다. 야나기타의 눈에
는 이노우에 엔료의 행동이 요괴를 퇴치하는 호걸과 같은 모습과 오버랩
되었을지 모른다. 요괴는 틀림없이 머잖아 퇴치될 존재였다. 이미 많은
요괴들이 퇴치된 상태였다. 그러나 요괴의 주검을 앞에 두고, 야나기타는
왜 옛날 사람들은 무슨 목적으로 요괴를 필요로 했을까라는 물음에 직면

하였다.

이와 같은 야나기타 구니오의 요괴학의 에센스를 구체적인 소재를 들어 보인 수작이 「너구리와 데모노로지」이다. 「데모노로지란 문명의 진보와 반비례하여 퇴화해 가고 있다」는 인식을 바탕으로, 사람을 홀리는 너구리 이야기를 예로 들면서, 근대화 가운데 사라져가고 있는 일생생활 가운데 있는 「불가사의」와 요괴의 관계를 그려내고 있다. 그 가운데 인용된, 기차로 둔갑하여 진짜 기차와 대항하는 둔갑 너구리 이야기(「가짜 기차」)는 요괴와 근대의 관계를 상징적으로 이야기하는 것이 인상적이다.

야나기타 구니오의 민속학적 요괴연구에 자극되어 각지에서 민속 차원의 요괴종목이 보고되어 「전국요괴사전」이라 할 수 있는 것이 작성되었다.

그러나 요괴 그 자체의 민속학적 연구는 갓파나 여우 등의 쓰키모노(憑きもの)를 제외하면 거의 진전된 것이 없다. 민속학적 요괴연구는 요괴자

우귀(牛鬼)는 귀신의 얼굴에 소의 몸통을 가진 요괴로 사람이나 가축을 잡아먹는다고 하며 소용돌이치는 강물이나 바다에 산다고 한다. 우귀는 먼저 사람의 그림자를 먹는데 그 사람은 반드시 죽는다고 한다.

체를 목적으로 한 것이 아니라, 다른 연구목적에 이용할 소재로서 다루어졌기 때문에 요괴 자체의 연구에 큰 관심을 두지 않았다고 할 수 있다. 즉 요괴가 신에 대한 신앙이 변화하여 영락한 모습이라는 전제에서 요괴가 연구되었다. 요괴가 되기 이전에 신이었던 시대의 신앙을 복원하려는 데 뜻이 있었다. 예를 들면 요괴 이전 즉 이전의 신 신앙의 복원연구가 민속학적 요괴연구이며, 요괴의 사회학이나 요괴의 의미론이라는 각도에서의 연구는 아니었다.

예를 들면 이 당시의 상황에 따라서 이야기를 전개한 것이 이노쿠치 쇼지(井之口章次)의 논문 「요괴와 신앙(妖怪と信仰)」(『日本の俗信』)이다. 어떻게 하여 「요괴의 신앙 영락설」이 민속학계에 유통되기에 이르렀는가는 이 논문에 잘 나타나 있다. 그는 당시에 영락설이 널리 지지를 받던 민속학의 상황을 검토하여, 신중하게 "이해하시기 어려운 제안일지 모릅니다만"이라고 말문을 떼고 "요괴현상이라는 것은 아마 어느 나라 어느 민족에게도, 또한 시대를 초월하여 존재하는 것이기에 신앙과 평행하여, 혹은 신앙보다 오래 전부터 있었던 것이라고 인정된다"고 당시로서는 대담한 내용의 발언을 했다. 이 발언은 주목할 만하다.

그러나 이어서 「그런데 한편 현재 알려진 요괴 하나하나에 대하여 그 유래를 자세히 검토해 보면 그 대부분이 신에 대한 신앙, 영혼신앙이 변화하여 영락된 모습이다」라고 하며, 야나기타 구니오의 영락설에 지지를 밝히고 있다. 즉 오니나 덴구는 그 발생(창조) 당시부터 인간에 대적하는 사악한 초자연적 존재였을지 모른다는 가능성을 포기해 버렸던 것이다. 이 점은 야나기타 방식의 요괴연구의 한계를 말해 주고 있다.

민속학은 전국 각지의 요괴자료를 적극적으로 채집한다는 점에서 높이 평가할 수 있다. 우리들이 구축한 「괴이 · 요괴전승 데이터베이스」는 이런 보고서를 꼼꼼하게 수집하여 집대성함으로써 가능하였다.

그러나 그런 요괴자료를 고찰해 보면, 그 분류의 틀은 항상 이전의 신에 대한 신앙이 쇠퇴하여 요괴가 되었다는 것이었다. 그런 의미에서는 당시에 고찰했던 많은 자료가 유효성을 잃고 있다고 할 수 있다.

이런 매너리즘에 빠진 민속학적 요괴분석방법에 의한 논문이 태반을 차지하는 야나기타 구니오 이후의 민속학적 요괴연구 가운데, 요괴 혹은 이에 준하는 소재를 다룬 중요한 연구가 나왔다. 그 한 가지가 이시즈카 다카토시(石塚尊俊)의 『일본의 쓰키모노(日本の憑きもの)』(未來社, 1969)이며, 또 한 가지는 다니가와 겐이치(谷川健一)의 『마의 계보(魔の系譜)』(紀伊國屋書店, 1971)이다.

전자는 사람의 몸에 달라붙는다고 하는 동물령(動物靈)에 관한 이른바

일본의 요괴문화 그 생성원리와 문화산업적 기능

「쓰키모노」신앙을 가능한 한 총괄적으로 다룬 연구로, 쓰키모노 연구는 요괴연구에 있어서 가장 충실한 「각론」이 된다. 여기서는 신흥 갑부집안에 대한 질투와 선망이 고조되어, 그 집을 배제하기에 이른 때, 그 배제 이유로 내세우는 것이 신비로운 동물을 조작하여 마을의 「부(富)」를 약탈했다거나, 주위 사람들에게 질병이나 재액이 들게 했다는 것 등이었다. 이런 문제를 사회경제사적 시점이나 종교사적 시점에서 철저하게 고찰하였다.

후자는 문학자, 평론가로부터 민속학자로 서서히 변모하였던 다니가와 겐이치가 전환점에 위치하여 발표한 대표작이다.

그는 이 연구에서 "일본역사의 뒷면에 또 하나의 지극히 기괴한 흐름이 있었다. 그것은 죽은 자의 마(魔)가 지배하는 역사이다"라는 가정을 바탕으로 일본의 역사와 원령계의 요괴나 요이(妖異) 등의 무서운 관계를 해명하는 것이었다. 여기서 다니가와가 밝힌 것은 야나기타가 말하는 것과 같이 이전의 신에 대한 신앙이 영락한 존재라는 관점에서는 도저히 이해되지 않는, 살아 있는 인간의 행동을 철저하게 근본적으로 규제하고 있는 강력한 악령들이 처절하게 활동하는 모습이었다. 역사 가운데 패자나 약자가 죽음을 계기로 원령이 되어 승자나 강자를 공격한다. 정치사나 사회경제사적인 관점에서 합리적으로 해석되었던 역사와는 달리 이를 믿는 사람들의 언설과 행동이 집약된 역사도 있었기에, 이런 역사를 표면에 떠올리는 작업도 또 하나의 일본 역사연구라는 것이다.

그러나 이시즈카 다카토시나 다니가와 겐이치의 연구는 이제까지의 민속학의 요괴연구와는 크게 구별되는 「요괴」연구였으나 역시 기본은 야나기타의 「요괴」를 '이전 시대의 신에 대한 신앙'이 쇠퇴한 것이라는 견해를 완전히 부인하는 것은 아니었다. 그의 작업도 또한 요괴화되기 이전의 「신」을 복원하는 작업이었다.

즉 야나기타가 구상한 요괴연구는 바꾸어 말하자면 이전 시대의 신앙연구를 복원하기 위하여 요괴를 소재로 삼은 연구였다. 「쓰키모노」나 「원령」이 요괴화되기 이전에는 「신」이었다는 가설 위에 성립되고 있다. 예를

들면 다니가와 겐이치의 저작의 하나인 광산(鑛山)문화와 오니나 외눈박이 요괴와의 관계를 다룬 『청동신의 발자취(靑銅の神の足跡)』(集英社, 1979)는 외눈박이 요괴를 대장장이신으로서 외눈박이신의 영락한 모습이라는 관점에서 논의를 전개하고 있다.

그러나 이런 「요괴」를 「이전 시대의 신에 대한 신앙의 잔존」「신이 떠나버리고 남은 껍질」이라고 보는 관점에서 전개하는 연구는 「요괴의 의미론」이나 「요괴의 기능론」 등의 시점을 지나쳐 버리게 된다.

예를 들면 갓파나 덴구라는 존재를 믿는 사람에게 있어서 갓파나 덴구는 어떤 의미를 지니는가 라는 의문에 답하지 않으면 안 된다. 요괴의 민속학연구는 오랫동안 정체되어 있었다. 몇 가지 민속사례로서 가끔 흥미로운 보고가 있었지만, 이론적 내용분석 레벨에 관하여 여전히 불만스러운 점이 남는다.

근대화가 진척되는 가운데 즉 「요괴」의 박멸이 진행되어 「요괴」를 믿는 사람이 줄어들고 있는 가운데 이노우에 엔료 방식의 「요괴학」은 소멸되었고, 역사학에서도 에마 쓰토무 이후에 「요괴」라는 용어를 쓰는 이 방면의 연구는 진전되지 않았다. 민속학적인 요괴연구로 적극적인 평가를 한 것은 그 가운데서도 민속학만이며 「요괴」라는 용어로 연구를 계속하였다. 그 실적은 제2차 세계대전 후, 그리고 오늘날 진행되고 있는 요괴문화연구의 준비과정이 되었다.

사람이나 동물 등의 원혼이 사람의 몸에 들어와 이상을 일으킨다는 신앙은 민간신앙의 중요한 내용 가운데 한 가지인데 이에 대한 연구는 인간에 대한 연구이자 사회병리에 대한 연구과제이기도 하다. 1994년에 간행된 고마쓰 가즈히코의 『빙령신앙론』

IV. 요괴문화연구의 새로운 전개

이런 민속학적 요괴연구가 거의

48

일본의 요괴문화 그 생성원리와 문화산업적 기능

없던 시대에, 나는 인류학·민속학 입장에서 요괴연구에 착수하였다. 나의 요괴연구는 종래의 민속학적 요괴연구의 틀을 크게 바꾸려는 의도에서 출발되었다.

이런 점을 열거하자면 ① 요괴를 속신으로 보지 않는다. ② 요괴를 신에 대한 신앙의 영락이라고 보지 않는다. ③ 따라서 요괴를 이전 시대의 신에 대한 신앙의 복원을 위한 소재로 삼지 않는다. ④ 요괴자료를 민간전승에 한정하지 않는다. ⑤ 요괴전승을 전근대적인 유물이라던가 박멸할 대상이라고 보지 않는다. ⑥ 요괴는 제사의 대상이 되지 않은 잠재적인 위험한 존재이다.

이런 견해를 바탕으로 하는 연구성과는 『빙령신앙론(憑靈信仰論)』이나 『이인론』『요괴학 신고』 혹은 아라마타 히로시(荒俣宏)와의 대담집인 『요괴조시(妖怪草紙)』 등에서 피로한 바 있는데, 요약하자면 나의 요괴연구의 기본적인 입장은 요괴의 의미론이자, 사회기능론이며, 인간의 상상력에 대한 연구이며, 궁극적으로는 인간연구에 있다고 할 수 있다.

민속학적 요괴 연구가 정체되어 있는 가운데, 내가 많은 자극을 받은 연구는 문학이나 회화의 분야에서의 요괴연구였다. 예를 들어, 억압된 정

요괴를 즐기는 일본인·요괴를 탐구하는 일본문화 ㅣ 고마쓰 가즈히코

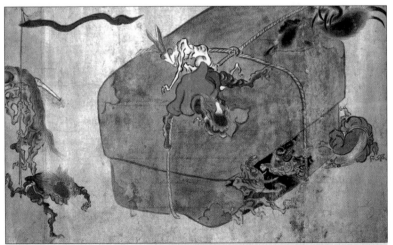

「백귀야행」가운데 낡은 궤짝 속에 갇혀 있던 요괴들이 빠져 나가고 있는 모습으로 궤짝 위에는 가위 요괴와 메기 요괴가 올라가 있다.

념(情念)이 귀신이 되는 것을 해명한 바바 아키코(馬場あき子)의 『오니의 연구(鬼の硏究)』(三一書房, 1971)나, 이부키(伊吹)동자 계통의 슈텐동자(酒呑童子) 그림 두루마기를 단서로 하여 오니론을 전개한 사타케 아키히로(佐竹昭廣)의 『슈텐동자 이문(酒呑童子異聞)』(平凡社, 1977)은 눈에서 비늘이 떨어지는 것 같은 큰 깨달음을 주는 연구였다. 이러한 연구는 사악한 귀신이란 근대 이전의 숭배되던 조령(祖靈)의 영락한 모습이라고 하는 정도의 조잡한 신에 대한 신앙의 영락설로 정리되고 있던 민속학적 오니론에 대하여 좀더 세부적이고 다각도에서 검토해야 한다는 점을 암암리에 강요하고 있었다. 민속학자들이 농산어촌의 이른바 「민속」사회를 조사하여, 거기에 전승되는 요괴 종목을 채집하고 있는 동안에, 문학 연구자를 중심으로 하여 「도시의 요괴 변천사」의 「각론」이 전개되고 있었던 것이다. 그 연장선상에, 예를 들어 다나카 다카코(田中貴子)의 『백귀야행에 나타난 도시(百鬼夜行の見える都市)』(新曜社, 1994)라는 저서가 나왔다.

세부적인 고찰을 통하여 요괴 연구의 새로운 지평을 개척한 좋은 사례가 중세에 제작된 「백귀야행 그림 두루마기」나 「쓰쿠모신 두루마리 그림(つくも神繪卷)」에 대한 고찰이다. 중세가 되자, 「백귀야행」이라고 일괄되고 있던 고대의 무서운 존재들 가운데, 일부는 도구의 속성을 지닌 이형(異形)의 존재로 표현된 요괴로 등장하게 된다. 이것이 「쓰쿠모신」이라고 총칭되는 도구의 요괴들이었다. 예를 들어, 「나키후도 연기 두루마리 그림(泣不動緣起繪卷)」이나 「쓰지구모 조시 두루마리 그림(土蜘蛛草紙繪卷)」에는, 도구의 요괴 같은 존재가 등장하고 있다. 또, 「쓰쿠모신 두루마리 그림」에 의하면 이 도구의 요괴는 낡은 도구가 「요괴」 즉 요괴한 것으로 나타난다.

그것은 최종적으로 완전한 「오니」가 되어야 할 존재의 과도기적 상태를 나타내고 있음을 알 수 있다. 이 사례를 종래의 신에 대한 신앙의 영락설로 해석하려는 민속학적인 오니(요괴)해석 방식으로는 해결되지 않는다. 즉 민속학자가 비록 이것을 「도구의 신」이 영락한 존재라고 가정했다고

일본의 요괴문화 그 생성원리와 문화산업적 기능

해도, 이야기 자체는 낡은 도구(낡은 도구의 영)가 오니로 변화한 것이라고 해석하고 있다는 점이다.

이와 같은 「쓰쿠모신」에 대하여 흥미로운 고찰을 전개했던 것은 하나다 가요테루(花田淸輝), 시부사와 다쓰히코(澁澤龍彦), 고마쓰 가즈히코(小松和彦), 다나카 다카코(田中貴子) 등의 연구자였다. 그 가운데서도 획기적인 것은 시부사와 다쓰히코의 「쓰쿠모신(付喪神)」이라는 제목의 에세이에서 시부사와는 도구의 요괴를 근거로 수공업의 발달에 따라 대량의 도구에 둘러싸이게 된 중세를 고대와 비교하여, 이런 도구를 「제2의 자연」이라고 표현하여, 「제1의 자연」에 깃들어 있던 정령이 도구에 옮겨 간 것이라는 관점에서 논의하였다.

이를 바탕으로 나도 고대부터 중세, 근대로 변화함에 따라 자연계의 요괴로부터 도구계통의 요괴, 그리도 인간계의 요괴로 비중이 이행되었다는 특징을 발견할 수 있다는 점을 논하였다(『憑靈信仰論』『妖怪學新考』등). 다나카 다카고 편저 『도설 백귀야행 두루마리 그림을 읽기(圖說百鬼夜行繪卷をよむ)』(河出書房新社, 1999)에는 「쓰쿠모신 두루마리 그림」이나 「백귀야향 두루마리 그림」 등 주요한 그림과 논고가 집대성되어 있

요괴들의 행진을 그린 「백귀야행」에는 오른쪽부터 방울을 든 요괴, 가마솥 요괴, 솥뚜껑 요괴, 징, 비, 두루마리를 이고 있는 요괴, 새 요괴 등 다채로운 표정의 요괴가 나온다.

51
51

요괴를 즐기는 일본인 · 요괴를 탐구하는 일본문화 ─ 고마쓰 가즈히코

다.

　그런데 오랜 정체기를 거쳐서 근년에, 드디어 민속학에서도 새로운 연구가 시작되었다. 근대 이전 혹은 전통적인 요괴에 대한 연구도 조금씩 나타나고 있지만 그보다 더욱 활기를 띄고 있는 것은 현대도시에 꿈틀거리고 있는 요괴들에 대한 구비전승의 연구이다.

　그 계기가 된 것은 1977년경에 기후현(岐阜縣)의 산중에서 발생되어 삽시간에 전국에 퍼져 나가 어린이들을 공포의 도가니로 몰아넣었던 「입 찢어진 여자(口裂け女)」 소동이었다. 박멸된 것처럼 보였던 요괴가 이전의 출현 형태와는 다르지만 현대사회 가운데 소생되어 나타난 것이다.

　이런 사태는 이노우에 엔료도 야나기타 구니오도 그 제자들도 상상하지 못했던 사태라고 할 수 있으리라. 현대인의 심성의 바탕에도 새로운 요괴현상을 태동시키기 위한 토양은 고스란히 남아 있었던 것이다. 이 사건은 말하자면 이후에 등장될 현대 요괴붐의 대표적인 용어와 같은 것이 되었다.

　민속학 분야에도 이 도시에서 일어난 「괴이 · 요괴」를 과감하게 다루는 선구자가 나타났다. 경계론(境界論)이라는 학문적 입장에서 도시의 요괴를 논한 『요괴의 민속학(妖怪の民俗學)』(岩波書店, 1985)을 저술한 미야타 노부루(宮田登), 학교에 근무한 경험을 살려 어린이들 사이에 학교를 무대로 이야기가 전개되는 괴담 · 소문(世間話, 미국의 민속학 용어인 「도시전설」)을 채집하여 「학교의 괴담(學校の怪談) 붐」에 불을 당긴 역할을 한 것은 쓰네미쓰 도오루(常光徹)의 『학교의 괴담』(ミネルヴァ書房, 1993)이었다.

　이런 요괴 · 괴담전승에 대한 연구는 아마 도시의 요괴를 키워드로 하면서 전개된다고 생각되지만, 그런 연구에 참고가 되는 것은 미국의 「도시전설 연구」이다. 근세와 근현대의 쌍방의 도시요괴전승을 아울러 거울처럼 대조시켜 보면서 논의를 전개한 것은 미야타 노보루의 『도시공간의 괴이(都市空間の怪異)』(角川書店, 2001)라고 할 수 있다.

　근년의 요괴붐으로 연구에 활기를 띄는 것은 민속학이나 국문학만은 아니다. 관계되는 여러 분야, 예를 들면 미술사나, 연극사, 지리학, 나아가 건축사, 유희사(遊戲史)에 이르기까지 영향을 끼치고 있다. 지금 여기서 그 전모를 이야기할 수 없다. 매일매일 새로운 자료가 발굴되고, 각분야에서 관련연구로서의 요괴연구라는 기준에서 재료를 새롭게 읽어낸 새로운 연구가 많이 발표되고 있다. 예를 들면 각 분야에서의 연구의 진전상황을 논의한 것으로 국제일본문화연구센터가 진행했던 공동연구의 성과보고집인 『일본요괴학대전(日本妖怪學大全)』(小松和彦編, 小學館, 2003)은 좋은 참고가 된다. 이 책을 한 차례 읽는 것만으로도 일본의 요괴문화와 그 연구의 다양성을 쉽게 알 수 있으리라 생각된다.

최근 수년의 요괴문화연구의 특징은 에도시대부터 메이지시대에 걸쳐서 꽃피었던 「오락의 대상으로서의 요괴문화」에 대한 연구가 비약적인 발

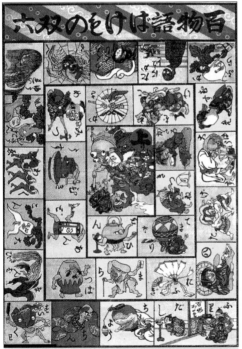

주사위를 굴려 말을 움직이는 요괴 쌍육놀이 말판은 에도시대에 크게 유행하였다. 무, 거미, 우산, 맷돌, 등불, 주전자, 항아리, 남근, 부채, 게타 등 기물이 변화하여 요괴가 된 것이 많다.

전을 거두었다는 점이다. 에도시대에 들어서는 불가사의한 것, 공포의 대상으로서의 요괴문화가 전승되었으며, 한편 도시에서는 요괴란 「즐기는 것」으로 변모되어 가고 있었다.

마음이 통하는 사람끼리 모여서 괴담 이야기하기를 즐기는 이른바 「백가지 괴담 이야기 모임(百物語怪談會)」이 융성했다. 이를 본떠서 일련의 「백가지 괴담집(百物語怪談集)」의 간행, 도리야마 세키엔(鳥山石燕)의 『화

요괴를 즐기는 일본인 · 요괴를 탐구하는 일본문화 | 고마쓰 가즈히코

도 백귀야행(畵圖百鬼夜行)』을 필두로 하는 요괴도감의 간행, 나아가 바케모노 계열의 이야기집, 요괴쌍육(妖怪雙六), 요괴 장난감, 「도카이도 요쓰야 괴담(東海道四谷怪談)」으로 대표되는 유령계통의 연극, 공포를 불러 일으키기 위한 목적으로 세우는 「유령의 집(お化け屋敷)」 계통의 가설건물이 등장하는 등등. 오락문화로서의 요괴문화의 융성배경에는 에도지역을 중심으로 하는 소비사회의 성립과 막번체제(幕藩體制)의 동요와 붕괴 등 사회불안과 맞물려 일어난 것들이 자리한다고 생각된다.

그러나 이 연구에 그런 관점까지는 미치지 못하고 있다. 이제 막 자료의 발굴과 그 분석에 착수한 단계이며 금후의 과제가 된다.

요괴연구는 인간연구이다. 나는 이렇게 생각하고 있다. 아직은 갓난아기 상태에 지나지 않지만, 아마 새로운 세기에는 관련되는 여러 분야와도 손을 잡아가면서 인간의 「마음」을 탐구하는 작업과 깊이 관련된 학문이 되어 있을 것이다.

요괴연구는 이제부터 개척되어야 할 장래성 있는 연구영역인 것이다. 적어도 일본의 문화를 깊이 이해하기 위하여, 오늘날의 요괴문화연구는 불가피한 과제인 것이다.

(번역 남민정)

일본의 요괴문화 그 생성원리와 문화산업적 기능

언어 속에 잠재된
문화로서의 요괴

일본의 요괴문화 그 생성원리와 문화산업적 기능

언어 속에 잠재된 문화로서의 요괴

일상 언어 가운데 약동하는
요괴 이미지

권익호

일상 언어 가운데 약동하는 요괴 이미지

권 익 호

일본의 요괴문화 그 생성원리와 문화산업적 기능

I. 일상생활의 관용구 속의 요괴

요괴라는 말을 들으면 우리는 흔히 도깨비나 귀신 또는 괴물을 연상하게 된다. 왜냐 하면 우리나라에서는 요괴에 대한 이야기가 별로 발달하지 않아, 우리가 알고 있는 요괴의 종류는 도깨비나 처녀귀신과 같은 원령, 그리고 구미호나 지네 이야기처럼 오래된 동물이 둔갑한 것 등 그 종류가 매우 한정적이기 때문이다.

그러나 일본의 요괴는 그 수도 많고 종류도 매우 다양하다. 우선 요괴의 소재로 사용되는 것이 동물뿐 아니라 식물까지 다양하게 걸쳐져 있으며, 그 종류도 귀여운 요괴에서 시

설녀(雪女)는 겨울 눈 내리는 밤이나 보름달밤에 나타난다는 여자 요괴이다. 하얀 얼굴에 하얀 살결, 하얀 옷을 입었고 몸은 얼음과 같이 차갑다는 등 눈의 이미지와 중첩시켜 이야기되는 경우가 많다.

작해 소름끼칠 정도로 무서운 요괴까지 여러 형태의 요괴가 이야기 되고 있다. 그러다 보니 일본에서의 요괴는 일상생활과도 밀접하게 연관되어 있어 늘 쓰이는 관용구에 등장하는 요괴도 많고 어떤 요괴는 이미지화하여 시중에 유통되는 경우도 많이 있다. 다시 말해서 일본어에서의 요카이(妖怪), 즉 요괴는 구체적인 종류로 오니(鬼)를 비롯하여, 갓파(河童), 덴구(天狗), 가키(餓鬼), 이누가미(犬神), 유키온나(雪女) 등등 그 수와 종류도 많고 다양하여 시대의 흐름과 함께 일본 문화 속에 여러 방법으로 축적되고 있다.

또 이와 관련된 어휘나 관용어 또한 풍부하여 오늘날의 일상생활에서 널리 사용되고 있는데, 여기에서는 일본의 대표적인 요괴라고 볼 수 있는 오니, 갓파, 덴구, 가키 등이 등장하는 관용구의 용례를 가려 뽑아 그 속에 살아 숨쉬고 있는 요괴의 이미지와 특징을 살피고자 한다.

Ⅱ. 작으면 요정, 크면 요괴라는 분류법

동서양을 막론하고 신화나 전설 속에서 인간이 아니면서도 다른 동식물과는 달리 인간과 유사한 요소를 지닌 존재로 등장하는 것에 요괴라는 것이 있다. 사실 요정과 요괴의 구별은 애매하다.

영국의 인류학자 에드워드 B. 타일러 경은 이들을 정령(sprit)이라고 칭하면서 인간 이외에 자연에 깃든 모든 영적인 존재를 요정과 요괴라고 했다.

일설에 의하면 크기에 따라 작은 것을 요정(elf), 큰 것을 요괴(monster)라고도 하며, 또는 모습의 정형성에 따라 부정형인 것은 요정, 정형적인 것은 요괴라고 구분짓는 경우도 있다. 또한 인간에게 착한 일을 하면 요정, 해악을 끼치면 요괴라고 구분하는 경우도 있으나 반드시 꼭 그런 것만은 아니다.

대표적인 일본어 사전인『고지엔(廣辭苑)』에 의하면 요괴의 개념을 '인지(人知)로서는 해명할 수 없는 기괴한 현상 또는 이상한 물체' 라고 정의

아비지옥에서 염라의 심판을 받은 후에 울부짖으며 벌을 받고 있는 사람들의 모습과 죄를 다스리는 지옥의 사자는 오니(鬼)의 모습과 중첩되어 있다. 불가마 속에서 고통을 당하는 사람, 절구통 속에서 짓이김을 당하는 사람, 돌판에 깔려 신음하는 사람의 모습도 보인다.

했다. 사람의 지식이나 감각으로는 그 존재를 직접 확인할 수 없는 대상이 요괴인 것이다.

1. 오니와 도깨비

일본인들의 일상생활 가운데서 요괴의 종류로 여길 수 있는 대상이 등장하는 어휘가 빈번히 쓰이고 있는데, 이들 어휘 중 오니(鬼)에 관련된 속담이나 관용어의 수는 다른 요괴와 관련된 어휘보다 상당히 많다. 이처럼 자주 입에 오르내리는 오니라는 말의 어원은 무엇인가.

오니라는 말은 헤이안(平安)시대 초기의 문헌에 이미 나타난다. 헤이안 시대의 소설인 『다케토리모노가타리(竹取物語)』에는 '오니 같은 것이 나와서 죽이려고 했다' 는 문장이 있다.

중국에서는 귀(鬼)를 죽은 사람의 영(亡靈)이 혼(魂)이 되어 본래의 몸을 떠나 방황하는 모습이라고 생각했지만, 일본어에서는 「鬼」를 「오니」라고 발음하여 중국이나 한국에서의 「귀(鬼)」와 다른 의미로 쓰고 있다. 고대 시가집인 『만엽집(萬葉集)』에서는 「鬼」를 「모노(モノ)」라고 읽었는데 이것은 일본에서 마물(魔物) 혹은 원령(怨靈) 등을 옛날에는 모노라고 읽은 것과 관련된다.

「鬼」를 오니(オニ)라고 읽은 것은 헤이안시대 이후이다. 헤이안 중기의 한자사전인 『화명초(和名抄)』에 보면 오니라는 말은 모습을 감춘다는 뜻의 한자어 「隱」에서 비롯되었다는 설이 실려 있다. 이는 「隱」의 옛 발음인

「on」의 말미에 모음「i」를 첨가한 형태이다. 이와 같은 패턴으로「蘭」을 라니(ラ二),「錢」을 제니(ゼ二),「緣」을 에니(エ二)라고 부르는 예가 있다. 따라서 오니라는 말은 '사람의 눈에 보이지 않게 숨어 있다(隱れたもの)'는 뜻인「隱(おに)」으로부터 탄생된 어휘라고 추측된다.

이 오니와 대응되는 우리말로 귀신과 도깨비가 있는데, 보편적인 오니의 특징을 고려한다면 대응어로 도깨비가 더 가깝게 느껴진다. 물론 번역상에 있어서는 양쪽 모두 사용되고 있지

세종이 수양대군에게 명하여 쓴 석가모니의 일대기 『석보상절』에는 도깨비를「돗가비」라 표기하였다. 「돗가비」는 오른쪽에서 두 번째 줄 가운데 부분 (1447년에 간행)

만 의미면에서는 도깨비가 훨씬 가까운 어휘라고 볼 수 있다.

그런데 우리가 일상생활에서 사용하고 있는 도깨비라는 말은 황당하거나 말로 표현할 수 없는 사람, 사건 등을 과장하기 위한 의미로 사용하고 있음을 보아, 그 어원의 형성 과정이 일본의 오니와는 사뭇 다름을 알 수 있다. 문헌상으로「도깨비」라고 한글로 표기된 최초의 기록은 15세기의 『석보상절』과『월인석보』에서 찾을 수 있다.

도깨비는 '돗+가비'의 합성어로 '돗'은 '불(火)'이나 '씨앗'의 의미로 풍요를 상징하는 단어이고 '아비'는 '장물애비'나 '처용아비' 등에서 보듯이 아버지 즉 성인남자로 생각할 수 있다. 이로 미루어 도깨비는 농경사회를 배경으로 복을 가져다주는 신격체로서 전승되어 왔음을 알 수 있다.

더없이 무시무시한 존재 오니

먼저 오니의 사전적 개념을 살펴보면 그 의미가 실로 다양하다. 일본에서 입춘 전날에 행하는 봄맞이 축제인 세쓰분(節分)이 되면 각 가정에서

일상 언어 가운데 약동하는 요괴 이미지 ― 권익호

콩을 뿌리며 복을 부르는 행사로 마메마키(豆まき)를 한다. 이때 콩을 집 안팎에 뿌리면서 '복은 안으로 들어오고, 오니는 밖으로(福は內鬼は外)'라고 외친다. 이렇게 오니는 바깥으로 추방해야 할 존재라는 뜻에서부터, 더 나아가 냉혹하고 무

입춘 전날은 세쓰분(節分)이라 하여 사찰이나 신사에서 건물 바깥을 향하여 콩을 뿌리며, 오니는 밖으로 나가고 복은 안으로 들어오라고 소리를 치는 행사를 한다. 더러는 집안에서 식구끼리 콩을 뿌리는 행사를 하는데, 아버지가 쫓겨 가는 오니의 역할을 하고, 아이들이 콩을 뿌리면서 복을 불러 단란한 가족의 모습을 보이기도 한다.

자비한 사람 또는 어떤 일에 심취해 있는 사람에 이르기까지 여러 가지 의미로 사용되고 있다. 예를 들면 우리가 도깨비불이라고 하는 「오니비(鬼火)」, 도깨비에게 금방망이를 들려주었다는 뜻의 「오니니가나보(鬼に金棒)」, 무자비한 노파를 가리켜 「오니바바(鬼ばば)」, 오직 일에만 열중하는 사람을 「시고토노오니(仕事の鬼)」, 매우 난폭하면서 용맹한 무사라는 뜻의 「오니무샤(鬼武者)」 등에서 보여주고 있듯이 오니의 용법은 다양하다.

일례로 우리나라에서는 숨바꼭질이라고 하는 놀이를 일본에서는 「오니곳코(鬼こっこ)」라고 한다. 이 놀이는 원래 신에게 올리는 종교적 제사의식의 한 형태에서 출발했는데 그것이 점차 신앙과 격리되어 어린이들의 놀이 형태로 변했다는 것이 민속학자 야나기타 구니오(柳田國男)의 주장이다. 이와 같이 오니의 용법과 의미 영역은 매우 넓고 복잡하다고 볼 수 있다.

그 밖에 오니에 관련된 어휘도 상당히 많이 있는데 여기에서는 일상생활에서 자주 사용되는 관용어나 속담 등을 통해서 오니의 이미지를 살펴보려 한다.

○내일 일을 말하면 오니가 웃는다(明日のことを言えば鬼が笑う)

미래의 일은 예측할 수 없다는 말로 함부로 성급하게 앞날의 일을 말하지 말라는 속담이다. 이와 유사한 속담으로 '내년 일을 말하면 오니가 웃는다(來年のことを言えば鬼が笑う)'고 하여 신중하게 말하기를 권할 때 쓴다.

○귀신이 오니의 아내가 된다(鬼の女房には鬼神がなる)

오니같이 무서운 남편에게는 그에 어울리게 더 무서운 귀신과 같은 여편네가 시집간다는 말. 서로 닮은 부부, 어느 한쪽도 뒤지지 않는 부부를 가리키는 말이다.

○오니가 웃는다(鬼が笑う)

전망이 불투명한 계획이나 실현성이 없다고 생각되어지는 것을 이야기할 때 놀리는 말로, 오니조차도 웃어버리고 말 정도의 이야기라는 뜻이다. 우리나라에는 '도깨비가 하품할 일이다'는 비슷한 속담이 있다.

○오니 기와에도 화장(鬼瓦にも化粧)

보기 흉한 여자라도 화장을 하면 예쁘게 보인다는 말이다. 오니 기와(鬼瓦)는 귀신 얼굴 모양의 기와로 무섭고 거친 형상이다.

우리 속담의 '쇠말뚝도 꾸미기 탓이다'와 비슷하다.

○오니가 없는 사이에 세탁 (鬼の居ぬ間に洗濯)

우완이라는 이름의 요괴는 양손을 들어 올리고 우완이라고 소리 지르면서 사람을 놀라게 하는 포즈를 한다. 사람을 할퀴려는 손톱과 벌린 입, 검은 이빨이 특징이다. 사람이 살지 않는 빈집에 살면서 다가오는 사람에게 섬뜩한 소리를 지른다고 한다.

주인이나 윗사람 등 무서운 사람이 없는 동안에 잠시 숨을 돌리거나 잠깐 휴식을 취한다는 의미이다.

여기에서 말하는 세탁이란 목숨을 세탁한다는 뜻으로 잠시 숨을 돌린다는 말의 비유이다.

○오니의 공염불(鬼の空念佛)

무정하고 냉혹하지만 겉으로는 자비심이 많은 것처럼 행동하는 사람을 비유한 말이다. 오니의 무시무시하고 인정 없음을 바탕으로 형성된 속담이다.

○오니 눈에서도 눈물(鬼の目にも涙)

냉혹한 오니라도 때로는 마음이 동화되어 눈물을 흘린다는 데서, 평상시에 무자비하고 냉혹한 사람도 가끔은 자비심을 일으킨다는 의미로 쓰인다. 이런 경우에 서양에서는 「악어의 눈물」이라는 표현을 쓴다.

○오니도 18살에는 예쁘고, 싸구려 차도 갓 우려낸 차라면 맛있지(鬼も十八, 番茶も出花)

오니는 몰골이 흉하다는 것을 전제로 하여, 아무리 못생긴 여자라도 시집갈 나이가 되면 제법 아름다워 보인다는 비유이다. 반차(番茶)란 좋은 차를 딴 뒤에 남은 품질이 좋지 않은 차 잎을 말하고, 데바나(出花)는 맨 처음 달여내 향이 좋은 차를 말한다. 이 속담은 줄여서 간단하게 「반차도 데바나(番茶も出花)」라고도 하는데, 다시 말하면 값이 싼 반차도 처음에 막 달여냈을 때는 풍미가 좋다는 의미이다.

이 표현은 오니나 반차를 사람에 비유하기 때문에, 타인에게 사용하여 쓰는 것은 실례가 되고 자기의 친척에게 자신의 가족을 낮추어 겸손하게 비유할 때 쓰는 말이다.

○오니의 목을 벤 것처럼(鬼の首を取ったよう)

대단한 공이라도 세운 듯이 매우 기뻐함을 비유하는 말이다. 이 속담은 다른 사람이 보면 대단한 것이 아닌데도 본인은 마치 큰 공이라도 세운 듯이 득의양양하는 경우에 사용된다. 매우 무섭다고 하는 오니의 목을 벤다는 것은 거의 불가능한 일인데, 이를 해냈다는 것은 엄청난 것이다.

○절 곁에도 오니가 산다(寺の隣にも鬼が住む)

동정심이 많은 사람 이웃에 냉혹한 사람도 있다, 선인 옆에 악인도 있다, 사람은 각양각색이라는 말 등과 통하는 말로 절과 오니의 성격상의 콘트라스트를 활용한 속담이다.

일본의 요괴문화 그 생성원리와 문화산업적 기능

○시누이 하나는 천 마리의 오니와 싸우기(小姑一人は鬼千匹に向かう)

며느리로서는 단 한 사람의 시누이라도 오니 천 마리와 상대하는 것만큼 귀찮고 짜증나는 일이라는 비유이다. 며느리로서 시누이와의 갈등은 엄청난 시련이라는 점은 우리나라의 경우와 크게 다르지 않기 때문에, 시누이에 대한 적개심은 오니와 비교되기도 하였음을 쉽게 이해할 수 있다.

○알지 못하는 부처님보다, 익숙한 오니가 낫다(知らぬ佛より馴染の鬼)

상대방이 어떤 존재인가 잘 모르기 때문에 경계해야 하는 것보다는, 비록 무서운 존재라 하더라도 잘 알고 있는 상대방이 대하기 쉽다는 비유이다. 부처님의 부드러움과 오니의 무서운 성격을 대비하여 미지의 것과 익숙한 것에 대한 사람들의 대조적인 마음을 표현하고자 하였다고 할 수 있다.

○살아가는 세상에 오니는 없다(渡る世間に鬼は無い)

세상을 살다 보면 사람들이 무섭고 두렵게 보이지만 반드시 꼭 그런 사람들만 있는 것이 아니고 착하고 선한 사람들도 있다는 비유이다. 세상에 오니만 있는 것은 아니며, 지옥에도 오니만 있는 것은 아니라는 긍정적인 인생관을 표현하고자 할 때 쓰는 말이며, 극단적인 공포나 불행을 오니라는 존재로 상징화하였다.

○오니도 잘 부탁하면 사람을 잡아먹지 않는다(鬼も賴めば人を食わない)

오니는 사람을 잡아먹기도 한다는 무서운 존재이지만, 잘 사귀어 달래서 부탁하면 인정을 발휘하여 잡아가지 않는다. 혹은 잡아먹지 않는다고 한다. 즉 진심으로 이해하면 뜻이 통하리라는 표현에 무서운 오니를 대비적 요소로 등장시킨 것이다.

○오니가 나올까 아니면 부처님이 나올까(鬼が出るか佛が出るか)

전도가 길조일지 흉조일지 모른다는 비유이다. 잘될지 못될지 여하튼 해보지 않으면 오니를 만나는 것과 같은 불행이든, 부처님을 만나는 것과 같은 행복이든 결말을 얻을 수 없다는 말이다.

○오니의 곽란(鬼の霍亂)

씩씩하고 힘이 넘치던 오니가 갑자기 곽란을 일으켰다는 것은, 평소에 건강한 사람이 갑작스레 병에 걸린 황당한 상황이 벌어졌음을 뜻한다. 오

니는 강하고 건강한 사람의 상징이기에 뜻밖의 상황을 이르는 말이다. 곽란이란 발버둥을 치며 손을 마구 휘젓는 상태로 흔히 일사병이나 토사곽란을 가리키는 한방의학 용어이다.

이처럼 오니는 힘이 세고 포악하며 무시무시한 존재라는 일반적인 이미지가 반영되어 일상생활 가운데서 속담으로 빈번하게 쓰이고 있다. 부처의 성격과 대조되는 존재로 인식되어, 선과 악의 극명한 콘트라스트를 그리고자 할 때 유용한 어휘로 작용하고 있음을 알 수 있다.

2. 물과 관련된 관용구 속의 갓파

거북과 비슷하게 생기고 머리 위에 물이 가득 찬 접시를 이고 있으며 하천에서 산다고 하는 이 상상 속의 동물인 갓파의 어원은 「가와(カワ, 河)＋와라와(ワラハ, 童)」의 합성어다. 이 두 단어의 합성어가 변화과정을 겪으며 「가와왓파(カワワッパ)」로 되고, 결국 축약형태인 「갓파(カッパ)」로 굳어졌다는 학설이 일반적이다. 일본인에게 갓파만큼 친숙한 요괴는 없다고 한다. 그래서인지 이와 관련된 어휘들이 일본어 가운데 많이 남아 있다.

예를 들면 일본의 영향으로 우리나라에도 한때 유행했던 어린 여자아이들의 단발 머리 모양인 「오갓파(お河童)」는 「갓파」에 접두어 「오」를 붙인 말로서 요괴인 갓파의 머리 모양과 비슷한 데서 붙인 명칭이다. 또한

갓파는 물속이나 물가에 살면서 헤엄치기도 하는데 손에는 물갈퀴가 있다고 한다.

수영을 잘하는 사람을 「갓파(河童)」라고 하는데 이도 갓파의 습성과 관련된 어휘라고 본다. 그 외에 '전혀 개의치 않고 태평하다, 아무것도 아니다' 라는 의미로 「방귀뀌는 갓파(屁の河童)」 혹은 「갓파의 방귀(河童の屁)」라는 말도 있는데, 이는 갓파의 방귀는 수중에서 일어나 수중에서 사라지기 때문에 별 영향도 없고, 관심도 끌지 않는다는 데서 연유된 말이다.

일본 초밥집(壽司屋)에서 볼 수 있는 「갓파마키(河童卷き)」는 밥 위에 오이를 놓고 김으로 싼 초밥을 말하는데, 이것은 갓파가 오이를 매우 좋아한다고 하는 데서 유래된 명칭이라고 볼 수 있다.

오랜 역사 속에 형성된 다양한 전승을 바탕으로 일본인들은 일상생활 속에 「갓파(河童)」라는 존재를 실존하는 것처럼 여기면서 이와 관련된 속담을 자주 사용하고 있다.

○뭍에 올라온 갓파(陸へ上がった河童)

뭍에 올라온 갓파, 혹은 언덕에 올라온 갓파란, 물속에 있어야 힘을 쓸 수 있는 갓파가 땅에 올라 특기나 장기를 발휘할 수 없는 상황이 되었다는 뜻이다. 어쩔 수 없는 상황에 놓인 안타까움을 나타내고자 할 때, 초능력을 지닌 갓파를 들어서 그 능력을 드러낼 수 없는 환경에 놓인 아쉬움을 비유한 것이다.

○갓파가 강물 떠내려가기(河童の川流れ)

수중에서 자유자재로 헤엄치는 능력이 있는 갓파도 때로는 물에 빠져 떠내려간다는 뜻으로 제아무리 어떤 분야에 달인이라고 해도 가끔은 실수도 한다는 의미이다.

물 속에 살면서 지나가는 사람이나 마소를 물에 끌어들이기도 할 정도로 물을 잘 다루는 갓파가 물에 빠졌다는 것은 매우 드문 실수라는 점을 전제로 형성된 속담이다. 이와 비슷한 경우에 원숭이가 나무에서 떨어진다는 속담을 쓰기도 한다.

○갓파도 한 번은 물에 빠진다(河童も一度は川流れ)

위의 속담과 비슷한 내용으로 수영에 능숙하다는 갓파도 헤엄을 배울 무렵에는 물에 빠지기도 한다는 표현으로, 어떤 일이나 처음부터 능숙한

일상 언어 가운데 약동하는 요괴 이미지 — 권익호

사람은 없다는 의미로서 용기를 북돋우고자 할 때 쓰는 말이다.

○갓파에게 수영 연습(河童に水練)

수영에 능숙한 갓파에게 수영을 가르쳐준다는 말이다. 어떤 분야의 전문가에게 그 분야의 지식을 가르쳐준다고 나서는 어리석음을 비유해서 말하는 표현이다. 갓파의 수영 솜씨는 초능력적이라고 여기기 때문에 성립된 속담이다.

○갓파 머리에 고였던 물이 쏟아진 것 같아(河童の皿の水をこぼしたしたよう)

갓파는 머리 꼭대기에 접시처럼 움푹 파인 곳이 있는데, 여기에 물이 고여 있는 동안에는 힘이 세지만 없어지면 죽는다고 한다. 이런 인식을 바탕으로 어떤 충격이나 쇼크로 인하여 갑자기 체력이 쇠약해져 아무것도 할 수 없는 상태를 비유하는 말이다.

갓파의 머리에 물이 고여 있는 모습이야말로 갓파를 갓파답게 하는 신체적 특징으로 상징되기 때문이다.

3. 신통력이 있으면서 독특한 모습이면 덴구같다고

사람의 형상을 닮았으며 산에 산다고 하는 상상의 동물인 덴구는 뾰족한 부리와 날개로 무장을 하고 하늘을 난다는 괴물이다. 덴구의 어원은 중국 한자어에서 비롯되었다고 한다. 옛날 중국에서는 유성이나 혜성이 하늘에서 땅으로 떨어질 때 그 형태가 개(狗)와 닮았다고 생각하고 있었기 때문에 이를 하늘의 개라는 뜻으로 「天狗」라고 부르게 되었다는 설에 어원을 둔다.

일본에서는 사람들이 자기 마을과 떨어진 산 속에 또 하나의 다른 세계가 있다고 생각하여, 사람의 눈에 닿지 않는 산 속 세계에서 일어나는 괴이한 현상을 덴구의 소행으로 인식하였다. 덴구의 형상은 여러 가지 형태로 상상되어 승려의 모습, 도깨비의 모습, 또는 공중을 나는 솔개의 이미지로 상상되기도 했다. 특히 덴구는 유달리 코가 높고 큰 것이 특징으로, 그 색깔도 빨갛고 매우 길쭉하거나 아니면 새부리 모양으로 그려졌는데,

덴구는 산속에 살고 있다고 하며, 키가 큰 남자 형상인데, 무섭기는 하지만 잘만 다루면 복을 가져다준다고 도 하여 마스코트가 되기도 한다. 부채를 든 모습으로 산간지방의 역 플랫폼에 상징물로 세워져 있다. (가산 민의근 제공)

이런 이미지를 바탕으로 여러 어휘가 생겨났다.

예를 들면 '덴구가 되다(天狗になる)'는 자기가 제일이라고 생각하고 우쭐해 자만하다는 뜻인데, 그것은 덴구처럼 코가 높아진다는 의미로, 일본어에서 자랑하다, 자만하다는 뜻의 관용어 「코가 높다(鼻が高い)」에서 비롯된 말이다.

이와 관련된 어휘로는 다음과 같은 것들이 있다.

- 덴구코(天狗鼻)는 덴구처럼 콧대가 높은 사람. 즉 우쭐하며 아무 때 나 자기 자랑하는 사람을 비유하는 말이다.
- 낚시 덴구(釣天狗)는 낚시 기술이 좋은 사람 가운데, 자기를 당할 사람 이 없다고 우쭐대는 사람을 덴구의 신통력에 빗대어 하는 표현이다.
- 덴구 이야기(天狗話し)란 우쭐대며 자기 자랑으로 늘어놓는 이야기라 는 뜻이다.

4. 고통과 굶주림으로 일그러져 추한 모습의 가키

불교용어인 아귀의 일본 음은 가키인데, 고통 속에 신음하는 모습 때문

일상 언어 가운데 약동하는 요괴 이미지 | 권익호

에 요괴 혹은 요괴의 상징으로 인식되기도 한다. 아귀란 생전에 저지른 악업(惡業)의 업보로서 저승에서 음식을 제대로 얻어먹지 못하는 존재를 말한다. 불교에서는 3가지 악도(惡道)가 있다 하는데 지옥도(地獄道), 아귀도(餓鬼道), 축생도(畜生道) 혹은 육도(六道)라 하여 지옥, 아귀, 축생, 수라, 인간, 천상 등의 6단계로 우주를 설정하였다. 아귀도에 떨어진 망자, 즉 아귀는 음식을 제대로 먹을 수 없고 굶주림 속에서 고통스럽게 일그러진 모습으로 영원히 지내야 한다는 불교의 우주관에서 나오는 요괴이다. 이런 억겁의 고통 속에서 살아야 하는 일그러진 표정은 요괴의 또하나의 모습이라 할 수 있다.

또한 속어로는 한창 식욕이 좋을 때의 아이를 경멸해서 부르거나 자기의 아이를 겸손하게 부르는 호칭으로 자주 사용되고 있다. 이는 아이들이 아귀처럼 먹을 것을 탐내는 데에서 비롯된 어휘이다.

○ 먹은 아귀에게 갈게 하고, 붓은 오니에게 쥐어주세(墨は 餓鬼に磨らせ, 筆は 鬼に持たせよ)

먹을 갈 때는 될 수 있는 한 힘을 들이지 않도록 하고, 한 번 붓을 쥐면 힘을 들여서 쓰는 것이 좋다는

일본의 요괴문화 그 생성원리와 문화산업적 기능

지옥의 모습을 그린 「지옥변상도」에는 염라대왕의 심판에 따라 죽은 사람을 벌주는 사자들의 모습이 보기만 해도 무시무시하고 끼기한 존재들로 그려져 있다.

뜻으로 붓글씨를 쓸 때의 요령을 설명하는 말이다. 먹을 갈 때는 굶주려 힘이 없는 아귀처럼 천천히 힘을 빼고 먹을 갈아야 먹물이 잘 풀린다고 하며, 글씨를 쓸 때는 강한 힘이 넘치는 오니와 같이 힘차게 써내려 가야 좋은 글이 된다는 필법을 설명하는 비유로 쓰는 말이다.

○아귀의 눈에는 물이 보이지 않네(餓鬼の目に水見えず)

아귀는 굶주림과 갈증에 너무 시달린 나머지 바로 옆에 물이 있는데도 알아채지 못한다. 즉 너무 열망한 나머지 오히려 구하고자 하는 것을 못 찾는 경우를 빗대어 하는 말이다. 당황하지 말고 매사를 찬찬히 하라는 교훈을 내포하고 있다.

○아귀의 단식(餓鬼の斷食)

아귀가 밥을 먹지 못하는 것은 너무도 당연한 일인데, 이런 사실을 새삼스럽게 떠들어대는 것을 비유하는 말이다.

빤히 들여다보이는 일에 허세를 떨며 위선적인 행동을 할 때 쓰이는 비유적 표현이다.

○아귀도 사람 수(餓鬼も人數)

아귀처럼 실제로 힘을 쓸 수 없는 하찮은 사람도 인원 수 안에 포함시키면 다소 효과나 득을 볼 것 같은 경우에 아귀도 사람 수에 넣는다는 상황으로 비유한 표현이다.

○아귀의 물건을 가로채다(餓鬼の物をびんずる)

아귀처럼 힘없고 가난한 사람으로부터 금품을 가로챈다는 의미인데, 이와 같이 아귀는 극단적으로 가난한 사람을 상징하는 의미로 사용되는 경우가 있다. 도둑이나 사기꾼 가운데서도 어려운 사람의 것을 빼앗는 치사한 놈이라는 뜻으로 아귀의 처절한 모습을 바탕으로 성립되었다.

○아귀에 겨릅대(餓鬼に麻幹)

겨릅대란 껍질을 벗긴 삼(麻)의 대를 말한다. 휘어지기 쉽고 부러지기 쉬운 약한 겨릅대를 아귀가 가지고 휘두른다는 것은 아무런 도움이나 힘이 되지 않는다는 의미이다. 약한 무기로 저항하려는 것처럼 효험이 없는 방비를 말할 때 아귀의 약함을 들어서 표현한다.

○아귀의 꽃 싸움(餓鬼の花爭い)

굶주림이나 갈증에 고통스러워 하는 아귀가 가장 급한 먹을 것을 구하지 않고 꽃을 놓고 서로 자기 것이라고 주장하며 다투고 있다는 뜻이다. 현재 가장 필요한 것을 망각한 채 불필요한 것에 열중한다던지 그로 인해

일상 언어 가운데 약동하는 요괴 이미지 | 권익호

싸운다는 비유로 쓰이며 아귀의 꽃놀이(餓鬼の花遊び)라는 유사한 표현도 일상적으로 쓰인다.

Ⅲ. 관용구 속에 재구성되는 요괴 이미지

위에서 일본의 대표적 요괴 가운데 오니, 갓파, 덴구, 가키 등 일상생활에서 자주 쓰이는 관용구에 등장하는 요괴의 용례를 들어 그 어원과 의미를 살펴보았다. 요괴에 관한 속담 및 어원의 일반적 특징은 중국 한자어에서 비롯되고 종교적 바탕 위에서 형성되고 발달해 왔다는 점이다. 몇 가지의 용례로 한정하여 논하였으나, 우리의 속담은 격언이나 교훈적인 색채가 강한 데 비해 일본의 속담은 비유적 색채가 강하다는 느낌이 든다. 특히 일본에는 역사적으로도 요괴와 요괴적 요소에 관한 많은 전승이 있는데, 생활 가운데 자주 언급되는 요괴의 모습이나 이미지가 관용구 가운데 구성되며, 관용구의 반복적 사용으로 요괴의 이미지는 구체화 되어 간다고 할 수 있다.

나라마다 속담의 표현은 달라도 거기에는 민족의 독특한 역사적 배경과 이를 바탕으로 하는 정서가 배어 있기 때문에 관용구의 연구를 통하여 그 나라를 이해할 수 있으며, 좁게는 요괴에 관련된 관용구처럼 어떤 대상에 관한 인식을 읽어내는 중요한 방법도 찾을 수 있다고 할 수 있다.

일본의 요괴는 인간에게 두려움을 느끼게 하기도 하고, 우스꽝스러운 존재로 친근감을 느끼게 하기도 한다. 갓파나 덴구의 경우는 사람들이 살고 있는 마을에서 멀리 떨어진 물에 사는 존재, 산에 사는 존재라는 대비적인 성격을 지니며 물과 산의 속성을 반영하는 이미지로 모양과 성격이 형성되어 속담의 풍자성과 현실성을 더해 주고 있음을 알 수 있다.

〈참고문헌〉

이기문, 『속담사전』 일조각 1997

한글학회, 『우리말 큰 사전』 어문각 1997

若松實, 『일본속담사전』 서문당 2004

新村出, 『廣辭苑』 第五版, 岩波書店, 1998

日本大辭典刊行會, 『日本語國語大辭典』 小學館 1981

山口佳紀, 『語源辭典』 講談社 1998

渡辺富美雄, 『日本語話題事典』 きょうせい 1988

白石大二, 『國語慣用句大辭典』 東京堂出版 1986

尾上兼英, 『成語林』 旺文社 1992

일상 언어 가운데 약동하는 요괴 이미지 — 권익호

일본의 요괴문화 그 생성원리와 문화산업적 기능

언어 속에 잠재된 문화로서의 요괴

고대 일본문학 속의 요괴

구정호

고대 일본문학 속의 요괴

구정호

I. 요괴의 발견

요괴란 무엇일까? 쉽게 설명할 수 있을 것 같으면서도 막상 이를 설명하고자 하면 명쾌히 설명하기 어렵다. 요괴를 생각하면서 우리들의 뇌리에 먼저 떠오르는 것은, 귀신이나 도깨비와 같은 정도일 것이다. 대부분의 많은 사람들은 요괴에 대해서 상당히 애매하면서 추상적인 개념을 갖고 있는 것이 사실이다.

요괴란 무엇일까? 고마쓰 가즈히코(小松和彦)는 다음과 같이 설명한다.

요괴를 공포와 관련된 초월적인 현상 혹은 존재로 파악할 뿐 아니라 일본인의 의식구조를 찾아낼 수 있는 문화현상이라는 관점에서 요괴를 분석하여 베스트셀러가 되었던 고마쓰 가즈히코의 『요괴학신고』(1994년 간행)

인간을 둘러싸고 있는 환경은 자연이든 인공물이든, 공포 다시 말해 '경계심과 불안'의 대상으로 바뀔 가능성을 갖고 있다. 그 공포심이 인간의 상상력을 동원하여 초월적 존재를 만들어내고, 사람들이 공유할 수 있는 환상의 문화를 만들어 전달 계승한다. 공포와 관련된 초월적인 현상·존재, 그것이 바로 요괴인 것이다.(『妖怪學新考』)

정리하자면 요괴의 탄생은 인간의 상상력에서 출발한 것이요, 그 상상력은 환경에 대한 인간의 공포에 기인한다는 말이다. '공포에 대한 인간의 상상력'이라는 시각에서 일본 고대의 신화나 다른 문예작품을 살펴볼 때, 그 안에서 요괴 내지는 요괴적(妖怪的) 요소를 충분히 발견할 수 있다. 이제부터 『고지키(古事記)』『니혼쇼키(日本書紀)』, 그리고 『만요슈(万葉集)』 등, 고대 일본 문학작품 안에서 요괴적 요소를 발견해 보자.

Ⅱ. 『고지키(古事記)』와 『니혼쇼키(日本書紀)』 속의 요괴

1. 이자나미와 이카즈치

일본의 신화를 수록하고 있는 역사서 『고지키』(712년)나 『니혼쇼키』(720년)에서 우리는 요괴적인 상황을 발견할 수 있다. 『고지키』나 『니혼쇼키』에 소개되는 신화는 내용이 중복됨으로 『고지키』를 중심으로 이야기를 간추려 보자.

일본의 신화는 천지가 열리고 천상의 세계인 다카마가하라(高天原)라는 곳에서 3신이 나타나는 데에서부터 시작된다. 다카마가하라라는 이름에서 볼 때, 고대 일본인의 사고 속에 존재하는 천상의 세계는 넓고 평평한 곳이었나 보다. 이후, 다른 신들의 출현이 있은 후, 일본의 조상신의 출발이라고 할 수 있는 이자나기(伊耶那岐)와 이자나미(伊耶那美) 두 남녀신이 탄생하였다. 이자나기가 남신, 이자나미가 여신이다. 지금도 일본 사람의 이름을 보면 우즈키, 히데키처럼 '一키'는 남자 이름에 많고, 히토미, 기요미처럼, '一미'는 여자 이름에 많지 않은가.

이 두 신은 원래 남매인데 결혼을 하여 국토와 여러 신들을 낳으며, 일본을 만들어가고 있었다. 신화의 세계에서 근친상간은 단골메뉴. 이렇게 일본의 골격을 만들어가던 중에 그만 불미스러운 일이 일어난다. 여신 이

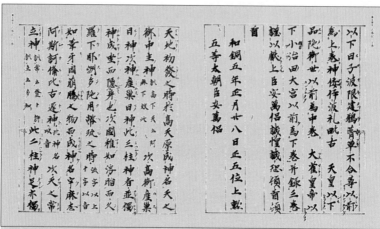

『고지키』에서 신들의 탄생과정을 기록한 부분. 일본에서 가장 오래된 역사서이자 신화집인 『고지키(古事記)』에는 건국신화도 실려 있는데, 여기 나타난 신은 차분한 인간의 모습을 보이는 경우와 기괴하고 초월적이며 요괴에 가까운 모습을 하는 경우도 있다. (720년에 성립되었다고 한다.)

자나미는 불(火)의 신을 낳던 중에 그만 음부에 화상을 입어 죽고 말았다. 죽은 이자나미는 황천국으로 떠났다. 홀로 된 이자나기는 여동생이면서 아내인 사랑하는 이자나미를 잊지 못하고 황천국으로 이자나미를 찾으러 간다. 여기서 우리는 요괴적인 요소를 찾을 수 있다. 이야기는 계속해서 이어진다.

황천에서 이자나미와 상봉한 이자나기는 이자나미에게 지상으로 돌아가자고 졸라댄다. 이 때, 이자나미가 하는 말, "나는 이미 황천의 밥을 먹었으니, 다시 돌아갈 수 없어요." 마치 데메테르의 딸 페르세포네를 지하의 세계로 데려간 하데스가 페르세포네를 지하의 세계에 잡아두기 위해 석류를 먹이려고 수작을 부리는 그리스 신화의 대목과 통하는 부분이다. 죽은 이자나미는 계속해서 말한다. "그러나 내가 안으로 들어가서 황천의 신들에게 빌어보리다. 단, 내가 안에 들어가 있는 동안에 절대로 절대로 안을 들여다보지 마세요." 항상, '단'이 문제다. 이 또한 신화의 전형적 단골메뉴인 타부의 설정이다. 만약에 이자나미의 말대로 절대로 안을 들여다보지 않았다면 어떻게 되었을까? 『고지키』의 신화 뿐 아니라, 대개 이런 류의 이야기에서는 안으로 들어간 사람은 지겨울 정도로 밖으로 나오지 않는다.

그것은 바로 타부란 원래 깨어지기 위해 존재한다는 법칙을 증명하기 위한 것. 안으로 들어간 이자나미가 오랫동안 나오지 않자, 기다리다 지친 이자나기는 그만 안을 들여다보고 말았다. 안을 들여다본 이자나기는 차마 못볼 것을 보고 말았다. 이미 썩을 대로 썩어서 구더기가 들끓고, 오월 더운 날처럼 파리가 들끓는 이자나미의 시체를 보고 만 것이다. 이 부분을 『고지키』의 내용을 생중계해 보자.

이자나기는 왼쪽 머리에 꽂고 있던 신성한 빗의 굵은 빗살을 하나 잘라서 거기에 불을 붙여 안을 들여다보니, 이자나미의 몸에는 구더기가 소리가 날 정도로 들끓고 머리에는 오이카즈치(大雷)가 있고, 가슴에는 호노이카즈치(火雷)가 있고, 배에는 구로이카즈치(黑雷)가, 음부에는 사쿠이카즈치(析雷)가, 왼손에는 와카이카즈치(若雷)가, 오른손에는 쓰키이카즈치(土雷)가, 왼발에는 나루이카즈치(鳴雷)가, 오른발에는 후스이카즈치(伏雷)가 있어서 모두 다 합하여 8종류의 이카즈치신이 생겨났다.

이처럼 묘사되는 황천의 모습은 바로 고대 일본인의 상상력이다. 당시 유행했던 횡혈식 고분의 내부와 그 무덤 안에서 썩어서 구더기가 들끓는 시체의 모습, 이러한 공포 속에서 당시의 일본인은 초월적인 존재를 발견하였던 것. 이카즈치(雷)가 바로 그 산물이다.

이카즈치란 한자 표기로 보아 '번개'로 생각하기 쉬우나, 여기서는 공포적 존재인 괴물의 모습이다. 문맥상으로 신체의 각 부분에 번개가 치는 것도 이상하지 않은가. 이카즈치의 '이카'는 '엄격하다(嚴し)'의 어간 '이카'이고, '즈'는 격조사 '쓰(つ)'의 연탁(連濁)이며, '치(ち)'는 『고지키』에 등장하는 목신(木神)의 이름인 '구쿠노치(くくのち)'나 뒤에서 소개할 뱀의 이름 '오로치(をろち)' 등에서 볼 수 있는 '치'와 같은 것으로 영적(靈的)인 존재임을 암시한다.

따라서 고대 일본인들은 이카즈치를 어떠한 모습으로 그렸는지 상상할

고대 일본문학 속의 요괴 | 구정호

수는 없지만, 신화에서 발견할 수 있는 요괴적 요소의 하나라고 할 수 있다.

2. 황천의 추녀

황천의 이야기를 계속하기로 하자.

이자나미의 모습에 겁에 질린 이자나기는 도망가기 시작했다. 이에 이자나미는 무서운 존재로 변하여, 황천의 군사를 이끌고 이자나기를 추적해 오며 온갖 욕과 저주를 퍼붓는다. 어제의 동생이며 아내였던 그녀가 오늘 원수가 되어 버렸다. 이 부분을 클로즈업해 보자.

황천에 살고 있는 '시코메(しこめ)' 는 우리말로 '추녀(醜女)' 라는 의미다. 10세기 경에 출간된 사전으로 비슷한 종류의 단어를 모아놓은 『와묘루이쥬쇼(倭名類聚抄)』에서는 '시코메'를 '귀매부(鬼魅部)'로 분류하고, 또한 『만요슈(万葉集)』에서는 '시코'를 '귀(鬼)'로 표기하고 있는 것으로 보아, 시코메는 오니(鬼)의 한 종류로 생각하고 있었음을 추측할 수 있다.

3. 야마타노 오로치

고지키의 신화는 계속해서 이어진다.

이자나미의 추적을 피해 겨우 황천에서 돌아온 이자나기는 황천 방문으로 인해 부정탄 몸을 정결케 하기 위해 목욕재계를 하는데, 이 때 일본 신화에서 빼놓을 수 없는 중요한 신이 태어난다. 다른 곳을 다 씻고 마지막으로 왼쪽 눈을 씻을 때, 아마테라스 오미카미(天照大御神)가 태어나고, 오른쪽을 씻을 때, 쓰쿠요미노 미코토(月讀命)가, 그리고 코를 씻을

야마타노 오로치는 머리가 여덟 개 달린 괴물이라 하며, 마을 사람들에게 매년 처녀를 제물로 바치도록 하였다. 스사노오를 주인공으로 하는 이 괴물퇴치 영웅담은 축제극으로 널리 공연되기도 한다.

때에 스사노오노 미코토(須佐之男命)가 태어난다. 이자나기는 기뻐하며 아마테라스에게는 천상계인 다카마가하라를, 쓰쿠요미에게는 어둠의 세계를, 그리고 스사노오에게는 바다의 통치를 맡겼다. 문제는 스사노오였다. 바다의 통치를 맡은 스사노오는 이단아였다. 누나인 아마테라스와는 달리 스사노오는 거친 성격의 소유자로 온갖 나쁜 짓은 다하고 돌아다녔다. 결국 스사노오는 천상의 세계에서 쫓겨나서, 이즈모(出雲)지방으로 도망간다. 스사노오가 내려온 곳은 이즈모지방 히노카와의 상류지역이었다. 이곳에서 정착할 곳을 찾고 있을 때, 젓가락이 위쪽에서 떠내려 왔기에 히노카와 상류쪽으로 거슬러 올라가보니, 할아버지와 할머니 두 사람이 아가씨를 사이에 두고 울고 있었다. 이 할아버지는 그 지방의 호족으로 원래 딸이 여덟이었는데, 고시(高志)지방에 사는 '야마타노 오로치(八俣の大蛇)'가 매년 쳐들어 와서 딸을 잡아먹었고, 올해도 그 오로치가 찾아올 시기가 되었기에 울고 있다고 했다.

야마타노 오로치가 어떻게 생겼는가는 스사노오의 물음에 할아버지는 그 모습을 다음과 같이 설명한다.

"눈은 꽈리처럼 새빨갛고, 몸통 하나에 여덟 개의 머리와 여덟 개의 꼬리가 달려 있고, 몸에는 이끼와 회나무, 삼나무 등이 나 있으며, 그 길이는 여덟 개의 계곡과 여덟 개의 봉우리에 걸칠 정도로 크며, 그 배를 보면 온통 피가 배어서 뚝뚝 떨어지고 있습니다."

이야기를 들은 스사노오는 자신이 아마테라스의 동생임을 밝히고 그 괴물을 처치하는 대신에 딸을 아내로 줄 것을 약속한다. 스사노오는 할아버지에게 아주 독한 술을 준비하게 하여 그 술을 마시고 잠들어 버린 야마타노 오로치를 해치우고 마침내 호족의 딸과 결혼하는 것으로 이야기를 마무리짓고 있다.

여기서 등장하는 '야마타노 오로치'의 모습에서 우리는 요괴적인 모습을 발견할 수 있다. 그러나 여덟 개의 머리와 여덟 개의 꼬리를 갖고 있고, 배에는 언제나 핏물이 비쳐 있는 모습. 등에는 나무와 이끼가 있는 모습은 당시 일본인들의 상상력의 산물이다. 이러한 모습은 어디에서 왔을까? 아마도 히노카와 유역의 모습이었으리라. 여러 봉우리와 그 봉우리 사이에 생겨난 계곡을 따라 들고 나는 강의 모습이 여덟 개의 머리와 여덟 개의 꼬리를 가진 괴물을 연상케 하였을 것이다. 그리고 근처에 철의 산지가 있어 강물은 붉은 빛을 띠고 있는 히노카와 유역의 모습 속에서 괴물의 모습이 등장하였을 것으로 생각한다.

뱀이나 용을 퇴치하는 이야기는 전 세계 어디나 골고루 퍼져 있는 이야기다. 전형적인 스타일은 영웅이 괴물을 퇴치하고, 희생물로 바쳐야만 했던 아가씨를 구해서는 그 아가씨와 결혼하는 형태로, 위의 『고지키』의 이야기도 이 범주에 속한다. 그 밖에도 설화집인 『곤자쿠 모노가타리(今昔物語)』나 『우지슈이 모노가타리(宇治拾遺物語)』에도 이와 비슷한 유형의 이야기가 전한다.

4. 미쓰치

요괴 중 뱀의 형태를 취하는 것은 비단 야마타노 오로치만은 아니다. 『니혼쇼키』에는 이와 관련된 이야기가 전해진다.

일본의 요괴문화 그 생성원리와 문화산업적 기능

이 해 기비(吉備)의 가와시마강(川島河) 어귀에 미쓰치라는 큰 뱀(용)이 있어서 사람들을 괴롭혔다. 지나가던 사람들이 그 뱀에 닿으면 독기가 몸에 퍼졌기 때문에 많은 사람들이 죽었다. 가사노오미(笠臣)의 선조인 그 지방 수령은 용감하고 힘이 셌다. 강가에 서서 3개의 호리병을 물에 던지며 "너는 종종 독을 뿜어 지나가는 사람들을 괴롭혔다. 내가 너를 죽여주리라. 만약 네가 이 호리병을 물에 가라앉힐 수만 있다면 내가 도망가리라. 가라앉히지 못한다면 너를 베어주겠다" 라고 했다. 그러자 뱀은 사슴으로 변하여 호리병을 물 속으로 끌어 넣으려 했다. 그러나 호리병은 가라앉지 않았다. 그 때, 검을 뽑아 물 속에 넣어서 뱀을 베었다. 그리고는 계속해서 뱀의 일당을 찾았다. 온갖 것들이 물 밑 바닥의 구멍에 가득 들어 있었다. 이들을 다 해치우니 강물은 피로 변하였다.(『仁德紀』67年)

미쓰치(みつち)를 옛 사전에서 찾아보면 용이라 하기도 하고 큰 뱀이라고도 하는데, 그 의미를 살펴보면 「미」는 「물(みず)」이라는 의미고 「쓰(つ)」는 조사 「의(の)」고 마지막의 치(ち)는 오로치라는 이름에서 보았듯이 영적인 존재라는 의미로, 결국 미쓰치는 물에 사는 이상한 존재로 당시 사람들에게 용이나 큰 뱀의 형상으로 인식되었다고 볼 수 있다.

Ⅲ. 『후도키(風土記)』 속의 요괴

『후도키』는 말 그대로 어느 특정지역에 대한 풍토나 사정을 기록한 것을 말한다. 일본의 경우 서기 713년 5월 중앙정부로부터 각 지방의 사정에 대하여 보고하라는 명령이 있었고, 이에 따라

「후토키」는 고대 각 지방의 문물과 전승을 기록한 지방지적인 문서인데 이 가운데 실린 신화 가운데에서 난폭한 요괴를 신으로 받듦으로써 평화를 유지하려 한다는 요괴관을 읽어낼 수 있다.

각 지방에서 중앙정부로 올린 보고서의 성격을 띤 것이『후도키』이다.

이처럼『후도키』란 원래 일본 전토에서 중앙정부로 제출했던 리포트였기 때문에 다른 문헌과 달리 보존이 잘 되지 않았다. 현재까지 전하는 것은 5개 지방의 것에 불과한데, 완본의 상태로 전해지는 것이 지금의 시마네현(島根縣) 동부지역에 해당하는 이즈모(出雲)지방의 후도키가 유일하다. 현재 전하는 후도키 중에서 히젠(肥前)지방 사카군(佐嘉郡)의 기록이 요괴와 관련하여 눈에 띤다.

어떤 이가 말하기를, 고을의 서쪽에 강이 있다. 이름을 사카강이라고 한다. 그 강에는 은어가 있다. 그 강의 근원은 고을 북쪽에 있는 산에서 시작되어 남쪽으로 흘러서 바다로 든다. 이 강의 상류에 아주 난폭한 신(神)이 있어서 오고가는 사람의 반은 살려주고 반은 죽였다. 이에 지방수령 등의 선조인 오아라타(大荒田)가 점을 쳐서 신의 뜻을 물었다. 그 때 쓰치구모인 오야마다메(大山田女) · 사야마다메(狹山田女)가 있어서, 이 두 여자가 말하기를 "시모다(下田)마을의 흙으로 사람의 모형과 말의 모형을 만들어서, 이 신에게 제사하면, 반

일본의 요괴문화 그 생성원리와 문화산업적 기능

일본 건국신화의 주인공들을 모시는 이즈모대사(出雲大社)는 질병이나 고통, 병충해, 동물이나 악령 요괴로부터 인간을 지켜줄 수 있다는 여러 신이 있는 곳으로 많은 참배객이 찾아든다. (시마네현 이가와군)

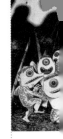

드시 진정될 것"이라고 말했다. 오아라타는 즉시 그 말대로 이 신에게 제사를 지냈다. 그 신은 제사를 받았고 결국은 사이가 좋아졌다. 이에 오아라타가 말하기를 "이 여자들은 이처럼 실로 현명한 여자로다. 따라서 이로써 우리 지방의 이름을 정하고자 한다." 그로부터 이 지방을 사카시메군(賢し女郡)이라 불렀다. 현재 사카군이라고 부르는 것은 사카시메군에서 전와(轉訛)된 것이다.

내용적으로는 후도키의 성격답게 고을명의 유래를 설명하는 부분이지만, 이야기의 모티브는 위의 '미쓰치'의 이야기와 다를 바 없다. 이야기를 정리해 보면, 이 지역의 지배자인 오아라타는 토착민이 아닌 다른 곳에서 이주해온 정복자다. 이와는 반대로 현명한 두 여자는 쓰치구모라는 그 지역의 토착민이고, 이 두 여자는 무당이었을 것이다. 그리고 강의 상류에 사는 난폭한 신은 이 지역의 쓰치구모들이 섬기던 신이고, 신의 행동이 난폭해진 것은 정복자계급에 대한 저항의 상징적인 표현으로 해석할 수 있다. 따라서 정복자계급에 속하는 수령은 토착민계급의 무당에게 신의 뜻을 묻고 이를 실천해 나감으로 정복자와 토착민이 서로 화해해 나간다는 이야기로 받아들일 수 있다. 이를 정복자의 입장에서 본다면, 강가에 살면서 지나가는 사람의 반을 죽여 버리는 난폭한 신은 악한 신으로 요괴의 개념 아래 속한다고 할 수 있다. 토착민의 신이 정복으로 인해 난폭한 요괴가 되고 다시 신으로 받들어지는 유형의 이야기다.

이러한 종류의 설화는 이 이야기 이외에도 후도키의 여러 군데에서 발견할 수 있다.

Ⅳ. 『니혼료이키』 속의 요괴

일본 최초의 불교설화집인 『니혼료이키(日本靈異記)』의 정식 명칭은 『니혼코쿠 겐보젠아쿠 료이키(日本國現報善惡靈異記)』라는 긴 이름이다. 책명에서 짐작할 수 있듯이, 현세에서도 악한 행위에 대한 응보가 있을 수 있다는(現報善惡) 이야기와 영험하고 신기한(靈異) 이야기가 수록되

고대 일본문학 속의 요괴 | 구정호

어 있다. 따라서 내용상 요괴적인 요소가 풍부한 설화집이라고 할 수 있겠는데, 그 중에서 유명한 이야기를 하나 소개한다. 원문의 내용이 길기 때문에 간단하게 정리하여 적는다.

옛날 긴메이 천황시절, 미노(美濃)지방에 사는 오오노(大野) 고을의 남자가 예쁜 여성을 찾아서 길을 떠났다. 우연히 예쁜 여자와 만나게 되고 집으로 데려와 결혼해서 사내아이까지 하나 낳았다. 그러나 그 집에서 키우는 개도 같은 날 새끼를 낳았다. 그 강아지는 늘 이 여자를 보면 이를 드러내며 짖어댔다. 여자는 남편에게 그 개를 죽여 달라고 부탁을 했지만, 주인은 개가 너무 귀여워서 죽일 수가 없었다.

그러던 어느 날, 쌀을 찧게 되었다. 이 여자가 방아 일을 하는 여자들에게 간식을 주고자 방앗간에 들어서는데, 어미 개가 그 여자를 물려고 쫓아오면서 짖어댔다. 그 여자는 놀라서 무서워 하더니, 갑자기 여우로 변하여 도망쳤고 천정에 걸린 홰에 올라가 앉았다. 이 모습을 본 남자는 여우에게 "당신과 나 사이에는 아이까지 있는 사이가 아닌가? 난 너를 절대로 잊지 않을 거야. 언제든지 오너라. 함께 자자."라고 말했다. 이런 연유로 이 여자를 '기쓰네(來ㄱ寢 : 와서 잔다는 의미)'라 부르게 되었다.

마지막에 이 이야기는 미노지방에 사는 '기쓰네노 아타이'라는 부족의 성(姓)의 기원을 소개하는 내용으로 끝맺고 있다. 여우가 인간의 모습으로 변신해서 결혼해서 아이를 낳는 이야기, 다시 말해 여우가 본래의 모습과는 다른 모습으로 변신할 수 있다는 생각은 이미 고대 중국에서도 발견할 수 있는 이야기로, 그런 사상이 일찌감치 일본에 수입되었다는 것을 위의 이야기를 통해 짐작할 수 있는데, 위 이야기에 등장하는 내용으로는 공포에 의한 인간의 상상력이라는 요괴발생의 대전제에는 못 미친다 하겠지만, 요괴발생의 출발선상에 놓을 수 있는 설정이라고 할 수 있을 것이다.

일본의 요괴문화 그 생성원리와 문화산업적 기능

V. 『만요슈』와 요괴

『만요슈(万葉集)』는 가집이다. 4516수의 와카(和歌)를 수록하고 있는 일본에서 가장 오래된 가집이다. 수록되어 있는 와카는 주로 왕권과 관련된 서사적인 노래와 개인적 차원에서의 서정적인 노래들로, 노래 내용에서 요괴적인 요소를 찾아보기는 어렵다.

일본에서 가장 오래된 시가집인 『만요슈』에는 고대인들의 사랑과 이별, 죽음과 슬픔 등을 담고 있는데, 요괴라는 단어가 그대로 쓰이지는 않았으나 마(魔), 귀(鬼) 등 요괴와 깊은 관련이 있는 단어가 등장한다.

군이 찾아본다면

> 내 생각 않는 사람 그리는 것은 큰 절에 있는 아귀의 뒤에 대고 절하는 것과 같아(608)
>
> (あひ念はぬ　人を思ふは　大寺の　餓鬼のしりへに　額つくごとし)

와 같은 노래에 아귀(餓鬼)라는 말이 보인다. 이는 당시 나라(奈良)지역의 큰 절 뒤편에 가면 탐욕을 경계하고자 하여 빼빼마른 체격에 배만 불쑥 나온 상(像)을 놓아두었던 것. 요괴의 모습이 노래 안에 등장한다고 할 수 있지만, 이것이 직접 요괴에 대하여 노래하거나 상상력의 산물은 아니다. 이보다 '귀(鬼)'라는 글자가 만요슈 안에서 어떻게 사용되고 있는가 하는 점이 흥미를 갖게 한다. 앞에서 서술했던 '추하다'는 의미의 '시코(しこ)' 외에도 '모노(もの)'라 읽는 예가 있다.

> 하늘의 구름 쳐다보듯 할 때부터 내 님을 향해 마음도 몸마저도 기울어 버린 것을

天雲之　外從見　吾妹子爾　心毛身副　縁西鬼尾(4권 547)
　あまくもの　よそにみしより　わぎもこに　こころもみさへ　よりにしも
のを

　이 노래 자체는 요괴와는 아무런 관계가 없다. 여기서 주목할 것은 마
지막 구인 '기울어 버린 것을' 부분으로 'よりにしものを'라고 읽는 부분
인데, 여기서 'もの'에 해당되는 부분의 원문표기가 '鬼'인 점이다. 해석
에서 알 수 있듯이 'もの'는 '것'이라는 의미로 귀신이나 요괴와는 전혀
관계없는 부분이다. 이런 경우는 단지 노래 표기만을 위해 어떤 특정 한
자를 빌려온 것으로, 차훈가나(借訓假名)라고 한다.

　여기서 상기해야 할 점은 'もの'에 해당되는 표기를 '鬼'로 표기하고
있는 점이다. 이는 당시의 사고방식을 반영하는 것으로, 현대 일본어에서
'물건(物)·사람(者)'을 칭하던 말이 당시에는 요괴적인 것을 칭하는 말
이었다는 것. 일본 고대가요 중에서 나라(奈良)의 야쿠시지(藥師寺) 경내
에 있는 부처님의 발자국을 새긴 돌비(佛足石碑)에 새겨진 붓소쿠세키가
(仏足石歌)에서 인체를 묘사하는 데에 '네 마리의 뱀과 다섯 개의 모노가
모여 있다(四つの蛇, 五つの鬼のあつまれる)'고 노래하는데 여기서도
'모노'를 '鬼'로 표기하고 있다.

　또 하나 『만요슈』에서 흥미를 끄는 표기로 제13권 3250번 장가의 마지
막 구절이 있다. '내 사랑을 끝내리'라고 해석할 수 있는 부분으로, 이 부
분의 원문표기는 '吾戀八鬼目', 읽기는 'わがこひやまめ'로 읽고 있는데
여기서 '鬼'에 해당되는 부분을 '마(ま)'로 읽고 있는데, 이것은 '마(魔)'
와 통한다.

　이를 근거로 당시의 상황을 정리한다면, 고대 일본인들에게 있어 '모
노'는 '마(魔)', 또는 '귀(鬼)'와 같은 것으로 이는 또한 추한 존재로 인
식되었고, 이것은 당시에 볼 수 있는 요괴적 상황이라고 하겠다.

일본의 요괴문화 그 생성원리와 문화산업적 기능

일본의 요괴문화 그 생성원리와 문화산업적 기능

언어 속에 잠재된 문화로서의 요괴

가면무극 속에서 춤추는 오니(鬼)

임찬수

가면무극 속에서 춤추는 오니(鬼)

임찬수

일본의 요괴문화 그 생성원리와 문화산업적 기능

I. 노에서의 오니의 위치

일본전통 예능 중의 하나인 가면극 노(能)는 종합예술이다. 노래와 춤이 있고 웃음이 있는가 하면 이별의 눈물도 있다. 선행 작품인 소설이나 시, 고사를 바탕으로 우아한 춤사위와 음악을 통해 시적 가무극을 보여주는 아름다운 연기와 현실생활에 뿌리를 둔 유머와 풍자로 구성된 대화극이 잘 조화된 연극이다. 이 연극은 정해진 규칙과 순서에 따라 공연되는데 이것을 고반다테(五番立)라고 한다. 중심이 되는 다섯 종류의 노와 제일 처음에 연기하는 오키나(翁), 마지막에 연기하는 슈겐노(祝言能)로 이루어져 있다. 그리고 다섯 종류의 노 사이에 펼쳐지는 4가지 교겐(狂言)의 순서를 모두 합쳐 고반다테라고 한다. 결국 7개의 노와 4개의 교겐이 하루에 연기되는 것이다.

먼저 오키나는 '노이지만 노가 아니다'라는 말이 있다. 보통 노는 무용적인 것이든 서사적인 것이든 하나의 스토리를 가지고 있지만 오키나는 신성한 의식의 성격을 지니고 있다.

바꿔 말하자면 원초적인 예능의 모습, 즉 신에게 기도하고 평안과 행복을 기원하는 마음이 나타나 있는 것으로 하얀 가면을 쓴 노인이 등장하여 천하태평과 풍년을 기원하고 가문의 번영과 자손의 번창을 축복한다. 게

다가 무대배경은 소나무 한 그루뿐이다. 소나무를 하늘의 신이 강림하여 머무는 나무라고 하는 것도 바로 오키나가 있기에 가능한 것이다. 오늘날도 정월이나 특별한 날에 공연하는 오키나는 연기를 하기 전에 먼저 오키나 가면을 모셔놓고 술과 쌀 그리고 소금 등으로 제사를 지낸 다음 공연을 시작한다. 오키나는 모든 노의 공연에 앞서 연기한다.

이어서 산바소(三番叟)라는 교겐이 공연되는데 검은 가면을 쓴 노인이 등장하여 음악과 함께 천년만년 경사스러운 일이 있기를 바라며 연

「오키나」 가면. 「오키나」는 노의 레퍼토리 가운데서 가장 오래된 것으로, 복스러운 모습의 노인인 주인공이 노를 공연하는 자리의 경사스러움을 축복하는 내용으로 춤을 추는 형식이다.

기를 한다. 그리고 본 공연에 해당하는 다섯 종류의 노가 상연된다.

첫 번째 노를 가미노(神能)라고 한다. 의식적인 요소가 강하고 인간에게 축복을 준다. 두 번째는 슈라노(修羅能), 생전에 무사로 전쟁에 참여하여 살생을 하였기 때문에 죽은 후에 수라도에 빠져 괴로움을 당하는 인간을 주제로 한다. 세 번째는 가즈라모노(鬘物), 우아하고 아름다운 사랑의 주인공, 유녀 그리고 꽃과 나무의 정령 등이 등장한다. 네 번째는 자쓰모노(雜物), 이상의 것에 속하지 않는 것은 모두 여기에 속한다. 주로 현실 인간의 고뇌와 괴로움, 부자, 부부 등의 인간관계에서 발생하는 애증을 그리고 있다. 다섯 번째는 기치쿠모노(鬼畜物) 또는 기리노(切能)라고 한다. 오니나 악령을 퇴치하는 용맹함을 그린 작품이 여기에 속한다. 초인적인 존재, 즉 산신령, 사자, 덴구(天狗) 등을 주제로 한 역동적인 작품들을 모아 놓은 장르이다.

다섯 번째의 오니(鬼)나 악령 그리고 가축을 주제로 한 작품들을 살펴보면 '모미지가리(紅葉狩)', '쓰치구모(土蜘蛛)' 등에서는 인간에서 나

뻔 짓을 하는 오니가 등장한다. 산에 사는 정령이 나오는 '야만바(山姥)', '도조지(道成寺)', '가요이고마치(通小町)'에서는 원한으로 인해 다시 나타난 앙심의 오니가 주인공이다. '우가이(鵜飼)'에서는 죄인을 혼내주는 염라대왕이 나오고 '노모리(野守)'와 '모토메즈카(求塚)'에서는 지옥의 아비규환과 고통받는 모습 등 다양한 캐릭터로 구성되어 있다.

Ⅱ. 작품으로 보는 오니와 요괴

1. 원한에 사로잡힌 오니

'야만바(山姥)'란 산에 사는 여자 오니를 가리키는 말이다. 사계절의 풍경을 즐기면서 산을 돌아다니는 일종의 나이든 여자 오니지만 혹은 선녀라고도 생각하였다. 야만바에 대한 전설은 옛부터 있었지만 그 근거는 확실하지 않다. 노에서는 이런 야만바를 소재로, 춤과 노래를 불러 '햐쿠마 야만바(百≠山姥)'란 예명으로 유명해진 유녀가 등장하여 야만바의 출현을 유인한다. 젠고지(善光寺)를 참배하러 가기 위해 험한 산길을 통과하는 유녀에게 진짜 야만바가 나타나 자기 때문에 유명해졌는데도 조금도 관심을 보이지 않는 것을 원망한다.

밤이 깊고 달빛이 비취는 가운데 유녀가 춤을 추기 시작하자 괴이한 모습의 야만바가 나타나 야만바 춤을 추고 심산유곡을 유랑하는 모습을 보여준다. 이때의 야만바의 모습을 다음과 같이 묘사하고 있다.

> 어둠 속에 나타난 야만바의 모습을 보니 얼굴과 말투는 인간이지만 머리는 눈처럼 하얗고 잡초처럼 헝클어져 있으며, 눈동자는 별처럼 빛나고 얼굴은 용마루에 있는 오니모양의 기와처럼 새빨갛다. 얼굴색은 빨갛고 하얀 머리모양은 들판의 잡초처럼 뒤엉켜 있고 두 눈은 별처럼 빛난다.

야만바의 가면은 빨간색을 기조로 안구주변을 빨간색으로 칠하고 눈썹을 검은색과 하얀색으로 그려 들판에 있는 여자처럼 거칠고 강한 모습이

일본의 요괴문화 그 생성원리와 문화산업적 기능

야만바는 산속에 살고 있는 여자 오니로 원한에 사로잡혀 있는 무서운 얼굴이기도 하지만, 때로는 남을 돕기도 하는 등 선악을 동시에 지닌 캐릭터이다. 무대 장면은 산속을 헤매고 있는 나그네를 부르는 야만바.

되도록 하였다. 그리고 입도 약간 벌려 노인이면서도 강하게 보이도록 만들어졌다.

'도조지(道成寺)' 라는 작품에서도 원한에 사무친 오니가 등장한다. 이 작품은 도조지 기원에 관한 설화를 배경으로 만들어진 것으로, 원작인 '가네마키(鐘卷)' 의 일부분을 삭제, 축약하기도 하고 새로운 것을 삽입하여 대담한 연출과 완성도 높은 테크닉을 보여준 작품이다.

도조지 기원에 관한 설화는 928년으로 거슬러 올라간다. 구마노(熊野)로 참배하러 가는 젊은 스님에게 방을 빌려준 한 장원의 관리자에게 아내가 있었는데 그 아내가 스님을 사랑하여 구애를 한다. 놀란 젊은 스님은 거절을 하고 도망을 가지만 여자는 히다카(日高)강까지 쫓아간다. 뱃사공은 스님으로부터 들은 이야기가 있어 여자를 태우려고 하지 않자 여자는 의복을 벗고 큰 독사가 되어 강을 헤엄쳐 건너간다. 건너편 도조지에 있는 종 속에 젊은 스님이 숨은 것을 알고 독사는 종의 용두를 입에 물고 꼬리로 종을 두들기며 결국에는 피눈물을 흘리고 사라진다. 종 속에는 젊은 스님의 해골만이 남게 된다. 이 절 노승의 꿈속에 두 마리의 뱀이 나타나

성불할 수 있도록 부탁한다. 그래서 노승이 기도를 하자 여자는 도리천, 남자는 도솔천으로 다시 태어나 각각 허공으로 사라진다는 이야기다. 이 내용이 노 작품의 배경이 되었다.

노에서는 도조지에서 소실된 종을 재건하는 날, 시라뵤시(白拍子)[1]가 나타나 종 공양에 참석하게 해달라고 한다. 여자 출입금지임에도 불구하고 절의 시종이 춤을 보여달라며 출입을 허락한다. 시라뵤시는 춤을 추면서 종 속으로 들어가 종을 내린다. 놀란 사람들 앞에 주승은 여자 출입이 금지된 이유를 설명한다. 기슈(紀州)지방 장원의 관리자에게 딸이 하나 있었는데 그 집에 구마노(熊野)로 참배하러 가는 스님이 늘 숙박하곤 하였다. 그때마다 그 집 딸을 귀여워했는데 어느 날, 딸 아버지가 이 스님이야 말로 너의 남편이 될 사람이라고 놀리며 말하였다. 어린 딸은 그것을 진심으로 믿고 어느 해 스님에게 자기를 데리고 가달라고 조른다. 스님은

한나(般若) 가면은 뿔이 두 개 달린 귀녀(鬼女) 가면이다. 여자의 격렬한 질투와 분노, 내면적인 슬픔을 나타나는 모습으로 무대효과를 낸다. 여러 레퍼토리에서 여자의 얼굴이 분노의 극치에 이르면 뿔이 돋고 눈이 충혈되어 관객의 가슴을 서늘하게 한다.

놀라서 도망하였고 도조지에 도착하여 종 속으로 숨는다. 스님의 뒤를 따라온 여자는 독사로 변하여 히다카(日高)강을 건너 도조지에 도착한다. 종이 지면에 떨어져 있는 것을 수상히 여겨 종을 7번 감싸 종과 함께 스님을 녹여버렸다는 이야기를 한다. 그리고 그 원한이 시라뵤시가 되어 나타난 것이라고. 스님들이 열심히 기도하자 종이 올라가고 그 속에서 독사의 모습을 한 딸의 원령이 나타나 주승에게 달려든다. 주승은 염불로 대항하고 그 기도의 힘에 져서 독사는 불을 토하며 강물 속 깊은 곳으

94

일본의 요괴문화 그 생성원리와 문화산업적 기능

---

1) 노래하며 춤추는 유녀. 남자 복장을 하고 칼을 차고 반주에 맞춰 노래를 부르며 춤을 추었다.

로 뛰어든다는 것으로 막이 내린다. 독사의 모습으로 변한 딸의 원령은 노에서는 한야라는 탈을 쓰고 나온다.

2. 지옥의 오니

지옥의 오니가 등장하는 작품들이 있다. 대표적인 것인 '우가이(鵜飼)' '노모리(野守)'이다. 먼저 '우가이'에서는 어로 금지구역에서 가마우지를 이용해 물고기를 잡다가 발각되어 거적에 말려 물속에 던져져 죽은 어부의 망령이 노인의 모습으로 등장한다. 그리고 성불하지 못해 괴로워하고 있는 자신을 위해 명복을 빌며 구해달라고 객승에게 부탁한다. 이에 객승이 불쌍히 여겨 법화경 경문을 돌에 한자씩 적어 강물에 던지며 성불하기를 기원한다. 이때 지옥의 오니가 나타나 지옥은 멀리 있는 것이 아니라, 눈앞에 펼쳐진 현재가 지옥이며 지옥의 악귀는 외부에 있는 것이 아니라 인간의 마음에 있다고 설파한다. 그리고 살생의 죄를 기록한 철로 된 명패는 수없이 많고 선행을 기록한 황금 종이에는 아무것도 적혀 있지 않아서 당연히 지옥에 떨어져야 하지만 객승에게 하루 밤을 보시한 공덕으로 어부를 극락으로 보내기로 했다고 보고하는 장면이 있다.

지옥에서 나온 오니의 모습을 고베시미(小癋見)라는 탈로 표현하고 있다. 빨간 가발을 쓰고 입을 꽉 다문 선이 턱까지 내려가 있고 코는 강하고 힘이 있다. 얼굴 전체가 진한 주홍

작은 베시미 즉 고베시미의 가면. 베시미는 큰 베시미와 작은 베시미가 있는데, 입에 힘을 주고 입술을 꽉 다문 표정으로 인간에게 초능력을 빌려주는 귀신이나 신의 배역을 하게 된다.

색으로 칠해져 있는 것은 강함을 나타내는 상징이기도 하다.

후반부의 주인공이 지옥의 오니이며 우가이처럼 고베시미 탈을 사용하고 있는 작품이 바로 '노모리(野守)'이다. 이 작품은 도시요리주노(俊賴

髓腦)라는 가론서의 설화를 배경으로 하고 있다. 그 내용은 다음과 같다.

텐지천황(天智天皇)이 들판으로 사냥을 나가 매를 풀어놓았으나 바람이 불어 매를 잃어버리고 말았다. 그래서 들판을 지키는 관리인(野守)에게 매를 찾도록 명령하였는데 매는 소나무 가지 위에 남쪽을 향하여 앉아있다고 대답을 한다. 놀란 천황이 「그대는 지면(地面)에 엎드려 머리를 땅에 대고 있는데 어떻게 매가 있는 곳을 알 수 있느냐」고 물으니 「백성은 군주의 얼굴을 볼 수 없습니다. 들판에 고인 물을 통해 머리가 세었다는 것도 알고 얼굴의 주름조차도 볼 수가 있으며 매가 나뭇가지에 있다는 것도 알 수가 있었습니다」라고 대답한다. 그 이후로부터 들판에 고인 물을 노모리(野守) 거울로 불렀다고 적고 있다. 또 다른 일화로는 서군(徐君) 거울이라고도 하는데 이는 서군(徐君)이 가지고 있던 거울을 가리키는 것으로, 사람의 마음을 비춰주는 신비한 거울이다. 사람들이 가지고 싶어하므로 자신이 이 거울을 가지고 있을 수 없다고 판단하여 무덤 속 깊이 파묻어 버렸다.

들판에 고여 있는 물을 이용하여 나무 위에 앉아 있는 매를 찾았다는 설화에서 '노모리 거울'의 기원을 찾고 있다. 이것이 발전하여 인간의 생각은 물론 신체의 병이 있는 곳까지 비춰준다는 신비의 거울도 '노모리 거울'이라고 칭하게 되었다. 노에서는 인간의 생각은 물론 천상(天上)과 천하(天下) 그리고 지옥의 모습까지 모두 비치는 거울이다. 작품의 후반부에 오니가 이 거울을 가지고 나타나 지옥의 모습을 생생하게 보여주고 있는 장면이 있다.

동방에 위치한 명왕(明王)도 이 거울에 비추고, 남쪽 북쪽을 비추니 사방팔방이 영롱하게 명확하게 드러나네. 하늘을 비추니 삼계(三界)의 최고인 천계(天界)까지도 구석구석 보이는구나. 또한 대지를 거울로 바라보니 지옥으로 향하는 길과 지옥의 모습이 나타난다. 한쪽 면이 8척(八丈)인 정파리(淨玻璃) 거울이 되어 죄의 경중을, 죄인의 가책, 철장의 숫자까지 모두 자세하게 비치고

일본의 요괴문화 그 생성원리와 문화산업적 기능

있다. 이 거울은 오니에게는 사악한 행위나 부정이 없는 것을 보여주고, 사악한 행위를 바르게 하는 명경(明鏡)의 보물이도다. 자, 빨리 지옥으로 돌아가자. 대지를 쿵쿵 밟으며 지옥 끝으로 들어가 버린다.

위의 인용부분 중에서 '정파리 (淨玻璃)'라는 맑은 거울이 나오는데 이것은 삼종신기(三種神器)의 하나로 국가의 귀중한 보물인 한편, 중생의 선악 그리고 업보를 모두 보여주는 거울이다. 노에서는 정파리 거울과 노모리 거울을 동일시하였고, 염라대왕이 이 거울을 가지고 천상은 물론 지옥의 세계를

불교에서 말하는 지옥은 상상력으로 이야기되어질 뿐 아니라, 두루마리 그림이나 벽화로도 그려져 중생을 깨우치고자 한다. 염라대왕 앞에 놓인 정파리(업의 거울)에는 이승에서 지은 죄가 낱낱이 비추어진다는 불교관이 잘 나타나 있다.

빠짐없이 보여주고 인간의 과거와 미래, 팔자, 운명, 죄업까지 보여주는 심판의 도구로 사용하고 있다. 이와 같은 모습은 그림두루마리에도 그대로 나타나 있어서 지옥에 대한 공통된 이미지가 존재하고 있었다는 것을 추측할 수 있다.

3. 요상한 괴물

노에서는 오니뿐만 아니라 정체불명의 괴물들도 등장한다. 대표적인 것이 '누에(鵺)'라는 작품이다. 이 작품에서는 요리마사(賴政)라는 뛰어난 무장에 의해 활에 맞아 목숨을 잃은 누에라는 괴물의 망령이 등장한다. 요리마사에 의해 누에가 퇴치된 경위와 수라노(修羅能)의 구조가 합쳐져 누에의 비애를 말하고 있는 작품으로 헤이케이야기(平家物語)를 근거로 만들어졌다. 누에의 퇴치장면을 다음과 같이 묘사하고 있다.

매일 밤 축시경[2]이면 히가시산조(東三條) 숲[3]에서 검은 구름 한 덩어리가 솟아올라 궁전 위를 덮어 고노에 천황(近衛天皇)은 매일 밤 두려움에 떨었다. 효험이 있다는 고승을 불러 기도를 했지만 전혀 효과가 없었다. 공경대신들이 모여 회의를 한 결과, 괴물의 소행이 틀림없다고 여겨 무사들을 명하여 경비를 서게 하고 무사 중에서 요리마사(賴政)를 선발했다. 당시 요리마사는 병기의 보관과 출납을 담당하는 장관으로, 단지 믿을 만한 부하 1명과 2개의 화살을 준비해 어전에 대기하고 있었다. 예상대로 축시가 되자 예전처럼 검은 구름이 올라와 어전을 덮는다. 요리마사가 올려다보니 그 속에 괴상한 형상이 있었다. 요리마사는 마음 속으로 나무아미타불이라고 기도하며 힘껏 활을 당기니 괴물이 활에 맞아 떨어진다. 부하가 쫓아가 칼로 숨통을 끊었다. 불을 켜고 자세히 보니 괴물의 머리는 원숭이, 꼬리는 뱀, 팔다리는 호랑이, 울음소리가 호랑지빼귀[4]와 비슷한 무시무시한 모습이었다.

누에란 머리는 원숭이, 몸통은 너구리, 꼬리는 뱀, 손발은 호랑이를 닮았고 새 울음소리를 낸다는 전설상의 요괴인데, 정체불명의 인물을 비유하기도 한다.

누에를 원숭이와 뱀, 호랑이의 모습이 혼합된 괴물로 묘사하였고 노에서는 사루도비데(猿飛出)라는 가면을 쓰고 연기한다.

이 가면은 옛날부터 누에에 사용하였고 하얀 가발을 쓰고 원숭이의 얼굴을 형상화한 것이다. 얼굴전체를 빨간색으로 칠해 한층 더 원숭이라는 것을 강조하였다.

'쓰치구모(土蜘蛛)'에서는 거대한 거미가 등장한다.

2) 오전 2시경
3) 東三條 궁(藤原良房의 집으로 一條院이 탄생함.) 근처의 숲. 二條의 남쪽, 西洞阮의 동쪽에 있었음.
4) (동) 딱샛과의 새. 몸길이 약 30cm. 몸빛은 등이 황갈색이고 배는 노란색이며, 날개에 초승달 모양의 검은 무늬가 있음. 우리나라에서는 흔한 여름새임. 호랑티티(=호랑이지빼귀).

일본의 요괴문화 그 생성원리와 문화산업적 기능

병중에 있었던 요리미쓰(賴光)에게 고초(胡蝶)라는 여자가 궁중에서 약을 가지고 병문안 온다. 밤이 깊어지자 이번에는 중의 모습을 한 이상한 사람이 나타나 요리미쓰에게 병문안 인사를 한다. 이상하게 생각

거대한 거미라는 뜻의 요괴 쓰지구모는 스님으로 변신하여 요리미쓰를 찾아와 해치려고 하지만 오히려 퇴치당하고 만다. 노에서는 거미줄을 내뿜는 장면의 호화스러운 연출을 볼거리로 삼는다.

한 요리미쓰가 이름을 묻자 고킨슈(古今集)에 실려 있는 노래[5]로 대답을

오니 모습으로 남의 재물과 여자를 약탈하는 도적인 슈텐동자는 산속에서 호화로운 생활을 하고 있었으나, 요리미쓰와 그의 부하 4천왕의 지략과 용맹에 퇴치된다. 전형적인 영웅의 요괴퇴치설화.

대신하며 거미줄을 던진다. 그래서 베개 옆에 있던 칼로 거미줄을 자르자 그 요괴는 사라진다. 이 소동에 놀란 무사들이 달려와 요리미쓰의 이야기를 듣고 좌중을 살펴본다. 많은 피가 흘러있는 것을 알고, 피의 흔적을 따라 요괴를 퇴치하러 나간다. 무사 일행이 오래된 무덤에 이르러 그 무덤을 부수니 그 속에서 거미의 정령이 나타나 거미줄을 던지며 괴롭힌다. 결국 무사들이 그 거미를 물리치고 수도로 돌아온다는 이야기다.

또한 '오에야마(大江山)'라는 곡

가면무극 속에서 춤추는 오니 ― 임찬수

---

5) 나의 사랑하는 님이 찾아올 새벽이네. 거미가 미리 보여주고 있구나.
我が背子が來べき宵なりささがにのくものふるまひかねてしるしも(古今集1110)

목에서도 요리미쓰가 요괴를 퇴치하는 장면이 나온다. 오에산에 사는 슈텐동자(酒呑童子)를 퇴치하는 내용은 이미 14세기의 그림 두루마리에서도 등장하는 이야기로 '모모타로(桃太郎)'와 함께 일본에서 가장 대중적인 요괴이야기이다.

헤이안시대. 오에산에 사는 괴물을 퇴치하라는 명을 받은 요리미쓰는 다른 장수와 부하들을 데리고 행중의 모습으로 변장하고 오에산으로 향한다. 세탁하는 하녀를 통해 슈텐동자에게 하루 밤 재워줄 것을 청한다. 출가한 중에게 야박하게 대하지 않는 동자는 중 일행을 따뜻하게 맞이하며 술을 접대한다. 술에 취한 동자는 이름의 유래와 자신의 과거행적을 말하면서 자신의 힘이 어디서 나오는지 그 비밀을 누설한다.

술에 취해 자신의 침실에 들어간 동자를 요리미쓰 일행이 습격한다. 습격에 놀라 깨어난 슈텐동자는 방금 전 동자의 모습이 아니라 노여움으로 가득찬 귀신의 모습으로 변모한다. 마법의 지팡이와 요리미쓰의 칼이 교차하는 격렬한 싸움이 계속되고 요리미쓰가 슈텐동자의 머리를 베어버리고 귀환하는 것으로 극이 막을 내린다.

'구라마 덴구(鞍馬天狗)'에서는 덴구(天狗)라는 상상의 요괴가 등장한다. 배경은 봄 어느 날, 구라마산(鞍馬山) 계곡이다.

큰 베시미라는 뜻의 오베시미는 산속에 사는 요괴인 덴구의 캐릭터를 나타낸다. 큰 코에 붉은 얼굴로 덴구의 역할을 한다.

벚꽃이 한창일 때 구라마산의 서쪽 계곡의 승려가 동쪽 계곡의 승려를 초대한다. 서쪽 계곡으로 꽃구경 온 동쪽의 어린아이와 승려들은 꽃구경 연희가 시작되고, 시종이 춤을 추고 있을 때 갑자기 불청객 중이 나타나 흥이 깨진다. 내일 다시 만나기로 하고 해산하지만 혼자 남은 어린아이(우시와카 : 牛若)는 불청객 중에게 친근하게 말을 건넨다. 다른 어린아이는 헤이씨(平氏) 가문이라서 칭찬과 귀여움을 받지만 자신은 겐지(源氏) 후예, 그래서 꽃과 달에게도 버림을 받았다고 한탄한다. 이 이야기를 들은 중은 어린이를 데리고 벚꽃으로 유명한 산들을 안내하며 위로해 주고 자신이 구라마산의 텐구라고 밝힌다. 그리고 내일 병법을 전수해 주겠다고 하며 사라진다. 다음날 일본 각지의 텐구들을 데리고 나타난 구라마텐구는 우시와카의 경로사상에 감탄하며 한나라 고조의 신하인 장량(張良)이 병법을 전수받았던 고사를 말하며 빠짐없이 병법을 전수하고 겐지의 수호신으로, 집안의 재건과 헤이씨 토벌을 약속하고 사라진다.

이 작품에서 사용하는 텐구의 가면은 오베시미(大癋見)라는 것으로 이빨을 보이지 않기 위해 입에 힘을 준 채로 꽉 다물고 두 눈을 크게 뜨고 있는 모습이다. 일설에 의하면 텐구는 음(陰)인 관계로 입을 다물고 있다고 한다. 그래서인지 가면도 입을 다문 채 큰 아래턱을 아래로 내밀고 일자 모양을 하고 있으며 코는 둥글고 크게 묘사되어 있다.

이상과 같이 노에서는 오니나 괴물이 원한이나 집착에 의해 성불하지 못한 존재로 등장한다. 이 때는 성불을 원해 극락에 가기를 바라거나 그 원한을 풀기 위해 기도를 요청하기도 하지만 퇴치의 대상으로 묘사되기도 한다.

3. 노 이론서에 나타난 오니

옛날부터 일본에서는 인간의 능력으로는 알 수 없는 존귀함을 지닌 신의 정령(精靈)을 신령(神靈)과 죽은 후에 다시 이 세상에 원통함을 풀기 위해 나타나는 원령(怨靈)으로 크게 구분하였다. 원한을 품고 죽은 사람은 살아있는 사람들에게 그 원통함을 풀기 위해 해코지를 하거나 나쁜 짓을 한다. 그러므로 살아있는 사람이 원한을 풀어주기 위해 제사를 지내고 신으로 섬기는 것이다. 이와 같은 오니에 대한 두 가지 분류방법은 중세 노(能)의 대성자라고 불리는 제아미(世阿彌)의 저서에도 그대로 나타나

있다. 부친 간아미(觀阿彌)의 유훈(遺訓)을 바탕으로 작성된 노 이론서인 『후시가덴(風姿花傳)』 연기편(物學条)에는 각각 신(神)의 항목과 오니 (鬼)의 항목이 나누어져 있고 오니의 항목에서는 원령(怨靈)과 악령(憑物), 그리고 지옥의 오니(冥途の鬼)로 보다 구체적으로 분류하였다. 오니의 항목을 살펴보면

야마토사루사쿠(大和猿樂)가 가장 자랑하는 기예이며 매우 중요한 연기이다.

대개 원령(怨靈)과 악령(憑物) 등의 오니는 재미있게 연기할 단서가 있어서 쉽다. 상대역을 향해 조심스럽게 손과 다리를 움직여 머리에 쓴 가발을 기준으로 힘차게 동작을 하면 재미있는 연기가 가능하다.

반면, 지옥의 오니를 잘 연기하면 무서워서 오히려 재미가 없다. 실제로 오니연기는 어려운 대상이므로 이것을 재미있게 연기할 수 있는 배우는 드물지 않을까.

자신이 속한 극단의 특기가 오니연기이고 이 오니의 본질은 강하고 무섭지 않으면 안 되지만 재미있는 것과 무서운 것은 전혀 다르다는 관점이다. 제아미는 오니연기를 무섭고 힘찬 것보다는 재미있고 섬세하여 감동을 줄 수 있는 연기를 원했고 이것이 매우 고난도의 연기라는 것도 알고 있었다. 그래서 이 연기를 어렵고 완벽하게 구사할 수 있는 배우도 드물다고 적고 있는 것이다. 신(神)의 항목에서는

일반적으로 신의 연기는 오니계통에 속한다. 신은 웬지 모르게 노여움을 띤 모습이므로 신의 종류에 따라서는 오니와 차이가 없다. 그러나 신과 오니는 전혀 다른 성격이다. 신에게는 무용(舞)과 같은 동작이 어울리고 오니는 무용을 할 이유가 없다. 신의 연기는 그 성격에 맞는 분장을 하고 가능한 한 기품이 있어야 한다. 특별히 분장하고 등장하지 않을 경우에는 신의 모습은 아니지만 아름다운 의상을 입으며 단정하게 연기하는 것이 좋다.

오니와 신의 차이점은 무용(舞)에 적합한 연기인가 아닌가에 달려 있다는 것이다. 연기에 따라 차이점이 없기도 하지만 근본적인 차이점은 신은 무용에 적합한 역할이라고 생각하고 있었다. 그리고 신과 오니의 근본적인 본질의 차이는 있지만 연기의 성격에 따라 구별이 불가능하다고도 생각하였다. 가면을 오니와 신 양쪽에 똑같은 것을 사용하기도 하는데 이것이 바로 신과 오니의 구분이 모호한 점에서 나타난 현상이라고 생각한다.

『후시가덴』보다 후대에 저술된 『이곡삼체인형도(二曲三體人形圖)』에서는 오니의 연기를 사이도풍(砕動風)과 리키도풍(力動風)으로 나누고 구체적인 연기 방법과 삽화도 함께 실었다. 사이도풍이란 모양은 오니지만 마음은 인간의 심성(形鬼心人)을 지닌 오니연기를 말한다. 신체에 과도한 힘이 들어가지 않으며 섬세한 동작을 요구한다. 반면 리키도풍은 힘찬 동작을 바탕으로 한 연기이므로 품위와 아름다움이 없다. 마음가짐도 오니이며 무섭고 힘찬 동작이 주를 이루어 재미가 없는 오니연기이다. 또한 『삼도(三道)』라는 노 창작 이론서에서는 원령과 악령은 사이도풍으로 분류하고 지옥의 오니는 리키도풍에 속한다고 언급하면서 사이도풍의 연기방법을 자세히 기록하였다. 사이도풍은 대개 2막으로 구성되어 있고, 특히 2막에 출연하는 주인공은 인간의 생령(生靈) 또는 죽은 자의 영(死靈)이며 이를 영귀(靈鬼)라는 단어로 표현하였다. 이어서 하시가카리(橋掛り)에서 노래하는 법과 무대 정면에서의 연기 동작 등을 자세하게 서술하였다. 리키도풍에 대해서는 자신이 속한 극단에서는 사이도풍의 오니연기만 해서 리키도풍에 대한 규칙이 없다고 적고 있다.

『사루가쿠단기(申樂談儀)』에서도 사루가쿠(猿樂)나 덴가쿠(田樂)의 연기가 변했다고 서술하면서 오니연기는 결국 배우지 않았다고 적고 있다. 즉, 자신은 평생 동안 힘차고 거칠게 신체를 움직이는 리키도풍의 오니연기는 하지 않았고 단지 오니라는 것을 알 수 있을 정도의 연기, 다시 말하면 발성이나 곡조로만 그 위세를 표현했다고 회고하고 있다. 제아미 이전의 시대에는 사루가쿠(猿樂)나 덴가쿠(田樂)의 오니연기는 그것이 지옥의 오니건 원령이건 간에 전부 리키도풍의 오니연기였으나 제아미는 이

가면무극 속에서 춤추는 오니 ― 임찬수

런 오니연기를 하지 않았다는 것을 짐작할 수 있는 부분이다.

제아미가 보낸 젠치쿠(禪竹) 편지의 답장(金春大夫宛書狀)에서도 이를 증명하고 있다. 리키도풍은 다른 극단에서 하는 것이며 단지 부친(觀阿彌)이 가끔 이 연기를 할 때 곡조로만 그 위세를 표현하였다. 자신도 그것을 배웠으며 그것도 출가한 후에 이 연기를 하였다고 회고하고 있다. 제아미의 출가를 60세 전후로 추정하고 있으므로 늙어서 이 연기를 그도 아마 부친처럼 곡조로만 하였을 것이다.

박자에 관해서도 좀더 경쾌하고 세밀함을 추구하는 것이 사이도풍이라고 말하고 있다. 예를 들면 『사루가쿠단기(申樂談儀)』에서는 하라리(はらり) 보다는 호로리(ほろり)로, 도우도(どうど)는 도우도(とうど)로 발로 박자를 맞추는 것이 사이도풍의 오니연기라고 설명하였다.

이상에서 사루가쿠나 덴가쿠 모두 힘차고 위풍당당하며 재미없는 리키도풍의 오니연기를 특기로 하는 극단이라는 것을 알 수 있다. 하지만 제아미는 인간의 심정을 지닌 원령이나 악령의 모습을 사이도풍의 섬세하고 부드러우며 재미있는 연기로 표현하고자 노력하였고 리키도풍의 오니연기와 구별하여 사이도풍의 오니를 영귀(靈鬼)라고 표현하였다.

리키도풍에서 사용하는 오니의 가면은 도비데(飛出), 베시미(癋見), 천신(天神) 등이며 사이도풍에서는 검은 가발을 쓰고 등장하는 미카쓰키(三日月), 아야카시(怪士), 수지오토고(筋男), 다카(鷹) 등의 가면이 사용되고 있다.

그러나 제아미 당시에는 신의 역할에도 사이도풍의 오니가면이 사용되었다. 이는 오니와 신과의 개념이 확실히 구분되지 않았다는 것을 보여주는 증거이기도 하다. 그가 쓴 저서에도 신과 오니는 본질적으로 다른 것이지만 신의 종류에 따라서는 오니와 차이점이 없다라는 애매한 관점을 보여주고 있다.

일본의 요괴문화 그 생성원리와 문화산업적 기능

일본의 요괴문화 그 생성원리와 문화산업적 기능

언어 속에 잠재된 문화로서의 요괴

기발한 발상 다양한 캐릭터 에도의 요괴

최경국

기발한 발상 다양한 캐릭터 에도의 요괴

최경국

일본의 요괴문화 그 생성원리와 문화산업적 기능

　에도시대의 요괴에 대해서 논할 때 빼놓을 수 없는 사람은 도리야마 세키엔(鳥山石燕)이다. 도리야마는 1712년에 태어나 1788년 77세의 나이로 세상을 떠난 화가이다. 그는 미인화로 유명한 기타가와 우타마로(喜多川歌麿)의 스승이지만 미인화는커녕 우키요에도 거의 남아있지 않다. 지금 남아있는 것은 요괴 그림책이다. 그의 작품으로『백귀야행(百鬼夜行)』『속백귀(續百鬼)』『백귀습유(百鬼拾遺)』『화도백귀도연대(畵圖百器徒然袋)』등이 있는데, 이러한 작품은 이후에 커다란 영향을 남긴다. 여기서 백귀란 수많은 요괴를 가리킨다. 일본문화 속에서 백귀야행은 일찍부터 다루어져 왔다.

　「옛날 옛날 어떤 남자가 한 집에 묵고 있었는데 한밤중에 비바람이 치는 소리에 섞여 큰길에서 제행무상(諸行無常)이라고 소리치며 지나가는 사람들이 있었다. 무슨 소리인가 하며 창문을 조금 열고 엿보니 창문만큼 길쭉한 말 얼굴을 한 도깨비였다. 남자는 두려워서 창문을 닫고 안으로 들어가자 이 도깨비가 창문을 열고 그 얼굴을 들이밀고는 잘 보아두어라 말하고는 사라졌다. 남자는 이게 백귀야행인가 하며 무서워 하였다.」

　12세기 말에 성립된 설화집『우지슈이모노가타리(宇治拾遺物語)』에 쓰여진 글이다. 또 일본에서는 옛날 두루마리에 그림을 그린 책이 지금까지 전해지는데 그 중『백귀야행회권(百鬼夜行繪卷)』이라는 것이 있다. 백귀야행이란 간단하게 말하자면 백가지 귀신 도깨비가 밤길을 가는 모습이라는 뜻인데, 온갖 귀신들이 나와 행진을 하는 그림책이다. 전해져 오는 요괴이야기들을 시각화시킨 것이라고 할 수 있다. 이 책에는 제목처럼 수 많은 요괴가 그려져 있다.

에도시대 이전부터 이처럼 두루마리 그림으로 요괴들이 많이 그려졌다. 기물(器物)이 오랜 시간이 흐른 다음에 변신하여 정령이 되어 사람의 마음을 미혹한다는 「쓰쿠모가미(付喪神)」를 그린 두루마리 그림도 있다. 쓰쿠모가미란 기물이 오랜 시일을 거쳐 혼을 갖게 된다는 생각에서 기물이 변신한다는 생각으로 만들어졌다. 그래서 일본에서는 설날을 앞두고 오래된 기물을 밖에 버리는 습속이 있다. 스후쿠지(崇福寺)에 소장된 『쓰쿠모신 두루마리 그림 (付喪神繪卷)』에 의하면 버림당함에 화가 난 기물들이 입춘 전날 요괴로 변신하여 교토의 산 속에 살며 마을 밖으로 나온 소와 말을 습격하여 연회를 열었다. 그러나 마지막에는 호법동자에게 인도되어 불문에 귀의한다는 내용으로 그려진다.

일본은 일찍부터 요괴를 글 또는 그림으로 많이 그려왔다. 이러한 요괴들을 총 집결한 인물이 도리야마이고, 도리야마의 요괴 그림책은 가히 요괴의 백과사전이라고 할 만하다. 지금 내가 보고 있는 『백귀야행』『속백귀』『백귀습유』의 3종류만 해도 155개의 요괴가 그려져 있다. 여기서 이것을 다 소개할 수가 없으니 그 중에서 유명한 것만 골라서 소개하겠다.

커다란 땅거미인 쓰지구모의 정체는 요괴로서 라이코(요리미쓰라고도 한다)에게 알지 못할 병이 들게 하지만, 결국 퇴치된다.

I. 땅거미 이야기(土蜘蛛)

그림 상단에 있는 설명을 보면 「미

칼을 휘둘러 땅거미를 퇴치하는 라이코.

나모토노 라이코(源賴光)가 땅거미를 퇴치한 일은 여자들과 어린이들도 아는 이야기이다」라고 쓰여 있다.

땅거미(土蜘蛛)는 『고지키(古事記)』중권(中卷), 『니혼쇼키(日本書紀)』등의 신화 전설에 그려져 있는, 고대 조정에 복속하지 않았던 선주민들을 미개한 토착민이라는 뜻으로 경시하여 부른 칭호였다. 기록을 종합해 보면 키는 작으나 손과 발은 길고 동굴에 숨어 살며 외부인이 오면 동굴 속에 숨는다. 그리고 이리와 같은 성질에 부엉이 같은 마음을 갖고 쥐와 같이 물건을 훔친다고 적혀 있다.

이러한 쓰치구모(땅거미)의 이미지가 중세가 되면 요괴의 상징으로써 그려지게 된다. 이를 테면 『쓰치구모소시(土蜘蛛草紙)』는 미나모토 라이코가 교토 니시야마의 동굴 속에 사는 요괴 쓰치구모를 퇴치하는 이야기로 그려져 있다. 또한 노(能)「쓰치구모소시」에도 같은 이야기가 그려져 있다.

땅거미가 뿜어내는 거미줄로 극적 효과가 고조된다.

병상에 누워 있는 마나모토 라이코에게 고초(胡蝶)라는 시녀가 약을 가져온다. 그녀가 돌아간 다음 한 사람의 승려가 와서 라이코의 용태를 묻는다. 심야에 찾아온 승려를 의심하

자 승려는 그 병이 거미 때문이라고 중얼거리며 거미줄 수천 갈래를 던지며 본성을 나타낸다. 라이코는 침상 머리맡에 있던 칼을 빼어들고 내려친다. 확실히 손에 베어지는 느낌을 느끼지만 그 모습은 사라져 버린다. 무사들이 이를

땅거미의 뱃속에는 잡혀 먹힌 사람들의 해골이 가득했다.

쫓아 가보니 오래된 무덤이 보였다. 힘을 모아 이 무덤을 부수니 안에서 땅거미가 나타나 무사들과 싸우지만 결국 무사들에 의해 퇴치를 당한다.

윗 그림은 구니요시(國芳)의 우키요에이다. 라이코가 칼로 내리쳐 병풍이 쓰러지고 있고, 거미는 아직 변신하는 도중이라 팔 한쪽과 얼굴이 사람의 모습이며 승복마저 다 벗겨지지 않은 상태이다. 칼 앞에는 거미의 다리 한쪽이 잘려 나간 것이 있는데 이 연유로 이 칼은 구모키리마루(蜘切丸) 즉 거미를 자른 칼이라고 불리운다.

이 이야기는 두루마리 그림에서도 그려졌다. 왼쪽의 그림은 『땅거미 퇴치 이야기(土蜘蛛草紙)』의 한 장면이다. 라이코가 땅거미와 대결하지만 땅거미의 힘에 밀려 거의 지게 되었을 때 아마테라스 오미카미에게 기도하여 힘을 얻어, 겨우 거미의 머리를 자를 수 있었다. 거미의 배에서 1990개의 해골과 작은 거미들이 나왔다. 여기서는 거미의 모습이 오히려 귀뚜라미와 유사하게 그려졌다. 아마도 땅거미이기 때문에 후세의 거

노 무대에서 둘러싼 4천왕에게 거미줄을 뿌려대는 땅거미.

기발한 발상 다양한 캐릭터 에도의 요괴 ─ 최경국

땅거미 퇴치에 나서는 4천왕의 모습은 당시의 정치풍자화에 응용되기도 했다.

일본의 요괴문화 그 생성원리와 문화산업적 기능

미의 이미지가 정착되기 전의 모습을 보이는 듯하다.

그리고 빼어놓을 수 없는 것이 노이다. 지금도 자주 상연되는 장면 중의 하나이다. 라이코가 사천왕과 대결하는 장면에서 노 배우의 손바닥에서 스파이더맨처럼 거미줄이 뻗어나가는 연출이 매우 신기하여 가부키에서도 배우기 위해 매우 힘썼다는 기록이 남아 있다. 물론 지금 가부키에서도 볼 수 있다.

에도시대에 이 땅거미가 그려져서 각광을 받은 우키요에가 있다. 옆 그림은 우타가와 구니요시(歌川國芳)의 풍자화이다. 구니요시는 막부 말기 우키요에의 대표자로서 이채로운 그림을 많이 남긴다.

이 작품이 그려진 시기는 1843년 여름 8월. 이 시기는 막부 봉건 사회의 모순들이 크게 대두되어 막번체제의 위기가 심각해졌다. 막부의 대신 미즈노 타다쿠니(水野忠邦)는 1841년 5월 개혁을 단행하여 6개월동안 200여개의 개혁입법을 만드는 등 가혹한 정치를 행하였다.

이 공포정치 속에서 만들어진 풍자화로서 맨오른쪽 거미 아래 탁자에 기대어 졸고 있는 사람이 라이코인데 여기서는 당시 장군 도쿠가와 이에요시(德川家慶)를 의미한다. 몸을 감싼 이불에는 파도모양(菁海波模樣)이 그려져 있는데, 이 문양이 의미하는 것은 미즈노 타다쿠니이다. 정치는 모두 미즈노에게 맡겨놓고 세상일은 아무것도 모른 채 잠들어 있다고 풍자하고 있는 것이다.

신하 몇몇에 둘러싸여 세상은 어둠에 싸여 있고 도탄에 빠진 백성들은 요괴가 되어 실정을 규탄하고 있는 줄도 모르고 잠들어 있는 장군을 풍자한 풍자화라고 시중에 소문이 떠돌아 예상외로 잘 팔려 나가자 출판사에서 위험을 느껴 자발적으로 판을 폐기하였으나 다른 출판사에서 이를 모방한 그림을 출판하여 처벌을 받는다.

Ⅱ. 라쇼몬의 오니(羅城門鬼)

같은 영웅 미나모토노 라이코(源賴光)를 주인공으로 하는 이야기 중에 라쇼몬(羅城門)이 있다. 혹은 라쇼몬이라고도 부른다. 우리 한국에서도 잘 알려진 것은 구로사와 아키라(黑澤明) 감독의 영화 「라쇼몬」일 것이다.

설화에서 라쇼몬의 이야기는 다음과 같다. 미나모토노 라이코가 사천왕을 모아 주연(酒宴)을 열고 있었다. 때마침 라쇼몬에 도깨비가 산다는 이야기가 화제로 올랐다. 사천왕의 한 사람인 와타나베 쓰나(渡辺綱)가 그 사실을 확인하러 떠난다. 라쇼몬에 도착하여 표식인 「금찰(禁札)」을 뽑아 돌아가려고 하는 찰나 뒤에서 투구를 잡아당기는 것이 있었다.

도깨비가 나왔다는 생각에 큰 칼을 뽑아 내려쳐서 도깨비의 팔을 떨어

영화 세트로 설치된 「라쇼몬」의 촬영현장

뜨렸다. 도깨비는 하늘 높이 날아올라가며 "다음에 꼭 찾으러 가마"라고 외치며 구름 속으로 사라졌다. 도깨비 팔을 들고 의기양양하게 돌아온 쓰나는 음양사 아베노 세이메이(安部清明)의 권유에 따라 집에 금기를 치고 혼자 있었다. 그곳

에 큰어머니가 찾아왔다. 큰어머니에게 도깨비의 팔을 보여주자 돌연 모습이 도깨비로 변신하여 팔을 갖고 밖으로 나가 허공으로 사라졌다.

여기서 이 시대 사람들에게서 라쇼몬의 이미지는 도깨비가 나오는 곳이라는 것을 알 수 있다. 라쇼몬은 일본의 옛 도읍 헤이안쿄(平安京)의 남쪽에 세워졌던 도성의 정문이다. 라쇼몬은 누각이 있는 2층 문이었지만 태풍에 의해 여러 곳이 부서지고부터는 사람들이 전란이나 재해에 의해 죽은 시체를 2층 문루에 가져다 버리는 곳이 되어 버렸다. 날로 황폐해지고 시체를 버리는 곳으로서의 이미지가 강해지고부터는 어느새 도깨비가 나타나는 곳이라는 소문이 나기 시작하고, 도깨비의 서식지로서 굳어지게 되었다.

Ⅲ. 망집의 화신 귀녀 – 아다치가하라의 오니온나

오니온나(鬼女)를 주제로 한 노는 「모미지가리(紅葉狩)」「야만바(山姥)」「가나와(鐵輪)」「도조지(道成寺)」 등이 있다. 그 중에서도 무섭고 불쌍한 것이 「아다치가하라(安達ヶ原)」의 사람 잡아먹는 오니온나의 이야기이다.

귀족의 딸을 모시고 있던 유모 이와테(岩手)는 깊은 병에 걸려 있는 아가씨를 구하기 위해 임신한 여성의 살아 있는 간이 필요하다고 어떤 의사에게서 듣게 된다. 그리하여 이와테는 생간을 구하기 위해 여행을 떠난다.

그래서 아다치가하라의 외딴집에 살면서 임신한 여행객을 기다리고 있었다. 이윽고 가을이 끝나가는 무렵 여행 중인 젊은 부부가 찾아온다.

「아다치가하라」는 「구로쓰카(黑塚)」라고도 하는데, 찾아든 나그네를 노리는 여자오니가 주인공이다.

일본의 요괴문화 그 생성원리와 문화산업적 기능

부인은 임신 중이고 그날 밤 산기를 느끼고 괴로워하기 시작하였다. 이를 기회로 남편을 마을로 도움을 청하기 위해 보내고 그 틈을 노려 임신부의 배를 갈라 생간을 꺼내지만 이때 임신부가 자신의 딸이라는 것을 알게 된다.

이와테는 자신의 죄를 깨닫고 놀람과 공포 끝에 오니온나가 된다. 이렇게 해서 이와테는 아다치가하라의 외딴집에 살면서 여행자의 고기를 먹는 오니온나가 되었지만 마지막으로 여행승에 의해 굴복당한다.

왼쪽 그림은 구니요시의 제자 요시토시(芳年)의 작품이다. 요시토시가 활약하던 시기는 19세기 후반으로 서양에서 세기말 작가가 활약하던 시기이다. 세기말 작가들이 화면에 잔인, 혹독, 광기를 담아내던 시기에 일본의 요시토시 또한 광기의 그림들을 남긴다. 화면에 철철 흐르는 핏자국, 잘라낸 목, 할복하는 사무라이의 내장, 처절히 반항하는 사람 목에 찔러넣는 칼 등 잔혹무비한 우키요에를 많이 남겼다. 이 그림도 고전의 화제를 빌려 시대의 잔인성을

임신 중인 나그네를 죽이고 보니 바로 자기 딸이었음을 알고 놀람과 공포 끝에 오니가 된다.

잘 나타내고 있다. 자신의 딸인지도 모르고 거꾸로 매달아 간을 꺼내기 위해 칼을 갈고 있는 장면. 집안에 피운 모닥불에서 피어오르는 연기가 더욱 스산하다.

이 이야기가 노에서는 『구로쓰카(黑塚)』라는 제목으로 상연된다. 가부키에서도 노에서 받아들여 상연하고 있다. 다음 사진은 해외에서 인기가 높은 이치카와 엔노스케(市川猿之助)이다. 엔노스케는 가부키 중에서도

유명한 가부키 배우 이치카와 엔노스케가 연기하는 「구로쓰카」는 빠른 템포로 변신하는 연출로 인기를 모은다.

신기한 연출을 주로 맡는 집안 출신이다. 중국영화 「변검」에서는 손을 한 번 얼굴 앞에서 흔들 때마다 얼굴이 변하는 장면이 있었다. 가부키에서는 순식간에 옷을 바꾸어 입는 「빨리 변신하기(早變わり)」라는 연출법이 있다. 엔노스케의 이 빨리 변신하기는 유명하고 인기가 있다.

이 장면은 가부키 『구로쓰카(黑塚)』의 한 장면. 구마노(熊野)의 야마부시 유우케이(裕慶) 일행은 가을 어느날 아다치가하라의 한 집에 머물게 된다. 여주인은 여행의 위로가 되길 바란다며 실차를 돌리면서 인생의 허무함을 이야기하며 아름다운 실꼬기 노래를 부른다.

저녁도 깊어져서 추워진다. 노녀는 자기가 없는 동안 결코 자신의 침실을 들여다보지 말라고 다짐을 하고 손님을 따뜻하게 하기 위해 뒷산으로 나무를 하러 간다. 동행하던 안내인이 약속을 어기고 침실을 엿보자 시체가 높이 쌓여져 있었다. 일행은 구로쓰카(黑塚)의 도깨비 집이라는 것을 알고 도망간다. 산에서 내려오던 여인은 배신당한 분노로 본성인 도깨비로 변하여 뒤쫓아오지만 야마부시의 법력에 의해 굴복당한다는 이야기.

일본 연극의 가장 큰 갈등요인인 '의리와 인정', 주군에 대한 충성 때문에 자기자식에 대한 사랑이 상처를 입고, 그 괴로움에 의해 귀신이 되는 여자의 이야기. 귀신이 되어서는 지나가는 길손을 잡아먹으며 살고 있는데, 이러한 망집은 스님에 의해 굴복당해야만이 드디어 고통에서 해방될 수 있는 것이다.

노에서도 자신의 딸을 죽여 간을 뽑아낸 망집의 오니온나가 가장 귀기가 넘치는 존재로서 자주 상연되는 종목 중의 하나이다. 왼쪽 사진은 오니온나가 등장하는 후반부 장면. 여기서도 뒷쪽에 보이는 도구가 허물어져가는 오니온나의 집을 상징한다. 노에서는 이렇게 전반부에서는 보통 사람이 나타나 이야기를 나누다 후반부에서는 신이라든가 귀신으로 나타나는 연출을 몽환노(夢幻能)라고 부른다.

Ⅳ. 사랑이라는 망집, 『도조지(道成寺)』

옛날 어떤 집에 해마다 찾아오는 승려가 있었다. 그 집에는 딸이 하나 있었는데, 아버지가 딸이 어렸을 적부터 말을 안 들을 때면 '너 그러면 스님에게 시집보내겠다'라고 약을 올렸다. 그 농담이 계속되자 그 딸은 자신이 자라면 그 스님과 결혼할 것이라고 단단히 믿고 있었다.

그러던 어느날 승려가 찾아오고, 그날 저녁 승려에게 그 딸은 자신을 언제 데리고 갈 것이냐며 강하게 재촉을 한다. 깜짝 놀란 승려는 그날 밤으로 절로 돌아간다. 아침이 되어 승려가 도망간 사실을 알게 된 여인은 자신의 사랑이 거절당한 것에 원한을 품고 뒤를 쫓는다. 어느덧 절이 보이는 강가에 도달하자 어젯밤에 내린 비 때문에 강 수위가 불어 있었고 여자의 몸으로는 건널 수 없었지만, 원념에 불타는 그녀는 강을 건너기 시작하였고 강 중간쯤 도달하였을 때 몸체가 서서히 뱀이 되

이루지 못한 짝사랑이 원한이 되어 뱀 같은 모습의 요괴로 변신하여 숨어 버린 남자를 찾아간다는 도조지의 전설

「기요히메」는 뱀을 상징하는 비늘 모양의 의상
으로 등장한다는 연출원칙이 지켜진다.

어간다. 강을 헤엄쳐 건너 도조지(道成寺)에 도달하자 승려는 그녀가 오는 것을 보고는 종 안에 몸을 숨긴다. 절을 돌아다니던 여인이 드디어는 종을 휘어감고 그 안에 숨어 있던 남자를 태워 죽인다는 이야기. 남자는 안친(安珍), 여자는 기요히메(清姫). 왼쪽 그림은 요시토시의 작품이다. 오른 쪽에 쓰여 있는 글자는 여기서 뱀이 된다라고 쓰여 있다. 윗옷의 문양은 비늘모양(鱗模樣)이라고 해서 노에서도 뱀의 성격(蛇性)이 있는 존재, 주로 오니온나들의 옷 모양이다.

여기서도 뱀이 되어가는 모습은 보이지 않으나 뒷부분의 모양도 뱀껍질 문양으로 이렇게 문양으로 뱀이 되어가는 모습을 상징적으로 보여주고 있다.

가부키에서는 「기요히메」의 후일담의 형식으로 춤추던 무용수가 갑자기 종으로 다가가서 이변을 일으킨다는 연출법을 쓴다.

일본 설화에서 뱀은 용과 동격이다. 용이기 때문에 입에서 불을 뿜어내어 안친을 태워 죽이는 것이다. 노에서는 이 후일담으로서 구성되어 있다. 『도조지』라는 제목으로 상연된다.

도조지에 오랫동안 종이 없었다. 오늘은 종을 다시 다는 공양일이다. 보라색 가사를 입은 주지승이 종 공양과 여인금제를 엄하게 포고한다. 조용해진 무대 위로 무용수가 한명 등장한다. 무용수는 공양 춤을 추고 싶다고 요청한다. 문을 지키던 승려는 그 말에 넘어가 통과를 시켜주고 무용수는 종으로 다가가며 춤을 춘다.

주지승은 승려들을 야단치고 종에 얽힌 이야기를 말하기 시작한다. 옛날 어떤 집의 외동딸이 매년 묵으러 오는 수행승을 장래 남편이 될 사람이라고 아버지가 장난으로 하는 소리를 진심으로 생각하고 있었다. 그날도 집에 묵은 스님에게 빨리 결혼을 하고 싶다고 재촉한다. 생각지도 않은 일에 스님이 놀라서 절로 돌아와 종 안에 숨는다. 여인은 스님을 쫓아 강에서 뱀이 되어 건너고 원한의 화염을 토하여 종과 함께 사랑하는 사

도조지의 스님들은 범종을 새로 만든 기념으로 성스러운 의식을 준비하고 있었으나, 범접해서는 안 되는 여인이 찾아와 엄청난 일이 벌어진다.

람을 태워 죽인다. 주지승은 무용수가 그 여인의 원령일 것이라고 열심히 기도한다. 춤을 다 추고 나서 드디어 여인은 종루로 다가가 종을 내리고 그 안에서 오니온나로 다시 분장한다. 종을 들어 올리면 후반부의 주인공인 오니온나가 등장하게 되고 스님들은 염주를 들고 불경을 외우며 오니온나를 퇴치한다.

가부키에서도 『도조지』가 상연되고 있다. 진행은 노와 같으나 더욱 화려한 춤을 보여준다.

비늘모양의 옷에 붉은 머리채, 한냐 가면은 기피한 아름다움을 보여주는 명장면으로 꼽힌다.

아래 사진은 지금은 타계하였으나 현대 일본 가부키 최고의 여성역할(女形)로서 특히, 『도조지』 무용을 잘한 나카무라 우타에몬(中村歌右衛門)이다. 가부키에서

기발한 발상 다양한 캐릭터 에도의 요괴 ― 최경국

는 아래와 같은 무희(白拍子) 복장으로 무대에 나와 여러가지 춤을 춘다. 남성이 추는 여성의 춤이지만 여성보다 더 여성스럽게 동작을 취한다. 이 상연종목은 오니온나가 되는 이야기지만 무용곡으로서의 이미지가 더욱 강하다.

오른쪽 사진은 뱀으로 변신한 기요히메의 모습. 의상은 뱀을 상징하는 비늘 문양인데, 그 밑에 서 있는 사람은 그 몸체와 꼬리를 의미한다. 꼬리 끝에는 한 사람이 물구나무 선 사람을 들고 있는데 이는 꼬

인간이 변신하여 뱀이 된다는 발상은 일본에만 있는 것은 아니지만, 일본의 문화적 전통을 바탕으로 묘사된다는 점이 주목된다.

리 끝을 하늘로 치켜든 것을 나타낸다. 노에서는 승려가 요괴를 물리치지만 가부키에서는 힘이 센 영웅이 나타난다. 얼굴에 붉은 색으로 그림을 그려(隈取) 영웅의 힘을 상징하는데 어려울 때마다 나타나는 이 슈퍼맨이 기요히메를 무대에서 쫓아낸다.

V. 여우

이나리대명신(稻荷大明神)은 오곡의 신이다. 인도에서 전래한 다길니천(茶吉尼天) 등과 연계되어 여우는 이나리신의 심부름꾼이라고 생각되었다. 이 여우에게 유부를 주며 소원을 빌면 이루어진다는 속신이 생겨났다. 일본에서는 여우가 유부를 좋아한다고 믿어지고 있으나 그 유래는 여우의 털 색깔이 유부와 비슷하기 때문이라 한다. 일본 우동집에서 "나는 여우 주세요, 나는 너구리 주세요"라고 주문하는 것을 들을 수 있다. 여우는 유부를 좋아하고, 너구리는 튀김밥(밀가루 튀김을 튀길 때 만들어지는 동그란 찌꺼기. 일본에서는 이를 우동에 넣어 먹는다)을 좋아한다는 속신이 있기 때문에 이렇게 그려진다.

여우가 인간을 홀리는 이야기는 중국의 『수신기(搜神記)』 『현중기(玄

일본의 요괴문화 그 생성원리와 문화산업적 기능

中記)』등에 미녀로 변신한다고 나온다. 일본에서 유명한 '삼국전래 구미호'는 은나라 주왕의 궁에 들어가서 달기라고 칭하고, 천축으로 건너가 반족왕을 홀려 화양부인이 되고, 다시 중국으로 건너가 주나라 유왕의 비 포사가 된다. 그리고 일본으로 건너와 다마모마에(玉藻前)가 되어 도바천황의 총애를 받지만 음양사에 의해 간파되어 살해당하고, 그 원령이 남아 살생석이라는 돌이 되어, 독기로 가까이 다가오는 사람을 죽인다고 하는 전설이 있다. 이후 현옹화상의 공양에 의해 득도한다는 이야기가 노, 조루리, 가부키 등에 그려진다.

왼쪽 사진은 어여쁜 여성이 여우로 변하는 장면이다. 일본의 분라쿠(文樂)는 세계적으로 그 정밀함을 자랑하는 인형극이다. 하나의 인형을 세 명이 조정한다. 세 명이 역할을 나누어 눈을 깜박이거나 말하는 장면, 손을 움직여 박수를 치는 장면을 연출할 수 있다. 여인 인형은 치마를 늘어뜨리기 때문에 다리가 없고 몸체는 머리, 몸통, 팔로 분리할 수 있다. 사진은 여우로 변신하는 과정을 보여주기 위해

인형극 분라쿠에서는 눈 깜짝할 순간에 미녀에서 요괴로 변신하는 연출법이 구사된다.

목만 따로 떼어 내었다.

가부키, 분라쿠에서 여우가 등장하는 유명한 상연종목은 『요시쓰네센본자쿠라(義經千本櫻)』이다. 나도 가부키극장(歌舞伎座)에서 본 적이 있는데, 제일 먼저 놀란 것은 무대장치였다. 극이 시작되면 막이 좌우로 서서히 열리지만, 막 안에 또 푸른 막이 쳐져 있었다. 무대 위로 사람이 나와 그 막을 아래에서 잡아당기자 갑자기 무대전경이 눈앞에 펼쳐진다. 제목에서도 보여지듯이 벚꽃이 활짝 핀 요시노(吉野)를 재현하기 위해 무대 전체를 벚꽃으로 꾸몄다. 그 화려한 모습을 한 번에 보여주기 위해서는 천천히 열리는 막으로는 부족하여 안에 위에서부터 떨어져 내리는 막을

가부키 「요시쓰네센본자쿠라」에서는 죽은 아비의 가죽만이라도 되찾으려 애쓰는 여우의 효심을 그리는 장면이 있다. 요시쓰네가 그 효심에 감동하여 가죽을 돌려주자, 여우는 전쟁에 이길 방책을 일러주고 승천한다. 승천하는 장면은 천정에 로프를 매어 끌어올리는 호쾌한 연출법을 쓴다.

또 하나 준비한 것이다.

요시쓰네의 애첩 시즈카고젠(靜御前)의 북(初音の鼓)은 여우 가죽으로 만들어져 있다. 가죽이 된 여우의 아들이 부모를 그리워 해 요시쓰네의 부하 사토 다다노부(佐藤忠信)로 변신하여 시즈카고젠을 모신다. 정체가 밝혀진 후 요시쓰네는 그 뜻을 아름답게

사랑하는 자식을 두고 떠나야 하는 어머니 구스노하는 사실은 변신한 여우였다. 떠나기 전에 자식에게 글을 남기는 구스노하.

생각하여 여우에게 북을 준다. 여우는 적들이 야습을 꾀한다고 알려주고 신통력으로 끌어들여 없애겠다고 맹세한다. 그리고는 북을 입에 물고 하늘로 날아간다.

왼쪽 앞페이지의 그림은 1848년 가부키극장에서 공중으로 날아가는 모습을 그린 가부키그림이다. 여우역을 맡은 사람은 이치카와 고단지(市川小團次). 지금은 피아노 줄을 타지만 이때는 밧줄에 묶어서 당겼다. 현재 이 역할은 이치카와 엔노스케(市川猿之助)가 도맡아 한다. 여우에서 사람이 되었다 사람에서 여우가 되었다 바쁘게 변신하다가 마지막에는 줄을 타고 하늘을 날아가는 힘든 연기로, 이층에서 구경하던 내 옆을 통과하는 엔노스케의 얼굴에 땀이 비오듯이 흘러내렸다.

아래 사진은 시즈카고젠이 다다노부가 수상하다고 눈치를 챈 장면이다. 시즈카고젠은 반도 다마사부로(坂東玉三郎), 여우는 앞과 마찬가지로 엔노스케이다. 다마사부로는 현재 가장 인기있는 여자역할(女形)이다. 가부키뿐만 아니라 현대극에서도 여성연기를 하고 있다.

구스노하의 모습은 사람이었으나, 여우의 모습으로 비친 그림자를 보고 아들은 의아해 하기 시작한다.

기발한 발상 다양한 캐릭터 에도의 요피 ― 최경국

일본의 요괴문화 그 생성원리와 문화산업적 기능

오른쪽 그림은 가부키의 유명한 장면, 입으로 붓을 물고 사랑하는 자식을 떠나는 어머니 여우역을 하고 있는 모습이다. 구즈노하(葛の葉)는 속설로 아베노 세이메이(安倍淸明)의 어머니라고 한다.

생명을 구해준 은혜를 갚기 위해 흰여우가 사람의 모습으로 변신하여 아베노 호시나(安倍保名)의 부인이 된다. 이윽고 아들을 낳아 기르지만 어느날 진짜 구즈노하가 방문하기 때문에 여우는 이곳을 떠나지 않으면 안 된다. 아들에게 장지문에 노래를 남기고 떠나는데 그 내용은 '그리우면 찾아와 보게 / 오사카 남쪽 시노다의 숲에 / 한맺힌 칡 이파리(구즈노하)'이다. 여우이기 때문에 붓을 입에 물고 있다.

또한 장지에 글을 쓰는 구즈노하가 그림자로는 여우의 본색을 드러내고 있다. 변신한 여우는 거울이나 그림자로 알아낼 수 있다.

VI. 유령

일본의 유령은 인간의 영혼에 대한 소박한 신앙이나 두려움, 그리고 불교사상에 기반을 두고 있으며, 주로 진혼을 목적으로 소설이나 연극, 그리고 그림에서 그려졌다.

일본 고대의 사생관은 생자는 현세에서 살고 사자는 황천국(黃泉國)에서 산다고 생각하였다. 그러나 일본 신화에서 볼 수 있듯이 이세상과 저세상은 왕래가 자유롭다고 생각하였기 때문에 유령의 존재는 필요가 없었다. 나라시대가 되어 일본이 불교국이 되었지만 이 시대에는 아직 유령이 나타나지 않는다.

8세기경 왕조시대에는 불교의 영향이 특히 귀족사회에 침투하기 시작하였다. 그 결과 귀족사회에서는 모노노케(원령)가 믿어지는 시대가 되었다. 사람들은 원령을 물리치는 천태, 진언종의 가호의 기도를, 또한 요기를 물리치는 활(손으로 활의 현을 울려 요마를 물리친다는 주술)로 대항하였다. 그리고 이로써 퇴치할 수 없는 원령에 대해서는 진혼을 위해 신으로 모시었다. 스가와라 미치자네의 원령은 정적 후지와라 일가가 모여

있는 장소에 벼락을 쳐서 모두 죽게
하였고 그 정적 도키히라의 동생은 미
치자네의 원령을 위무하기 위해 덴만
텐진구(天滿天神宮)의 총 본산인 기
타노(北野)신사를 조영하였다.

동란기인 가마쿠라시대로 들어가면
항상 생사의 경계에 처하게 된 무사와
대중을 위해 불교 신흥종교가 등장하
고 유령의 구체적인 모습이 생겨나게
된다. 유령의 모습은 내란과 관련하여
나타나던 것이 큰 살육의 장소에서부
터 나타나게 된다. 이 시절이 되면 모

유령의 전형적인 모습은 소복에 삼각형 헝겊을
이마에 대고, 긴 머리에 발은 흐리게 그린다.

든 중생은 죄의 경중에 따라 지옥, 아귀, 축생, 수라, 인간, 천상의 6도로
윤회하게 된다는 사상이 보급되기 시작한다. 특히 무사사회에서는 많은
살육의 업에 의해 수라도에 빠진다고 믿어졌다. 많은 죄에 의해 수라도에
빠져 성불하기 위해 출현하는 무사의 유령이 기록되게 된다. 그러나 아직
구체적으로 그 모습이 그려지지는 못하였다.

무로마치시대에 들어가 노가 대성하게 되고 그 속에서 수라도에 빠져
고통을 받고 있는 무장들을 주인공으로 최후의 전쟁장면을 무대 위에 재
현하고 주인공을 공양하여 성불한다는 내용의 극이 만들어진다. 일본 유
령의 구체적인 모습은 이렇게 무사의 옷을 걸치고 나타났다.

에도시대로 들어가면 평화의 시대를 구가하지만, 전시대의 살육 대신
에 명령의 복종이나 도덕을 지주로 하는 신분제도와 가족제도, 이를 지키
기 위한 엄벌주의, 게다가 화폐경제가 시작되어 억울하게 목숨을 잃을 수
밖에 없는 인간군상이 나타남에 따라, 억눌린 개인적인 집념이나 원한이
표출되기 시작하였다. 그리하여 유령이 그들의 울분이나 억압, 원한을 풀
기 위한 문예적 수단이나, 혹은 오락의 한 장르로서 나타나게 되었다. 그
리하여 중국의 괴담집도 이에 가세하여 일본의 유령을 더욱 풍요롭게 하

기발한 발상 다양한 캐릭터 에도의 요괴 | 최경국

였다.

　그러나 이 시대의 유령은 서민이 주류를 이루었으며 전시대의 무사가 아니므로 유령으로서의 증거가 필요하였다. 그리하여 일본의 유령은 흰 옷을 입고 머리에는 삼각형 종이를 붙이고 머리는 산발을 하고 맨발로 등장하는 납관 스타일이 정착되게 되었다.

　이 유령이 에도시대 후기로 들어가면 발이 없어지게 된다. 마루야마 오쿄(円山応挙)가 그린 유령을 필두로 모두 다리가 없어진다. 특히 오늘날까지 일본 유령의 전형을 이룬 것은 가부키의 『도카이도요쓰야괴담(東海道四谷怪談)』이다.

　에도라는 도시, 그 서쪽 한적한 곳에 이에몬(伊右衛門)과 그 부인 오이와(お岩)가 살고 있었다. 낭인의 몸으로 어렵게 살고 있었으나 오이와는 산달을 맞아 여자로서의 행복을 만끽하고 있었다. 그러나 이에몬은 오늘도 출산비용만을 내어놓고 무사자리를 알선해 준다는 이토의 집으로 가버리고 말았다. 무정한 남편을 한탄하지만 남편이 놓고간 「혈행을 돕는 약」을 유일한 사랑의 증거로써 믿을 뿐이다. 장인은 그러한 딸을 불쌍히 생각하고 사위의 행실에 불신감을 갖고, 집을 나서는 사위를 붙들고 다른 여자가 있지 않는가를 따지고 든다. 오히려 화를 내는 이에몬은 장인을 베어버리고 만다.

　그날 밤 오이와는 남자아이를 출산한다. 오이와는 산후 조리를 하면서 남편에게서 받은 약을 먹는다. 그러나 이 약은 이토가 준 독약이었다. 이토는 이에몬을 무사로 복귀시켜 주는 대신 자신의 손녀딸과 결혼시킬 작정으로 그의 부인에게 독약을 보낸 것이다. 약을 먹고 오이와는 열이 난다. 이때 이에몬은 옆집 이토의 집에서 손녀딸과의 결혼을 승낙한다. 이 사실의 자초지종을 하녀에 의해 듣게 된 오이와가 옆집으로 쳐들어가기 위해 머리를 빗자 머리카락이 모두 빠져 추한 모습이 되어 죽어간다.

　시간을 맞추어 이에몬이 집으로 돌아온다. 원한에 사무친 오이와는 이에몬에게 매달리지만 이에몬은 오이와에게 안긴 아들과 함께 오이와를 칼로 찌른다. 게다가 이에몬은 유령이 되어 나타난 장인마저도 칼로 친

일본의 요괴문화 그 생성원리와 문화산업적 기능

다. 자신에게 독을 먹이고 자식마저 칼로 찌른 이에몬이 자신의 아버지마
저 죽였다는 것을 알고 오이와는 끝없는 원한을 갖고 숨이 끊어진다.

　오이와는 일본의 유령 중에서 가장 잘 알려진 인물이다. 머릿기름을 빗
에 바르고 머리를 빗는 도중에 머리카락이 빠져 나가면서 피가 흘러내리
고 얼굴은 부어오르는 처절한 형상으로 바뀌게 된다. 이후 망령이 되어
이에몬을 괴롭히고 뱀산으로 끌고가 죽임으로써 자신의 한을 풀고 아버
지의 원수를 갚는다. 가부키에서 처음에는 어린아이를 안고 등장하나 바
로 등롱 안에서 나타나는 연출로 바뀐다.

Ⅶ. 맺음말. '귀신보다 무서운 것은 심심함이라'

　이상에서 도리야마 세키엔의 요괴 그림책을 중심으로 6가지 요괴를 살
펴보았다. 그러나 처음에도 밝힌 바대로 세키엔의 요괴 그림책에는 150
종류 이상의 요괴를 그리고 있다. 그 중에서 6종류를 이곳에서 다루었으
니 극히 일부분이라고 할 수 있다.

　에도시대 일본사람들은 '귀신보다 무서운 것은 심심함이다'라고 할 정
도로 무료함을 싫어했다. 밤에 등잔불, 촛불을 밝혔다고 해도 전기불에는
비교가 되지 않을 정도로 어두웠다. 한겨울, 긴긴 밤에 사람들이 옹기종
기 모여앉아 하는 이야기중 제일 재미있는 것은 역시 귀신이야기가 아닐
까? 나도 어린 시절 이불 푹 뒤집어쓰고 두근두근 귀신 도깨비이야기를
듣던 기억이 있다. 밝은 전기불이 어두운 밤과 함께 어둠 속에 서식하던
요괴의 세계를 인간의 세상에서 멀리 쫓아버리고 말았다.

　신화, 전설, 설화. 이러한 것들은 인간 상상력의 보고라 할 수 있다. 아
쿠타가와 류노스케는 소설을 쓰는 데 설화집에서 소재를 많이 구했다. 아
니 요괴문화에서 소재를 구한 미야자키 하야오의 '원령공주', '이웃집 토
토로', '센과 치히로의 행방불명' 등을 보더라도 다양한 문화적 배경이
상상력의 원천을 제공한다는 점을 알 수 있다.

　하지만 지금 우리는 이러한 옛사람의 상상력을 과학적으로 분석하여

귀신, 유령, 요괴는 없다고 말하고 아이들의 읽을거리에서도 추방하고 말았다.

　그렇지만 인간의 문화는 그렇게 과학적인 것만을 추구하지 않는다. 포켓몬, 데지몬도 그 바탕은 요괴(몬스터)이다. 단지 요괴를 귀엽게 치장한 것뿐이다. 이러한 몬스터를 만들어낼 때 아주 아무 것도 없는 상황에서 만들어내기란 용이한 것이 아니다. 이러한 점에서 일본 에도시대의 요괴문화는 우리에게 많은 시사할 점이 있을 것이다.

일본의 요괴문화 그 생성원리와 문화산업적 기능

요괴의 실상과 허상

일본의 요괴문화 그 생성원리와 문화산업적 기능

요괴의 실상과 허상

야만바와
요괴퇴치사 긴타로의 탄생

다치바나 시게요

야만바와 요괴퇴치사 긴타로의 탄생

다치바나 시게요

Ⅰ. 긴타로(金太郞)의 유래

일본의 향수가 어린 옛날 과자중에 「긴타로 엿(金太郞飴)」이라는 것이 있다. 직경 1cm만한 막대 모양의 엿으로서 단면에서 보면 둥글고 건강한 사내 아이의 얼굴이 보인다. 어디서 잘라도 같은 얼굴이 나타난다는 재미 때문에 「잘라도 잘라도 긴타로(金太郞)」라 불리는 옛날 과자의 한 전형이 되고 있다.

그런데 이 긴타로의 얼굴은 단순한 모양 즉, 어디서라도 볼 수 있는 사내 아이의 얼굴을 도안화한 것은 아니다. 어떤 한 인물의 얼굴인 것이다. 도대체 누구의 얼굴인가 하면, 헤이안시대(平安時代) 수많은 요괴 퇴치사

긴타로의 모습으로 만든 사탕인 긴타로아메

로 이름이 난 「미나모토 노 요리미쓰와 사천왕(源賴光と四天王)」중의 한 사람인 사카타 긴토키(坂田金時)의 유년 시절의 얼굴인 것이다.

사카타 긴토키는 어릴 때 긴타로라 불렸다. 성격

가슴에는 긴(金)이라 새기고 도끼를 든 긴타로의 정형화 된 모습

은 상냥했으면서도 괴력을 지녔고, 매일 곰이나 멧돼지 등 숲속에 사는 동물들과 함께 건강하게 야산을 뛰어다니는 아이였다.

이윽고 청년이 되었을 때, 교토에서 온 무장(武將) 미나모토노 요리미쓰에게 발탁되어서 부하가 되고, 그의 부하 사천왕의 한 사람으로서 오에야마(大江山)에 사는 슈텐동자(酒呑童子) 퇴치를 한다든가 거대한 땅거미(土蜘蛛) 퇴치를 하는 등 수많은 공을 세워 훌륭한 무사가 되었다. 그의 무용담과 뛰어난 괴력은 오래도록 후세에게 전해져, 긴타로는 오늘날도 아이들 옛날 이야기의 영웅으로서, 또, 단오절에 아이의 무사 성장을 비는 오월 인형 장식(五月人形)으로서, 여전히 일본인의 생활속에 그 모습이 남아 있다.

이렇게 요괴담은 생각 이상으로 일본인의 생활 속 여기저기에 그 모습이 투영되어 있다. 이 옛날 이야기의 히어로 사카타 긴토키의 경우도 그 일례이다.

오늘날, 달고 귀여운 긴타로 엿이나 아름답고 단정한 단오절 인형, 흐뭇한 옛날 이야기의 히어로(hero)인 긴타로의 모습에서는 요괴의 그림자조차 상상할 수 없다. 그것들은 아이의 씩씩하고 건강한 성장을 기원하기에 알맞은 밝은 이미지로 가득 차 있으며 어디까지나 귀여운 아이돌(Idol)로서 존재하고 있기 때문이다.

하지만, 더 한 걸음 들어가 그 루트를 규명해 보면, 거기에는 무섭고 오싹한 요괴 이야기가 있다는 것이 대단히 재미있는 사실이다. 이와 같이 요괴의 무서움이나 두려움은 이미 승화해 버려 표면에서 보면 그 그림자도 안 보이는 사례, 그러면서 그 루트를 거슬러 올라가 보면 실은 단서가 요괴담에서 출발하고 있다는 그러한 사례, 그런 일본인의 생활 속에 깊게 뿌리를 내린 요괴 이야기에 관한 한 사례를 소개해 보려 한다.

II. 현대 생활 속의 「긴타로」

1. 옛날 이야기 「긴타로」

긴타로(金太郎)는 「모모타로(桃太郎)」·「우라시마타로(浦島太郎)」·「시타키리스즈메(舌切り雀)」·「가치가치야마(かちかち山)」·「사루카니캇센(猿かに合戰)」 등과 함께 옛날 이야기로서 일본을 대표하는 작품이다. 스토리다운 스토리 전개가 없다고 말해도 좋은 간단한 출세담이 그 내용이다.

짧게 쓴 예를 하나 소개하면 다음과 같다.

아시가라야마(足柄山)의 산 속에서 태어난 긴타로는 대단히 힘이 센 아이였습니다. 곰, 토끼, 원숭이, 여우, 너구리 등 숲속 동물들을 모두 자신의 부하로 삼아 다스리고 있었습니다. 어느날 모두 함께 밤을 주우러 갔다가 도중에 다리가 떠내려가 버렸습니다. 그러자 긴타로는 큰 나무를 뿌리채 뽑아 그것으로 새 다리를 만들어 버렸습니다. 그것을 보고 있던 훌륭한 한 사무라이는 긴타로를 부하로 삼았고, 긴타로는 그를 따라 교토로 갔습니다. 그 후, 긴타로는 「사카타 긴토키(坂田金時)」로 이름을 바꾸어 훌륭한 사무라이가 되었답니다.

담백한 이야기 속에, 어린 아이가 숲속에 사는 맹수들을 부하로 삼아 다스리고 있었다는 점이 경이롭고, 「큰 나무를 뽑아 새 다리를 만들어 버렸습니다.」라는 부분에서 초인적인 행동력이나 사회에 공헌하는 긴타로의 모습을 느낄 수가 있다. 이런 점이 아이들을 강하게 이야기 속으로 빠져들게 하는 부분일 것이다. 또한 「그 후, 긴타로는 『사카타 긴토키』라고 이름을 바꾸어 훌륭한 사무라이가 되었답니다.」라는 부분에서, 이 옛날 이야기의 성격과 출세 지향의 시대적 분위기를 느낄 수가 있다.

그런데, 이 옛날 이야기는 동요로서도 사랑받

곰을 타고 있는 긴타로

일본의 요괴문화 그 생성원리와 문화산업적 기능

고 있다. 단순한 멜로디와 외우기 쉬운 가사 때문에 대부분의 일본인에게 기억되고 있다.

아래에 그 가사를 소개한다.

2. 동요 「긴타로(金太郎)」

「긴타라우」

작사 : 이시하라 가즈사부로(1863~1922)
작곡 : 무라타 도라조(1873~1943)

1. 도끼 어깨에 멘 긴타라우
   곰에 올라타고 말타기 연습
   하이시이도우도우 하이도우도우
   하이시이도우도우 하이도우도우

2. 아시가라야마 산속에서
   짐승들 모아놓고 스모 연습
   핫케요이요이 노콧타
   핫케요이요이 노콧타

이 노래는 1900년에 발표된 것이다. 이 해 제국교육회(帝國敎育會) 내부에서 「원문일치회(原文一致會)」가 발족해, 그 운동의 일환으로써 「아이에게는 아이의 말로, 아이의 생활감정에 맞는 노래를 가르쳐 주자」라는 주장이[1] 일어났다. 모든 분야에 있어 구미식 문화의 도입이 진행되는 중, 아동의 음악교육 분야에도 역시 서양식 방식이 도입되었지만 당시, 초등학교에서 불려지고 있던 노래는 아직도 어려운 문어체였다. 따라서 아이들은 가사의 의미도 모르는 채 선생님이 가르쳐 주는 대로 외우고 있었던

---

1) 川崎庸之他 『讀める年表』 P886 1990 自由國民社

것이다. 음악 수업이면서도 가사의 의미를 이해할 수 없다 — 이러한 근본적인 문제를 해결하기 위해 아동전용 가창집(歌唱集)인 「유년 창가」라는 교과서가 편찬되었다. 「긴타라우」는 거기에 수록된 노래인 것이다.

이 책에는 「오로지 아동 감정에 호소하며 아동의 수준에 알맞게, 가사는 평이하고 이해하기 쉽게, 또 가락은 쾌활하면서 유창하게, 그리하여 미덕 감정 양성에 이바지하는」 노래나, 율동 체조와 잘 어울리는 「주로 활발하면서 즐겁게 되는」 노래가 선택되었다. 이 때, 「모모타로」도 함께 수록되었다. 「긴타로 」나 「모모타로」는 메이지 시대 사람들에게 있어서 「미덕 감정 양성에 이바지할」 뿐만 아니라 「활발하면서 즐겁게 되는」 노래, 그러한 것에 가깝고 친근감이 있는 노래였던 것이다.

이와 관련된 사항을 한 마디 덧붙이자면 이 음악 교과서 편찬보다 4년 앞선 메이지 29년에 『니혼 무카시바나시(日本昔話)』 20편[2]으로 「긴타로」는 이미 간행되어 있었다는 점이다.

다음 가사를 조금 주목해 보자. 1절의 「도끼를 멘 긴타라우 곰에 올라타고 말타기 연습」이라는 부분, 이 부분은 긴타로의 모습을 묘사하고 있고, 2절의 「아시가라야마 산속에서 산속 짐승들 모아놓고 스모연습 」이라는 부분, 이 부분은 긴타로의 출생을 이야기하고 있다. 출생에 관한 이야기는 다음 항목에서 다루고 있으니 여기서는 긴타로의 모습에 관해서만 조금 다뤄보도록 하겠다.

옛날 이야기에 등장하는 긴타로는 통통한 우량아이다. 둥글게 금(金)자가 그려진 배두렁이 차림에 커다란 도끼를 메고 곰위에 올라탄 모습이 마치 삽화와 같은 이미지로 사람들 머리 속에 기억되어 있다. 가사의 「곰에 올라타고 말타기 연습」 이 부분은, 말보다 더욱 용맹스러운 곰을 제압하여 승마 연습을 하고 있는, 즉, 긴타로가 남다른 괴력을 가지고 있다는 것을 설명하는 부분이다. 또한 긴타로가 메고 있는 커다란 도끼의 첫째 용

일본의 요괴문화 그 생성원리와 문화산업적 기능

---

2) 前揭書

도는 나무를 베기 위한 것이지만, 둘째 용도는 권위의 상징이다.

옛날에 도끼라는 도구는 무기나 형구에 사용되었다. 중국의 황제는 이것을 권위의 상징으로써 전쟁에 나가는 장수들에게 직접 하사했다고 한다. 따라서 긴타로가 메고 있는 도끼 역시 그가 성장한 사가미노쿠니(相模國 —현재의 가나가와현— 神奈川縣)의 아시가라야마(足柄山)에 사는 모든 동물들에 대해 그의 권위를 표현하는 것이라 말할 수 있다.

3. 단오절의 인형 장식 「긴타로」

단오날 일본에서는 먼저, 정원에 잉어 모양의 고이노보리(鯉のぼり)를 매달고, 방안에는 갑옷과 투구, 긴타로·모모타로·쇼키 등의 무사인형을 장식한다. 긴타로와 모모타로는 요괴 퇴치로 이름이 난 쌍벽이고, 쇼키는 중국 당나라 시대의 충신으로 유명한 사람이다.

이 강한 세명을 닮아 아이들이 건강하게 자라도록 기원하는 의미에서 방안에 인형을 장식하는 것이다. 부연하자면 창포꽃은 계절의 꽃이기도 하지만 야만바(山姥) 등의 요괴가 싫어하는 부적의 꽃이기도 하다.

그런데, 여기서 한 가지 언급해 두어야 할 것이 있다.

이 옛날 이야기 「긴타로」나 동요 「긴타라우」는 확실히 일본을 대표하는 것이지만, 지금도 아이들 사이에서 잘 알려진 작품이냐고 하면, 반드시 그렇다고는 말할 수 없다.

다른 아시아 국가들과 마찬가지로 일본 옛날 이야기는 제2차 세계 대전 후에 유입된 많은 구미 아동문학의 영향에 가려져 현재는 오히려 그 존재감이 약하다.

단오를 전후한 오월 하늘에 나부끼는 고이노보리

그 중에서도 「모모타로」나 「우라시마타로」 등에 비해 이야기다운 내용전개가 없는 긴타로는 그 경향이 강하여, 도끼를 메고 곰에 올라탄 긴타로의 모습은 대부분의 사람들이 이미지화 하는 것이 가능해도 옛날 이야기 「긴타로」의 내용을 기억하고 있는 사람은 매우 적다.

오월에 집안에 장식하여 남자아이의 건강과 용기를 기원하는 오월인형

일본의 요괴문화 그 생성원리와 문화산업적 기능

그러나, 그 기원 같은 것은 벌써 잊어버렸어도 첫머리에서 이야기한 긴타로 엿처럼 실제 생활 속에 이미 뿌리를 내렸다는 점에서 일본인의 역사 속에 확실히 한 위치를 차지했다고 말할 수 있을 것이다.

Ⅲ. 미나모토노 요리미쓰와 사천왕의 요괴 퇴치

일본의 전설이나 설화 중에서 요괴퇴치 이야기로 가장 유명한 것이 무엇인가 하면, 뭐니해도 이 「미나모토노 요리미쓰와 사천왕」의 무용담일 것이다. 그리고 긴타로 즉, 사카타 긴토키는 이 사천왕의 일원이며, 그 중에서도 괴력의 소유자로서 이름을 날린 인물이다. 미나모토노 요리미쓰와 사천왕의 무용담은 「곤쟈쿠 모노가타리슈(今昔物語集)」「짓킨쇼(十訓抄)」「고콘초몬주(古今著聞集)」를 시작으로 수많은 설화집이나 에마키모노(繪卷物)에 기록되어 있지만, 다음의 「오토기조시(お伽草紙)」 즉, 현대 대중소설과 같은 것으로서 가장 유명한 「슈텐도지」의 내용을 간단하게 소개하려 한다.

오에야마의 슈텐도지 퇴치

오에야마에 사는 슈텐도지는 귀족의 미녀를 납치하여 잡아 먹는다는

것으로 두려움의 대상이 되고 있었다. 어느날, 이케다주나곤(池田中納言)의 딸이 귀신에게 납치된 것이 천황에게 알려져 천황은 미나모토노 요리미쓰에게 귀신 퇴치를 명했다. 그는 사천왕과 후지와라노 야스마사(藤原保昌) 등을 데리고 야마부시(山伏)의 모습으로 오에야마에 올라 꾀를 내어 독이 들어간 술을 슈텐도지에게 먹여 퇴치하고 아가씨들을 구해냈다.[3]

이 술과 미녀를 매우 좋아하는 「슈텐도지」의 퇴치 이야기는 원래는 오토기조시(お伽草紙)라는 책에 의해 널리 퍼졌지만, 가마쿠라 시대부터 무로마치 시대에는 두루마리 그림에도 활발히 그려졌다. 이것이 이야기 보급에 많이 공헌했다. 자료〔6-1〕〔6-2〕는 「슈텐도지 에마키」 중, 〔6-1〕은 일행이 퇴치의 준비를 하고 있는 장면이며, 〔6-2〕는 퇴치의 클라이막스 장면이다.

출정준비 장면에서는 미나모토노 요리미쓰, 사천왕, 히라이노야스마사(平井保昌) 6명이 야마부시 의복으로 몸을 감싸며 집결하고 있다. 그 중 한 사람, 투구를 쓰고 있는 것이 대장인 미나모토노 요리미쓰일 것이다.

슈텐도지의 출정 준비

3) 『今昔物語集』 卷 29

137

야만바와 요피퇴치사 긴타로의 탄생 — 다치바나 시게요

일본의 요괴문화 그 생성원리와 문화산업적 기능

슈텐도지를 퇴치하는 장면

　그런데, 이 사천왕의 수장인 미나모토노 요리미쓰(948~1021)는 헤이안 시대 중기의 무장이며 실존한 인물이다. 세이와 겐지(淸和源氏)[4]의 직계로서, 셋쓰(攝津), 이요(伊豫), 미노(美濃) 등에서 국사(國司)로서 근무하며 정4위하(正四位下)[5]까지 올랐었다. 요괴 퇴치의 무용담으로는 유명하지만 그 외에 특히 역사적으로 보는 견해가 있는 인물은 아니다.

　이 미나모토노 요리미쓰는, 권력 투쟁을 위해 한때 원방의 카즈사노쿠니(上總國 ─ 현재의 치바현─ 千葉縣)의 국사를 맡고 있었던 적이 있지만, 그 임기를 끝내고 교토로 돌아가는 중 아시가라 고개(현재의 가나가와현)를 우연히 지나갈 때 긴타로를 만나 부하로 삼았다라고 전해지는 것이 사카타 긴토키이다.

　이 부분에서는 실존의 인물인가 어떤가 의심스럽다고 하지만, 후지와라노 미치나가(藤原道長, 966~1027)[6]의 일기 『미도칸파쿠키(御堂關白

---

4) 淸和天皇(在位858~876)の子孫で臣下に下った者
5) 直接天皇に謁見することのできる高い地位であ
6) 平安時代中期の貴族で當時の最高權力者

記)』등 당시의 자료에 의하면 「시모게야 긴토키(下毛野公時)」라고 하는 근위병이 후지와라노 미치나가(藤原道長)를 시중들고 있었고, 그 긴토키(公時)가 후세에 사카타 긴토키로 각색 되었을 가능성이 있다고 한다. 미나모토노 요리미쓰, 후지와라노 미치나가가 살았던 시대부터 백년 정도 후에 성립한 설화집『곤쟈쿠 모노가타리슈』에서는, 같은 이름을 가진 긴토키라는 사람이 미나모토노 요리미쓰의 부하로서 등장하고 있다.[7] 또한, 사카타 긴토키(坂田金時)의 성 「사카타(坂田)」, 혹은 「사카타(酒田)」는 그가 태어났다고 전해지는 아시가라야마 일대에 세력을 이루고 있던 호족의 성이다.

그리고 이러한 무용담은 중세이래 오늘날까지 많은 문학 작품이나 전통 예능에 소재를 계속 제공했다. 노(能)의 「오에야마」, 「쓰치구모(土蜘蛛)」, 「라쇼몬(羅生門)」, 가부키의 「모도리바시(戻橋)」, 「이바라키(茨木)」, 나가우타(長唄)의 「즈나야카타(綱館)」 등에, 또 현대에 이르러서는 아쿠타가와 류노스케(芥川龍之介)의 단편소설 「라쇼몬(羅生門)」, 쿠로사와 아키라(黑澤明) 감독의 영화 「라쇼몬」 등의 작품에 표현되고 있다. 미나모토노 요리미쓰와 사천왕의 무용담을 다룬 예능 작품은 이외에도 너무 많아 일일이 셀 수가 없지만 이것을 주제로 취한 조루리, 가부키, 가곡을 총칭해 「라이코모노(賴光物)」라고 말한다.

Ⅳ. 야만바 전설부터 창작물 「고모치 야만바(嫗山姥)」까지

슈텐도지 두루마리 그림에서 본 것처럼, 중세까지 사카타 긴토키(坂田金時)는 항상 다른 멤버와 함께 사천왕의 한 사람으로서 활약하는 모습이 그려져 있었다. 그런데 에도시대가 되면, 사천왕 중 이 사카타 긴토키만이 왠지 돌연히, 혼자서만 귀여운 아이의 모습으로 등장하게 된다. 또, 왠지 젊은 야만바와 함께 동반하여 나타나게 된다. 이것은 도대체 왜일까.

7)『今昔物語集』卷 28, p167, 1996, 小學館

긴타로를 그린「하시라에」

세로로 긴 그림은 하시라에(柱繪)로 불리는 것으로서 집안 기둥에 붙여서 즐기는 니시키에(錦繪), 즉 목판화이지만, 에도시대 중기무렵부터는 이처럼 천진난만한 긴타로가 끊임없이 그려지게 된다. 또,〔10〕〔11〕〔12〕와 같이 야만바와 함께 야산에서 노는 편안한 모자상(母子像)의 모습으로 그려지게 된다. 이것은 도대체 무엇 때문일까.

결론부터 말하자면, 이것은 지카마쓰 몬자에몬(近松門左衛門) 작품인「고모치야만바(嫗山姥)」조루리(淨瑠璃)의 대유행의 영향에 의한 것이다.

지카마쓰 몬자에몬은 그의 작품「고모치 야만바」에서 긴타로(당시는 아직 가이도마루(怪童丸)라고 불리고 있었지만)를 산중에 사는 야만바의 아이로 설정하여 그 아이가 성장한 뒤 미나모토노 요리미쓰의 부하 사천왕의 한 사람으로서 명성을 떨치는 대활약을 하였다 라고 표현해 냈다.

그것이 대단히 호응을 얻어 조루리의 줄거리 그대로「긴타로는 야만바의 아들」이라고 사람들의 뇌리에 남게 되었고 이것이 널리 전파되어 메이지 시대부터 현대에 이르기까지 긴타로의 모습에 영향을 끼치고 있는 것이다. 이제부터 단계적으로 「긴타로와 야만바」의 성립 과정을 규명해 보고자 한다.

1. 각지에 남아 있는 야만바 전설

일본에는 옛부터 전국 각지에 야만바 전설이 전해지고 있다. 1998년에 실시한 한 조사에 의하면, 이러한 야만바 전설이 남아 있는 곳은 북쪽으로는 미야기현 시바타군 무라타초(宮城縣柴田郡村田町)에서 서쪽으로는 돗토리현 이와미쵸(鳥取縣 石見町)까지, 넓은 범위에 걸쳐서 있다고 한다.[8] 그리고, 현재 그러한 전설 대부분이 긴타로 혹은 사카타 긴토키와 어

〈표〉 전국의 긴타로 · 야만바 전설분포

지명	전승 내용
나가노현 기타아즈미군	다이시사마와 긴타로 전설
나가노현 기소군	야마노 긴토키와 야만바 전설
나가노현 지이사가타군	야만바의 고향과 긴토키 전설
도야마현 가미니이카와군	사카다 긴토키 후예의 전설
니이가타현 니시쿠비키군	오쿄구 「야만바」의 고향전설. 야만바와 긴토키 전설

떠한 관련을 가지고 있다.

이들 각지에 전해지는 전설들을 상세하게 분석해 보자면, 다음 세 가지가 그 특징으로서 특히 주목된다. 첫번째는 긴타로의 출생에 관해서, 두번째는 긴타로의 어머니, 즉 야만바의 전신에 관해서, 세번째는 전설 전체에 감도는 조루리나 가부키 세계와 같은 색조에 대해서 이다. 다음에 대표적인 전설을 세가지 예로서 제시해 본다.

① 세이와겐지(淸和源氏)의 출신지이고, 미나모토노 요리미쓰 가문의 묘지가 있는 효고현 카와니시시(兵庫縣川西市)에 전해지는 전설.

전해 오는 이야기에 의하면, 긴타로의 어머니는 야만바(산신, 또는 산

---

8) 金太郎 · 山姥傳承地研究會調査

긴타로의 모습은 출생 유래담과 관련하여 붉은 빛으로 묘사된다.

신의 심부름꾼 무녀)인데, 이 어머니가 어느날 아시가라야마(현재의 가나가와현)에서 잠을 자던 중 꿈에 빨간 용이 나타나 임신을 하여 태어난 것이 긴타로라고 합니다. 이 긴타로는 천둥벼락신의 아들이라고도 말하고 있습니다.

이렇게 해서 긴타로는 사가미노쿠니(相模國) 아시가라야마에서 태어나 성장하였고, 이윽고 21세가 되었을 때, 가즈사노쿠니(현재의 치바현)에서 교토로 돌아가는 미나모토노 요리미쓰에게 발탁되어 함께 교토에 왔고, 이때, 사카타 긴토키라는 이름이 주어져 와타나베노 쓰나(渡辺綱), 우라베 수에타케(卜部季武), 우수이 사다미츠(碓井貞光) 등과 함께 미나모토노 요리미쓰의 부하인 사천왕으로서 훗날 오에야마에서 오니(鬼)를 퇴치했다고 전하고 있습니다.(호쿠세쓰(北攝)에서 인용)

② 아시가라 고갯마루가 있는 시즈오카현 슌도군 고야마초(靜岡縣駿東郡小山町)의 전설.

지금으로부터 정확히 천년 전의 일이었습니다. 산 속 깊은 나카지마 마을에 어디에서 왔는지 모르는 낯선 여자가 와서 살고 있었습니다. 마을 사람들의 소문에 의하면 여자는 멀리 교토로부터 왔다고 했습니다만 도대체 무엇 때문에 이런 산 속 마을에서 사는지 모두가 이상하게 생각했습

니다. (이하 생략)(시즈오카현 슌도군 고야마쵸의 홈페이지에서)

③ 시즈오카현 남 아시가라시 일대의 전설.

지조우도(地藏堂)이라는 곳에 살고 있는 큰 부자인 아시가라 효다유(足柄兵太夫)에게는 야에기리라는 딸이 있었습니다. 야에기리(八重桐)는 사카타(酒田) 집안으로 시집을 갔지만 사카타 일족의 분쟁이 발생하자 그 분쟁을 피해 지조우도의 집으로 돌아와 긴타로를 출산했습니다. 긴타로가 태어났을 때, 저택 근처에 있는 유희(夕日) 폭포의 물로 갓 태어난 긴타로를 씻겼고 이 때문에 아시가라야마에서 탄생한 긴타로는 보통 사람보다 월등한 크기로 성장하였습니다. 긴타로는 아시가라야마를 마치 자신의 마당인 듯 뛰어 놀았고 어느덧 산속 동물들은 모두 그의 놀이상대가 되었던 것입니다. (이하 생략) (시즈오카현 남 아시가라시의 홈페이지에서)

①의 전설에서는 야만바(山姥)의 꿈에 붉은 용이 나타나 그에 의해 야만바(山姥)가 임신을 했다고 여겨지고 있다. 에도시대 전기에 성립하여 인기를 얻은 통속사서 『젠다이헤이키(前太平記)』에서는, 이것과 매우 닮은 즉, 천둥번개의 용(龍)에 의해 임신했다는 한(漢)나라 고조(高祖)의 어머니 이야기를 이용하여, 긴타로 탄생의 이야기를 전개하고 있다. 따라

야만바와 긴타로

서 ①의 전설과 같은, 이러한 타입의 설화에서는 『젠다이헤이키』나 산신 신앙의 영향을 알 수 있다고 말할 수 있겠다.

② 타입의 전설에서는 긴타로의 어머니, 즉 야만바(山姥)의 전신에 대한 기술이 눈을 끈다. 교토로부터 온 여자, 혹은 교토로부터 온 유녀는, 몹시 거친 야만바와 분 냄새가 나는 여자라는 왠지 동떨어진 차원의 이야기이지만, 실은 제아미(世阿彌)작 요쿄쿠(謠曲)「야만바」에 등장하는 야만바도, 지카마쓰 몬자에몬작 조루리 「고모치야만바(嫗山姥)」에 등장하는 야만바도 원래는 교토의 유녀로서, 위의 전설은 이들 작품으로부터의 영향을 상기시킨다.

③의 전설에서는 긴타로 어머니의 이름이 지카마쓰의 「고모치야만바」에 등장하는 어머니의 이름과 정확히 같고, 전설 전체에 의리나 인정과 연관된, 조루리나 가부키의 세계와 같은 분위기가 감돌고 있다.

이상을 종합해 보면, 각지의 전설이 「긴타로와 야만바」의 원형이다. 라고 하는 것보다는, 반대로 후에 말하는 지카마쓰 몬자에몬의 작품 「고모치야만바」, 혹은 거기에서 파생되어 생긴 「야만바와 긴타로」 현상이 현재 각지의 전설에 투영되었다고 보는 것이 타당할 것이다. 어느 지역의 전설도 「긴타로가 미나모토노 요리미쓰에게 발탁되어진 후에 교토에 올라와 대활약을 했습니다」라는 이 대목에 관해서는 담담하게 사실 관계의 설명이 있을 뿐 대동소이하다.

따라서, 「긴타로와 야만바」의 성립 과정은 먼저 전설이 있었다기 보다는, 지카마쓰의 「고모치야만바」가 대유행한 후, 그것을 쫓아서 각지의 전설이 각색되었다고 보는 것이 타당하겠다.

2. 요쿄쿠 「야만바」

교토에서 야만바 이야기를 노래하는 구세마이(曲舞)가 뛰어난 햐쿠마

일본의 요괴문화 그 생성원리와 문화산업적 기능

야만바(百萬山姥)라 불리는 유녀가 있었다. 이 유녀가 어느날 시나노노쿠니(信濃の國. 현재의 나가노현)에 있는 젠코지(善光寺)에 참배하기 위해 하인들을 거느리고 길을 나섰는데 수일 후에 에치고(越後, 현재의 니가카현)와 에추(越中, 현재의 도야마현)의 경계인 사카이가와(堺川)에 도착했다. 거기서, 마을 사람들이 신으로 섬기고 있는 아미타여래가 나타난다고 전해지는 산길을 통과하고 있을 때, 시간이 어두워질 만한 때가 아니었음에도 불구하고 주위가 어두워져 버려서 곤란해 하고 있자 어디선가 야녀(野女)가 나타나 자신의 집에서 머물게 해 주겠다면서 유녀를 자기의 집으로 안내했다. 야녀는 머물게 해주는 대신에 야만바 노래를 불러달라고 부탁해 왔다. 유녀의 일과 야만바의 구세마이를 잘 알고 있는 것이 이상해서 이름을 묻자, 자기가 사실은 야만바라 말하며 「밤 내내 노래를 불러준다면 본래의 모습을 드러내 노래에 맞추어 춤을 출게요.」라 말하고는 그 모습을 감추어 버렸다. 밤새도록 유녀가 약속대로 노래를 부르자 야만바가 괴상한 모습으로 나타나 노래에 맞추어 춤을 추며 자신의 일생을 읊고 난 후 어딘가로 사라져 버렸다.

상기는 제아미작 요쿄쿠 「야만바」의 개요이다.

전설상의 야만바를 소재로 채택한 가장 오래된 예능작품은 「구세마이」[9]이다. 현재 그 내용 등은 남아 있지 않고, 자세한 것도 명확하지 않다.

그러나 구세마이에 야만바를 취급한 곡이 있었던 것은, 제아미가 그 저서 「사루가쿠단기(申樂談義)」에 「햐쿠마 야만바는 뛰어난 구세마이이다」라고 기술하고 있는 것을 보아도 알 수 있다.

또, 전시대의 예능이었던 구세마이를 사루가쿠노에 적극적으로 도입한 그 자신도 야만바를 소재로 한 요쿄쿠 「야만바」를 만들었다. 그러나, 보다시피 이 작품에 야만바가 사카타 긴토키의 어머니라는 이야기는 전혀 나오지 않는다.

----

9) 南北朝~室町時代初期にかけて流行した芸能. やや長い敍情的な文章を鼓に合わせて歌うリズムに富んだ 歌謡で, 足拍子や簡單な動きで歌い舞ったと言われている.

3. 긴피라 조루리(金平淨瑠璃)

이 긴피라 조루리는 미나모토노 요리미쓰의 부하로서 사천왕이었던 사카타 긴토키의 아들 긴피라를 주인공으로 한 인형극이다. 황당 무계한 내용과 살벌한 예풍을 가진 인형극에서 긴피라는, 어떤 작품에서도 성격이 급하고 거칠면서도 유머가 풍부한 인물로 그려지고 있었다.

1654년부터 1680년 사이에 걸쳐 유행하며 기풍이 자유분방했던 에도의 서민층에게 인기가 있었지만, 점차 긴피라 조루리의 예풍이 받아들여지지 않게 되어 쇠퇴해 갔다. 이 긴피라 조루리의 대본인 「긴피라 조루리 쇼혼」에 의하면, 1661년에 간행된 「긴피라 탄죠키」(총6막)의 1막에 다음과 같은 구절이 있는데, 이것이 사카타 긴토키가 야만바의 아이라고 명기된 최초의 것이다. 따르는 부하로는 와타나베 겐고츠나, 우라베수에타케, 우스이사다미츠, 사카타노 헤이타 긴토키. 이상 네명의 장수들인데 이들은 사천왕(四天王)으로서 강한 군인이라고 세상에 알려진 인물들이었다. 그 중에서도 긴토키는 야만바의 아들인데 커서는 라이코(賴光)라 불렸다. 산중에서 야만바가 귀녀(鬼女)로부터 받은 용감한 장수다.

(쇼혼 1막의 긴타이라 조루리 9)

또한, 삼년 후 1664년에 발행된 「긴토키 미야토이리 스쿠네노 아쿠타로」(총5막)에는 긴토키의 출생과 미나모토노 요리미쓰와의 관계를 아래와 같이 보다 더 구체적으로 기술하고 있다.

셋츠노카미(攝津守) 미나모토 요리미쓰가 천하의 유명한 장수였던때, 미나모토 요리미쓰의 가문을 돌보는 사카타노민부긴토키(坂田の民部金時)라는 장수가 있었다. 출생에 관한 이야기로는, 요리미쓰가 기요하라노우다이쇼(清原右大將) 장군의 모략 탓에 천황의 미움을 사서 아시가라야마로 쫓겨가 지내던 어느 때, 그 아시가라야마에서 어디선가 산길을 따라 야만바가 나타나더니 자신의 아이를 요리미쓰에게 바쳤다.

(쇼혼 2막의 긴타이라 조루리 30)

이 기술에서는, 요리미쓰가 천황의 노여움을 사, 교토에서 멀리 떨어진 아시가라산에서 유배생활을 할 때, 산하를 순례하던 야만바(山姥)를 만나 그녀로부터 받은 아이가 사카타 긴토키이다 라고 말하고 있다. 여기서 처음으로 미나모토노 요리미쓰가 긴타로를 만난 장소가 「아시가라산」이라고 나온 것이다. 또, 「긴타이라 조루리 쇼혼」의 연보4년(1676) 간행된 「기요하라노다이쇼(清原右大將)」의 제5막(총6막)에서는, 다음과 같이 요리미쓰와의 만남이 쓰여져 있다.

어느날, 옆에 있던 커다란 바위 두개가 갈라지면서 늙은 노파가 16, 7세 정도 아이의 손을 잡고 나타났다. 「나는 산하를 순례하는 유녀(遊女)입니다. 이 아이가 다른 사람들과 어울리기를 또 등에 짊어진 불행한 운명으로부터 벗어나기를 소원했지만 주변에 딱히 부탁할 만한 사람도 없고 해서 허송 세월을 보내고 있었습니다. 당신이 훌륭한 장수라는 소문을 듣고 부탁을 드리려 하오니 이 아이를 부하로 삼아 주시옵소서. 이렇게 좋은 기회에 당신의 부하가 되는 것이니 이 아이에게 긴토키라는 이름을 주시옵소서. 아무리 뛰어난 아이라 해도 아버지는 도깨비입니다. 불행한 운명으로부터 구해 주시옵소서. 부탁드립니다.」라며 말을 마치고 귀녀로 변신하여 하늘로 날아 올라가 버렸다.

이 조루리는 「요리미쓰 옆에 있던 바위가 갈라지며 안으로부터 16, 7세의 쾌동이라고 불리는 아이를 동반한 귀녀가 나타나서는 이 소년의 미래를 부탁하며, 요리미쓰의 부하로 아이를 바친다.」라는 대강의 줄거리로 되어 있다. 또, 아이의 이름도 다시 있을 수 없는 절호의 기회를 얻어 부하가 되는 것이기 때문에, 「긴토키」로 새로 지어 줄 것을 부탁하는데 여기에서 처음으로 「긴토키」라는 이름이 등장한다.

따라서 1661년부터 1676년 사이에 간행된 『긴피라 조루리 쇼혼(金平淨瑠璃正本)』을 종합하면 다음과 같다. 「아시가라야마에 사는 야만바의 아이이고, 가이도마루(怪童丸)로 불리는 괴력의 소년이, 어머니 야만바의

의뢰에 의해 미나모토노 요리미쓰의 부하가 되어 그 후 수없이 공을 세우고 이름을 떨친다. 그것이 미나모토노 요리미쓰의 사천왕의 한 사람 사카타 긴토키이다」가 되어, 여기에서 후세에 전해지는 스토리의 원형이 형성되는 것이다.

4. 지카마쓰몬자에몬 작 「고모치야만바」와 긴타로

이렇게 하여 긴피라 조루리의 원형에 의해 탄생된 사카타 긴토키의 모습은 다음에, 인형 조루리와 가부키에 수많은 명작을 남긴 희극 작가 지카마쓰 몬자에몬에 의해 제아미의 노 작품인 「야만바」와 연결되었다. 지카마쓰는 제아미의 요쿄쿠 「야만바」에서 야만바의 전신이 기생이었다는 것을 쫓아서 사카타 긴토키 어머니의 전신도 유곽의 유녀로써 설정했다.

그리고 1712년, 제5막극 인형 조루리 「고모치야만바」가 오사카 도우톤보리 다케모토 극장에서 상연되었다. 이 조루리는 큰 호응을 얻었고, 2년 후 1714년 역시 오사카에서 가부키화 되어서 상연되기에 이르렀다. 이 인형조루리 작품의 2막, 긴타로 모친이 자신의 지나온 삶을 말하는 「가네후유야카타(兼冬館)의 장면」은 야에기리가 자신을 버린 남자와 대면하여 자신의 사랑을 표현하거나 남자를 둘러싼 유녀끼리의 싸움 등을 이야기하는 부분이다. 이것이 인기 상연물이 되어, 후에 「야에기리 쿠루와바나시」라고 이름을 새로 바꿔 단독 작품으로 오늘날에도 인형조루리와 가부키에 상연되고 있다.

또, 지카마쓰는 긴타로의 어머니 이름에 당시의 오사카와 교토 가부키의 인기 배우 남우 오기노 야에기리의 이름을 사용하거나, 실제 인물인 담배 장사꾼 겐시치(煙草屋源七)를 작품에 넣는 등, 시사적인 문제를 집중시켜서 관객에게 매우 호평을 얻은 것 같다.

아래에 2막, 「가네후유야카타(兼冬館)의 장면」을 이름을 바꾼 「야에기리 쿠루와바나시」와 4막 「라이코의 길 떠나기 장면」의 개요를 소개한다. 먼저 고찰한 전설 ③에서도 어머니의 이름은 같은 야에기리로, 역시 가부키의 영향이 있었던 것을 확인할 수 있다.

일본의 요괴문화 그 생성원리와 문화산업적 기능

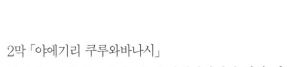

2막「야에기리 쿠루와바나시」

사카타토키유기는 한때, 유녀 야에기리에게 빠져 아버지의 복수도 잊고 있다가 뒤늦게 야에기리와 이별하고 담배 장사꾼 겐시지로 몸을 변장하여 적을 찾고 있었다. 그러나 여동생 시로키쿠(白菊)가 아버지의 적을 벌써 토벌한 사실을 전해 듣고, 스스로를 부끄러워하여 자해를 해 버린다. 자해하여 떠돌던 혼백은 야에기리 태내에 머물렀고, 임신한 야에기리는 산중에 숨어 살며 남자 아이를 낳아 가이도마루라고 이름 붙인다. 산중에서 자란 가이도마루는 괴력 무쌍한 소년으로 성장한다.

4막「라이코의 길 떠나는 장면」

요리미쓰는 도망자가 되어 첩첩 산을 떠돌아 다니다가 이윽고 시나노노쿠니(信濃の國) 산중에 도달하여 부하와도 멀어진 채 산 아게로야마(上路山)로 향하던 중 날이 저물어 버린다. 거기에서 시바카리온나(柴刈女) 즉, 야만바가 지나가길래 길을 묻자 여자는 마을까지 쉽게 도착할 수 없으니 자신의 집에 머물 것을 권한다. 하룻밤 잠자리를 빌린 그곳에 이윽고 부하들도 도착을 한다. 밤에 요리미쓰의 부하가 옆 방을 들여다 보자 거기에는 괴이한 동자가 자고 있었다. 시바카리온나의 모양을 보아 보통 사람은 아닐 거라고 생각하던차에 여자가 「나는 원래 유녀, 야에기리입니다.

사카타토키유기의 영혼을 임신해 낳은 것이 괴동이고, 저 괴동을 부하로 등용시켜 줄 것을 간절히 원합니다」라고 부탁해 온다.

요리미쓰는 이를 흔쾌히 수락하고 요리미쓰를 따르는 부하들과 함께 용감하게 근처의 오우미노쿠니 다카카케야마에 기거하는 악귀를 퇴치하러 간다.

출생 정보가 불명확했던 괴력의 소유자 사카타 긴토키는, 위와 같은 분석 결과 「유곽의 유녀 오기노야 야에기리 즉, 아시가라야마에 사는 야만바의 아이」로서 사람들의 기억 속에 정착했던 것이다.

V. 우키요에의 역할

그런데 긴타로가 에도 서민들 사이에서 인기인이 된 것은 가부키나 조루리만의 영향은 아니다. 에도시대 중기가 되면 기요나가(清長), 우타마로(歌麿), 도요쿠니(豊國), 호쿠사이(北齋), 요시츠야(芳艷), 구니요시(國芳) 등의 화가에 의해 긴타로는 우키

마을 사람들을 위협하는 무서운 존재 야만바

요에(浮世繪)나 대중잡지인 구사조시(草雙紙)에 경쟁적으로 그려졌다. 예를 들면 하시라에로 불리는 그림이다. 하시라에는 서민들이 집에 붙여 놓고 보고 즐기던 우키요에이지만 어느 것을 보아도 긴타로의 표정은 몹시 천진난만하며 생기가 가득 찬 모습으로 그려져 있다.

138, 139쪽의 그림은 야산에서 뛰어노는 긴타로를 옆에서 야만바(山奴老)가 지켜보고 있다. 야만바는 원래〔13〕〔14〕와 같이 마을 사람을 위협하는 무서운 존재이며, 글자 그대로 산에 사는「노파(姥)」이지만, 다른 그림에서 그려져 있는 야만바는 긴타로를 지켜보는 젊고 아름다운 어머니이다.

젊고 아름다운 어머니라고 말한다면, 그 궁극적인 것은 기타가와 우타마로(喜多川歌麿)가 그린「긴타로와 야만바」이다. 우타마로는 40매 가까운「긴타로와 야만바」의 연작을 그렸다고 한다.

긴타로에게 젖을 먹이는 야만바는 모두「자연스럽게 에로스가 넘치는 요염함, 혹은 마성을 가지는 여자[10]」로 그려져 있어 무서운 야만바와 괴력의 긴타로도 미인화 화가인 우타마로의 손이 닿으면 이렇게 표현되는가 라고 놀라게 되는 작품이다.

「백귀야행」중에서 야만바

참고로 오쿠비에(大首繪)라고

긴타로에게 젖을 먹이고 있는 야만바

불리는 본래의 우타마로다운 우타마로의 미인화도 몇 점 제시해 두자.

　그러나 이 요염한 야만바 탄생에는, 실은 정치적인 배경이 관계하고 있다. 1787년부터 막부는 간세이의 개혁(寬政の改革)을 실시해, 풍속단속령을 내려 미인화를 금지했다. 화가들은 그 금지령에 저촉되지 않도록, 야만바에 긴타로를 배치한 미인화 같지 않은 미인화를 탄생시킨 것이다. 정치적 압력은 먼저 오락소설로 그 다음으로는 화려하고 퇴폐적인 우키요에(浮世繪)로 향했다. 따라서 우타마로의 작품 내용도 모자간의 사랑이나 「야만바와 긴타로」와 같은 고전적 주제로 변화하지 않을 수 없었던 것이다. 우타마로가 그린 요염한 야만바는 사람들에게 강렬한 인상을 주었

우타마로의 대표적인 미인화

10) 川村邦光「金太郎の母」小松和彦編『天狗と山姥』 P.388　2000年　河出書房

다. 우타마로 이전에 그려진 구사조시나 그림책에 보이던 야만바는 두려운 귀녀의 모습이었지만, 우타마로 이후에 그려진 야만바는 젊고 아름다운 야만바가 되었다.

가부키에서 공연되는 소위 「야만바모노(山姥もの)」의 야만바도 우타마로가 그린 야만바가 인기를 얻은 이후로는 노파의 모습이 아니라 젊은 배우가 연기하는 아름다운 여성으로서 등장하게 되었던 것이다.

그러나, 이러한 그림을 그린 화가는 우타마로 뿐만이 아니었다. 지카마쓰 몬자에몬의 「고모치야만바」를 통해서 이미 머리 속에 각인되어 있던 「야만바와 긴타로」는 모티브로서 자주 선호되었다. 긴토키의 아명이 「가이도마루이」에서 「긴타로」로 바뀌어 정착된 것도, 저 단발머리 모습으로 동물들과 함께 아시가라야마에서 노는 모습이 자주 그려졌던 것도 에도시대 중기부터 간행된 구사조시나 그림책에 의해서였다.

그럼 여기서, 우타마로의 야만바와 대조적인 위치에 있는 「긴타로와 야

일본의 요괴문화 그 생성원리와 문화산업적 기능

로세쓰의 긴타로와 야만바

만바」를 일점 더 소개해 두고자 한다. 그것은 나카자와 로세쓰(長澤蘆雪)가 그린 「긴타로와 야만바」이다.

로세쓰의 이 작품은 이쓰쿠시마 신사(嚴島神社)에 봉납된 액자와 같은 에마(繪馬)에 그려진 「야만바와 긴타로」이다. 이 작품은 야만바가 본래 가지고 있는 처절함을, 하나의 정신성으로서 호소하는 듯한 박력을 가지고 있다.

물론 「야만바와 긴타로」 이외에 미나모토노 요리미쓰와 사천왕의 무용담도 계속 자주 그려졌다. 각각 쓰치구모, 기도마루, 슈텐도지 퇴치를 그린 것이지만, 같은 주제를 그려도 중세의 두루마리 그림과는 또 다른 화려한 니시키에

쓰치구모를 퇴치하는 긴토키

(錦繪)의 세계를 전개하고
있다.

또한, 쓰치구모 퇴치를 그
린 그림 속에서 사카타 긴토
키가 혼자 신체 전체가 붉게
그려져 있는 것은 괴력의 소
유자인 것을 강조해서 기호
적으로 표현한 것이다.

마지막으로 느낌이 좀 다른 미나모토노 요리미쓰와 사천왕을 일점 소
개해 두자.

이 그림은 미나모토노 요리미쓰가 열병으로 앓아 누워 있는 옆에서 사
천왕이 숙직을 하고 있는 장면이다. 그 뒤쪽으로 땅거미나 백귀야행이 덮
쳐 오고 있다. 이 작품은 요괴도(妖怪圖)이지만 요괴를 그린 것이라기보
다 오히려 덴포년간의 개혁의 풍자화로서 더 잘 알려져 있다. 병으로 누워
있는 미나모토노 요리미쓰는 12대장군 도쿠가와 이에요시(德川家慶)를

나타내는 것이고, 의복에 그려진 가
문의 문양으로 볼 때, 우라베 스에타
케(卜部季武)는 개혁을 추진한 미즈
노 다다쿠니(水野忠邦)를 나타내는
것이라 추측된다. 다른 3명도 막부의
장관들을 나타내고 있을 것이다.

또, 뒤쪽에 보이는 백귀야행이 개
혁에 의해 몰락한 특권층 도매상 등
을 표현한 것이라고 소문나자 에도
시내 안에서 커다란 파문을 일으켰다
고 한다. 이른바 패러디화이지만 이
처럼 패러디에 사용될 만큼, 미나모
토노 요리미쓰와 사천왕이 서민들의

병들어 누워있는 요리미쓰와 그의 부하들을 덮
치려 하는 쓰치구모

산속에 있는 요괴 슈텐도지를 무찌르는 요리미쓰와 4천왕

생활 속에 깊이 침투하고 있었다는 증명이라 말할 수 있을 것이다. 중앙에 앉아 있는 사카타 긴토키는 이 그림 중에서도 붉게 표현되고 있다.

이렇듯 요괴는 일본인의 마음 속 깊이에 들어있어 생활장면 여기저기에서 엿볼 수 있다. 이 「야만바와 긴타로」 현상 이외에도 에도시대에는 요괴나 유령을 주제로 삼은 수많은 연극이나 소설, 사람들이 모여서 요괴담을 즐기는 게임 같은 「햐쿠모노가타리(百物語)」, 놀랄 만한 「요괴배화사전」 등 서민들이 요괴와 친숙해진 모습이 볼 수 있었다. 요괴를 한편으로는 무서워하면서도 또 한편으로는 즐긴다. 이러한 서민들의 충격적인 에너지가 「야만바와 긴타로」같은 기상천외한 현상을 탄생시킨 것이라 생각된다.

〈参考文獻〉

小松和彦『妖怪學新考』小學館 2000

小松和彦『日本妖怪學大全』小學館 2003

川村邦光「金太郎の母」小松和彦編『天狗と山姥』河出書房 2000

『今昔物語集』小學館 1995

『日本の妖怪百科』河出書房新社 2000

『日本傳奇傳說大辭典』角川書店 1986

『日本古典文學大辭典』岩波書店 1986

川崎庸之他『讀める年表』自由國民社 1990

『日本美術全集 浮世繪』小學館 1985

『日本美術全集 風俗畵と浮世繪師』小學館 1985

일본의 요괴문화 그 생성원리와 문화산업적 기능

일본의 요괴문화 그 생성원리와 문화산업적 기능

요괴의 실상과 허상

물가에 맴도는 요괴 갓파(河童)

김용의

물가에 맴도는 요괴 갓파(河童)

김용의

I. 일본인과 갓파

일본의 옛날 이야기에는 갓파(河童)라는 요괴가 자주 등장한다. 일본민속학의 창시자로 알려진 야나기타 구니오(柳田國男)가 편집한 대표적인 민담집인 『도노모노가타리(遠野物語)』에는 갓파에 관한 이야기가 5편이 실려 있다.

또한 일본의 문학작품이나 그림 속에도 갓파가 자주 등장하곤 한다. 근대문학자인 아쿠타가와 류노스케(芥川龍之介)의 소설에 『갓파(河童)』(1927)라는 작품이 있으며, 대표적인 갓파 문학자라 할 수 있는 히노 아시에(火野葦平)는 갓파를 소재로 하여 43편이나 되는 단편소설을 쓰기도 하였다.

오늘날에는 갓파를 소재로 한 각종 캐릭터 상품이 넘쳐나고 있으며, 유명한 만화가들의 작품 속에 갓파가 빈번히 등장하기도 한다. 갓파가 일본인들에게 있어 매우 친숙한 존재라는 의미이다.

이들 갓파를 보면 대부분이 매우 익살스럽고 귀여운 모습을 하고 있다. 그렇지만 일찍이 갓파는 일본인들 사이에서 사람들에게 해악을 끼치는 매우 두려운 요괴로 인식되었다. 사람들에게 못된 짓을 할 뿐만 아니라 병에 걸려 죽게도 만드는 두려운 존재였다. 그런가 하면, 때로는 사람들

에게 부(富)를 가져다주는 고마운 존재로
도 인식되었다. 즉 양면성을 지닌 요괴인
셈이다. 이 점은 한국의 도깨비를 연상시
킨다.

갓파라는 요괴는 어떤 존재이며 오늘
날의 일본인들은 갓파의 어떤 점을 친숙
하게 느끼는 것일까? 역사적으로 일본인
들 사이에서 전해지고 있는 갓파의 대표
적인 속성 몇 가지를 중심으로, 갓파가
일본사회에서 차지하는 현대적인 의미를
함께 살펴보기로 한다.

갓파를 소재로 한 캐릭터 상품

Ⅱ. 갓파(河童)는 어떤 모습을 하고 있는가

한국에서 도깨비에 관한 명칭을 지역에 따라 다르게 부른 점과 마찬가
지로, 갓파도 일본의 지역에 따라 부르는 명칭이 각기 다르다.

민속학자인 이시카와 준이치로(石川純一郎)의 조사에 따르면, 일본의
『종합일본민속어휘(綜合日本民
俗語彙)』에는 갓파에 관한 다른
명칭이 70 단어를 넘는다. 갓파
를 부르는 명칭이 지역에 따라 조
금씩 차이가 있는 것처럼, 갓파의
생긴 모습에 대한 일본인들의 인
식에도 지역에 따라 조금씩 차이
가 있다. 전체적으로 종합해 보면
대략 다음과 같다.

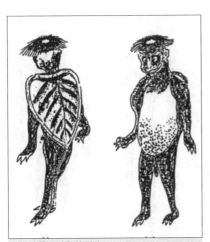

거북의 등 모양을 한 갓파

갓파의 크기는 어린아이 정도이며

온몸은 털로 덮여 있고 표면이 미끈미끈하다. 등이 거북이등과 같은 갑각(甲殼)으로 되어 있으며 이 안으로 손발이 쏙 들어간다. 머리 정수리의 위가 접시처럼 약간 들어갔으며 물이 담겨 있다. 이 물이 담겨진 동안에는 괴력을 발휘하지만 물이 마르면 힘을 쓰지 못한다. 얼굴은 검푸른 색이며 눈은 노란색으로 둥글고 눈빛이 날카롭다. 코와 입 부분이 새의 부리처럼 생겼다. 양쪽의 팔이 하나로 연결되어 있어서 빠지기 쉽고 손가락에는 물갈퀴가 달려 있다.

갓파의 생긴 모습 중에서도 가장 특징적인 것은 머리 정수리와 거북이 등처럼 생긴 갑각(甲殼) 부분이다. 일본의 에도(江戶)시대에 만들어진 갓파 그림이나 최근에 만들어진 캐릭터 상품을 보아도 이 부분이 유난히 강조되어 있다.

일본의 프로축구인 「제이 리그」가 출범한 초창기에 가시마(鹿島) 안트라스 팀에서 활약했던 아르신도라는 외국인 선수는 머리 정수리 부분이 대머리라 마치 갓파를 연상케 하여 갓파라는 애칭이 붙여지기도 했다.

일본의 요괴문화 그 생성원리와 문화산업적 기능

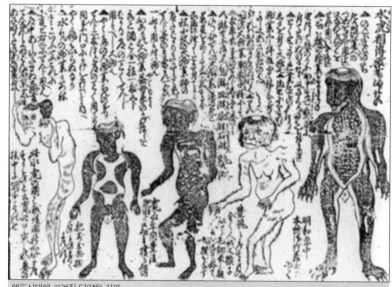

에도시대에 그려진 다양한 갓파

Ⅲ. 갓파(河童)는 어떻게 생겨났는가

갓파의 기원에 대해서는 확실하지 않지만 여러 가지 흥미로운 학설이 있다. 이 중에는 문화사적으로 매우 설득력이 있는 기원설도 있으며, 역사적인 사건과 결부시킨 기원설도 있다. 특히 연구자들 사이에서 주목되는 몇 가지 기원설을 소개하기로 한다.

첫째, 인형에서 생겨났다. 이는 학술적으로 인형화생설(人形化生說) 혹은 인형기원설(人形起源說)이라 한다. 이 주장을 뒷받침하는 이야기가 일본의 도호쿠(東北)지방에서 규슈(九州)지방에 이르기까지 각지에 폭넓게 전해지고 있다. 따라서 다양한 유형의 이야기가 전해지고 있는데, 대표적인 것으로 에도시대의 유명한 조각가인 히다리 진고로(左甚五郎)와 관련된 설화를 들 수 있다. 방송작가 오노 가쓰라(大野桂)의『갓파 연구(河童の研究)』에 소개되어 있는 이야기의 줄거리는 다음과 같다.

히다리 진고로가 어느 고관의 저택을 지을 때에 시간에 쫓기자 볏짚으로 인형을 많이 만들어서, 이 인형에 생명을 불어넣고 목수로 변신시켰다. 그는 이 목수들을 부려서 훌륭하게 저택을 완성하였다. 공사가 끝나자 목수들을 다시 인형으로 되돌리고 강에다 버리려고 했다. 인형들은 「앞으로 뭘 먹고 살아야 되는가」하고 물었다. 히다리 진고로는 「사람의 똥구멍이라도 처먹어라」하고 대답하면서 인형들을 강에 흘려 보냈다. 이 인형들이 갓파로 태어나서 사람들의 시리코다마(尻子玉)를 먹게 되었다.

둘째, 갓파의 배후에는 역사적으로 실존했던 특정한 사회집단의 이미지가 투영되어 있다. 이 주장의 대표자로 문화인류학자 고마쓰 가즈히코(小松和彦)를 들 수 있다. 그는『이인론(異人論)』에서, 갓파의 배후에는 일본에서 「히닌(非人)」·「가와라모노(河原者)」등으로 불리던 사회적으로 차별을 받아 온 특정한 사회집단의 이미지가 자리잡고 있음을 지적한다. 그 근거로 이들 집단의 생활 근거지가 물가였으며, 갓파의 대표적인

속성을 면밀하게 검토해 보면 이들 집단의 이미지와 많은 부분이 중복되고 있다는 점을 지적한다.

셋째, 중국에서 도래했다. 약 1,500년 전에 중국의 황하(黃河) 상류에 살고 있던 갓파 일족이 바다를 건너서 규슈(九州)에 위치한 구마가와(球磨川)라는 큰 강에 상륙하여 히고(肥後)지방에 정착하였다. 그 후, 갓파 일족은 번식을 거듭하여 구천 마리가 넘어섰다. 이들 갓파는 족장인 구센보(九千坊)의 지휘 아래, 거칠게 날뛰며 논밭을 망치고 부녀자를 희롱하였다. 그러자 이 지역의 영주인 가토 기요마사(加藤淸正)가 격분하여 규슈의 원숭이들을 끌어 모아서 갓파 일족을 공격하였다. 갓파들은 원숭이들을 대적하지 못하고 항복을 하였다. 결국 히고지방에서 쫓겨나 이웃한 지쿠고(筑後)지방의 지쿠고가와(筑後川) 강에서 살게 되었다는 것이다.

필자는 1992년에 구마가와(球磨川)지역을 방문하여 갓파와 관련한 이야기를 조사한 적이 있다.

〈사진〉은 갓파가 처음 상륙했다고 전해지는 구마모토(熊本)현 야쓰시로(八代)시의 구마가와 강가에 세워져 있는 「갓파도래비(河童渡來之碑)」이다. 특히 일본의 규슈지역은 갓파의 총본산(總本山)이라 해도 좋을 만

갓파가 찾아들었다는 구마가와 강가의 갓파도래비

일본의 요괴문화 그 생성원리와 문화산업적 기능

큼, 갓파에 관한 이야기가 풍부하게 전해지고 있다.

넷째, 일본역사에서 유명한 겐페의 전투(源平合戰)와 관련한 기원설이다. 1185년 최후의 결전인 단노우라(壇の浦) 전투에서 겐지(源氏) 집안에 패한 헤이케(平家) 집안의 무사들은 지금의 시모노세키(下關) 바다 밑에 수장되었다. 이 때 원한을 품고 죽은 무사들이 헤이케가니(平家蟹)라는 게가 되었으며 게딱지에 분노하는 모습이 새겨졌고, 이 때 죽은 여관(女官)들은 갓파로 변신하여 전국의 바다나 강에 서식하게 되었다고 한다.

Ⅳ. 갓파는 어떤 속성을 지니고 있는가

일본의 이야기 속에 전해지는 갓파는 다양한 속성을 지니고 있다. 한편으로 사람에게 해악을 끼치는 무서운 존재인가 하면, 잘 사귀면 부(富)를 가져다주는 이로운 존재이기도 하다. 이야기 속에 등장하는 갓파의 두드러진 속성을 정리하면 대략 다음과 같다.

① 물가에서 산다. ② 밥상이나 그릇을 빌려주며 때로는 물고기를 선물한다. ③ 사람에게 달라붙어서 병에 걸리게 한다. ④ 말을 물 속으로 끌어들인다. ⑤ 사람의 시리코다마(尻子玉)를 빼가거나 여자를 희롱하는 등의 나쁜 짓을 한다. ⑥ 사람에게 스모(相撲)를 겨루자고 덤빈다. ⑦ 오이를 특히 좋아한다. ⑧ 불교의 상징물이나 수신제(水神祭)의 주물(呪物) 등을 무서워한다.

1. 물가에 맴도는 갓파

갓파는 물과 불가분의 관계에 있다. 물 속에 살며 물가에서 출현하는 요괴의 대표적 존재이다. 일본 속담 중에 「갓파가 물에서 떠내려간다(河童の川流れ)」라는 말이 있는데, 이는 「원숭이도 나무에서 떨어진다」와 같은 뜻으로 사용한다. 갓파의 특징 중에 머리 정수리에 물이 고여 있는 동안에는 큰 힘을 발휘하지만, 물이 마르게 되면 힘을 쓰지 못한다는 것은,

갓파의 원천적인 생명력이 물에 있음을 의미한다. 갓파는 물과 불가분의 관계에 놓인 속성으로 인해, 단순한 요괴로서가 아니라 경우에 따라서는 물의 세계를 관장하는 신으로 인식되기도 하였다. 앞에서 소개한 갓파의 기원담을 살펴보면 모두 물과 깊은 인연이 있다는 사실을 확인할 수 있다.

2. 사람에게 이로운 일을 하는 갓파

갓파는 사람에게 해를 끼치는 무서운 존재일 뿐만이 아니라 때로는 사람에게 이익을 가져다주는 고마운 존재이기도 하다. 갓파의 속성을 사람들이 잘 이용하기만 하면 도움을 받을 수가 있다. 이 점은 한국의 도깨비와 비슷한 속성을 지니고 있다. 한국에서는 도깨비의 「어리석음」을 이용하여 논밭에 거름을 뿌리게 하거나 금은보화를 얻지만, 일본의 갓파는 자신의 잘못에 대해 사과하는 의미에서 밥상이나 그릇을 빌려주며 물고기를 선물한다. 경우에 따라서는 도깨비처럼 농사일에 도움을 주기도 한다. 『아이치현 전설집(愛知縣傳說集)』에 수록되어 있는 사례를 한 가지 소개하기로 한다.

시타라(設樂)군의 나카노사와(中之澤)라는 곳에는 옛날에 「그릇을 빌려주는 연못」이 있어서 그릇을 빌려주었다. 어느 날 저녁, 이 마을에 사는 농부가 들일을 끝내고 가까운 강으로 말을 씻기러 갔다. 그러자 물속에서 갑자기 갓파가 나타나서 말꼬리를 물고 늘어지며 좀처럼 떨어지지 않았다. 농부는 할 수 없이 그 상태로 마을 집으로 끌고 갔는데, 그래도 갓파가 떨어지지 않았다. 농부는 화가 나서 몽둥이를 치켜들었다. 갓파는 잘못을 빌며 「용서해 주면 그릇을 빌려주겠다」는 약속을 남기고 사라졌다.

그 후부터 이 마을 사람들은 큰일을 치를 때에 그릇이 필요하면 이 강에서 빌리게 되었다.

그런데, 누군가가 그릇을 하나 깨뜨리고 돌려주지 않았기 때문에 그 후부터 빌릴 수가 없게 되었다.

일본의 요괴문화 그 생성원리와 문화산업적 기능

3. 말을 물 속으로 끌어들이는 갓파

앞에서 소개한 이야기에는 사람에게 밥상이나 그릇을 빌려주는 갓파의 속성뿐만이 아니라 말을 물 속으로 끌어들이는 속성도 드러나 있다. 갓파가 말의 고삐나 꼬리를 잡고 물속으로 끌어들이려다가 실패하고 오히려 말의 힘에 이끌려서 육지로 올라오게 된다는 이야기가 일본의 전국 각지에 분포한다. 갓파가 어떤 이유에서 말을 물속으로 끌어당기는가 하는 문제는 오랫동안 관련 분야의 연구자들이 해명하고자 하였다. 문화인류학자인 이시다 에이치로(石田英一郎)는『갓파고마히키고(河童駒引考)』(이와나미문고, 1995)에서 말이라는 존재가 민속학적 관점에서 볼 때 신의 사자(使者)라는 점을 주목하였다. 즉「물의 정령(精靈)」(물의 신)이라는 성격을 지니고 있는 갓파가 신의 위상에 맞는 탈 것을 탐낸 결과 말을 물속으로 끌어들인다는 해석이다. 구마모토(熊本)현에서는 말을 물가에 매어두면 갓파가 달라붙는다는 이야기가 많이 전해지는데, 특히 갓파가 종마(種馬)에 잘 달라붙는다고 한다.

갓파가 말에게 위해(危害)를 가하는 속성과 관련하여 특히 흥미로운 점이 있다. 갓파와 말과 원숭이는 삼각관계이다. 일본에서는 옛날부터 마굿간에 말과 함께 원숭이를 기르는 풍속이 있었다. 혹은 원숭이를 같이 기르는 대신에 원숭이가 말의 고삐를 잡고 끌고 있는 모습을 그린 판자그림(繪札)을 마굿간에 걸어두기도 하였다. 이는 원숭이가 갓파와 사이가 좋

원숭이가 말을 끄는 모습

지 않은 점을 이용하여, 갓파의 공격으로부터 말을 지키기 위한 방편이었다. 이 점에 대해서는 앞에서 소개한 갓파의 기원담에서, 중국에서 건너온 갓파 일족이 못된 짓을 하자 가토 기요마사(加藤淸正)가 규슈의 원숭이들을 끌어 모아서 갓파 일족을 물리쳤다는 이야기와 상관성이 있다. 말하자면 원숭이가 갓파의 공격으로부터 말을 보호하는 수호신 역할을 하는 셈이다.

4. 사람에게 해로움을 끼치는 갓파

갓파는 사람에게 여러 가지 해로운 일을 한다. 갓파의 두드러진 속성 중에서도 무서운 요괴성이 가장 잘 드러나 있는 것이 시리코다마(尻子玉)를 빼가는 속성이다. 시리코다마란 그 실체가 불분명하지만 사람의 항문에 붙어있다고 전해지는 일종의 구슬 같은 것이라고 한다. 이 시리코다마를 갓파에게 빼앗기면 얼간이가 되거나 죽게 된다고 전해진다. 특히 더운 여름철에 아이들이 강에서 물장난을 치며 놀고 있을 때면 갓파가 나타나서 시리코다마를 빼간다. 시리코다마를 빼앗긴 아이는 죽게 된다. 특히 규슈 일대에서는 이를 방지하기 위해서 갓파를 물의 신으로 모시고 아이들의 안전을 기원하는 「수신제(水神祭)」라는 민속행사를 행하기도 한다.

이 밖에도 갓파는 사람에게 해를 끼치는 여러 가지 장난을 일삼는 것으로 알려졌다. 예를 들면 변소에서 여자의 엉덩이를 만지는 장난을 하는 것으로 전해진다. 또 농작물을 망치는 장난을 일삼는다고도 한다. 갓파가 장난을 즐겨 하는 속성은 세계적으로 신화나 전설 속에 자주 등장하는 트릭스터(trickster)와 같은 존재임을 보여준다.

트릭스터란 책략을 꾸미거나 장난을 쳐서 기존의 질서를 일시적으로 파괴하는 역할을 하는 인물이나 동물을 가리킨다. 일본신화에 등장하는 스사노오노 미코토(須佐之男命)는 전형적인 트릭스터라고 할 수 있다.

5. 사람과 스모(相撲)를 하는 갓파

갓파가 스모를 즐겨 한다는 속성에는 갓파와 사람의 대결구도가 잘 반영되어 있다.

『여행과 전설(旅と傳說)』(1932년 8月호)에 갓파와 스모에 관한 다음 과 같은 이야기가 실려 있다.

벌써 20년 전에 죽었지만, 마을에 세키노야(關の矢)라고 하는 씨름꾼이 살고 있었다. 세키노야가 아직 이 지역에서 씨름으로 이름을 날리고 있을 무렵의 이야기이다. 술을 마시고 밤중에 집에 돌아가다가 다마치가와(田町川) 강둑이 있는 곳에 이르자, 아이처럼 생긴 녀석이 나타나서 씨름을 겨루자고 했다. 「세키노야의 이름도 들어보지 못했는가」 하고 즉시 씨름에 응했다. 상대방은 꽤 힘이 셌지만 세키노야를 당하지 못하고 도망치기 시작했다. 세키노야가 뒤를 쫓아가고 있는데, 누군가 어깨를 두들겼다. 정신을 차리고 보니 벌써 아침으로, 본인은 강둑 안의 무릎이 빠지는 곳까지 들어가 혼자서 날뛰고 있었다고 한다.

이 이야기는 한국의 도깨비가 씨름을 즐겨 했다는 이야기와 비슷한 점이 있다. 한국의 도깨비나 일본의 갓파가 왜 하필이면 씨름을 가지고 사람에게 도전을 하는가는 민속학적 관점에서 볼 때도 매우 흥미로운 문제이다. 필자도 이 문제에 대해 관심을 가진 적이 있다. 필자는 「갓파와 스모전승(河童と相撲傳承)」(1994)이란 논문에서, 민속사회에서 즐겨 하던

스로를 하는 갓파

스모의 이원론적 우주론이라는 본질적 요소를 주목하였다. 즉 필자는 갓파와 인간세계의 대결구도를 반영하는 가장 적절한 수단으로 스모가 동원되었다고 해석하였다. 이는 농어촌에

물가에 맴도는 요괴 갓파(河童) | 김용의

서 양편으로 나뉘어 줄다리기나 고싸움을 하는 원리와 마찬가지이다.

일본의 갓파와 사람이 스모를 겨루었다는 이야기를 보면, 갓파의 상대가 된 사람은 평소에 힘이 세기로 소문난 씨름꾼이나 장사들이 많다. 또한 갓파가 사람에게 스모를 청하는 출현장소로는 물가가 대부분이다. 이는 갓파가 물가에서 맴돌며 사람이나 말을 물속으로 끌어들이는 속성과 깊은 관련이 있다. 앞에서 소개한 이야기에서도 세키노야라는 씨름꾼이 정신을 차리고 보니 혼자서 물속에서 날뛰고 있었다고 한다.

6. 오이를 즐겨먹는 갓파

갓파가 좋아하는 대표적인 기호품은 오이이다. 일본의 음식점에 가면 「갓파마키(河童まき)」라는 음식 이름이 있다. 이는 원래 「규리마키」라는 말에서 생겨난 것으로, 규리란 오이를 뜻하는 일본어이다. 이 오이를 넣어서 만 김밥을 규리마키라고 하는데, 갓파가 오이를 아주 좋아하는 속성에 착안하여 갓파마키로 부르게 된 것이다.

히노 아시에(火野葦平)는 갓파를 소재로 하여 많은 소설을 남겼는데, 「오이와 사랑(胡瓜と戀)」이란 작품에는 갓파가 오이를 좋아하는 속성이

오이를 들고 있는 갓파

잘 반영되어 있다. 간략하게 요약하여 소개하기로 한다.

온 마을이 굶주림에 시달리자 배고픈 채로 걷고 있던 갓파가 구덩이로 떨어졌다. 그 구덩이에는 지하창고가 있어서 오이가 산처럼 쌓여 있었다. 갓파는 겨우 빠져나갈 정도로 좁은 창고입구로 들어가서 배가 터지도록

일본의 요괴문화 그 생성원리와 문화산업적 기능

오이를 먹었다. 만족한 얼굴로 창고에서 나오려고 하자, 부른 배 때문에 빠져 나오지 못하게 되었다.

갓파와 오이의 상관성은 「천왕제(天王祭, 덴노사이)」라는 민속행사와 깊은 관련이 있다. 천왕제란 매년 6월이면 일본 각지에서 거행하는 민속 행사로, 제신(祭神)이 고즈덴노(牛頭天王)라는 수신(水神)이다. 이 행사 에서는 반드시 오이를 수신에게 바친다. 덴노사이, 수신, 오이의 밀접한 관계에서 갓파가 오이를 좋아한다는 속성이 비롯되었다고 볼 수 있다. 갓 파는 고즈덴노의 자식이라는 설명도 있기 때문에 갓파와 오이의 상관성 은 더욱 분명해진다.

7. 불교의 상징물을 무서워하는 갓파

사람들이 두렵게 생각하는 갓파에게도 무서운 것이 있다. 갓파는 불교 의 상징물, 수신제(水神祭)에 사용되는 주물(呪物), 철 등을 두려워한다 고 전해진다. 갓파에게 끌려가게 되자 반야심경을 읊어서 위기를 벗어났 다는 이야기, 갓파에게 끌려 물 속으로 가게 된 소년이 절밥을 먹자 갓파 가 도망쳤다는 이야기, 불교에서 사용하는 염주를 갓파가 두려워한다는 이야기 등이 여러 문헌에 실려 있다. 일본의 민속문화 속에 전해지는 여 러 종류의 요괴 중에서도 갓파는 특히 불교의 힘을 가장 두려워하는 요괴 이다.

8. 신으로 모셔지는 갓파

사람들에게 위해를 가하는 갓파의 요괴성은 자연스럽게 신성(神性)으 로 발전한다. 한국의 도깨비가 특히 어촌지역을 중심으로 신으로 모셔지 는 것과 마찬가지로, 일본에서도 갓파를 신으로 모시고 제사를 지내는 지 역이 많다. 갓파와 관련한 이야기가 풍부하게 전해지는 지역에서 신사(神 社)를 중심으로 제사를 지내는 경우가 많다. 제사를 지내는 이유는 익사 사고를 피하거나 갓파가 농작물을 망치지 못하도록 기원하는 경우가 대

부분이다. 또 화재예방이나 재난을 피하기 위한 목적에서 기원하는 경우도 드물지 않다.

지바(千葉)현 조시(銚子)시는 도네가와(利根川)강 하구의 남쪽에 위치한다. 도네가와는 옛날부터 갓파와 관련한 이야기가 풍부하게 전해지는 곳으로, 이 곳의 와다카와 수천사(和田川水天社)에서 매년 1월 1일이면 갓파에게 떡을 바치며 수난(水難)을 방지하기 위한 행사를 치른다. 후쿠오카현 구루메(久留米)의 수천궁(水天宮)에서는 매년 5월 5일부터 7일까지 봄철 대제(大祭)를 올리는데, 이를 가리켜 가와마쓰리

갓파신의 모습

(川祭り) 혹은 갓파마쓰리(かっぱ祭り)라고 한다. 이 곳에서는 갓파가 물 속에서 아이들을 지켜주는 수호신으로 인식된다.

오이타(大分)현에 위치한 가메오카 하치만신사(龜岡八幡神社)에서는 9월 15일에 갓파를 위한 갓파마쓰리를 지낸다. 제사의 목적은 농작물을 망치는 갓파를 묶어두기 위함이라고 한다.

V. 현대사회에 새롭게 태어난 갓파(河童)

오늘날 갓파의 실체를 믿는 사람은 거의 없을 것이다. 그럼에도 갓파는 일본사회의 곳곳에 존재한다. 특히 흥미로운 것은 갓파가 물과 불가분의 관계에 있다는 점에 착안하여 갓파를 환경보존운동 차원에서 주목하는 사람들이 나타났다는 점이다. 그리고 갓파와 인연이 깊은 지역에서는 갓

일본의 요괴문화 그 생성원리와 문화산업적 기능

파의 캐릭터를 활용하여 지역활성화를 꾀하고 있는 점도 흥미롭다.

한국에서 올림픽이 개최된 해인 1988년 9월에 일본에서는 도쿄(東京)에 본부를 둔 「갓파연방공화국(河童連邦共和國)」이라는 단체가 탄생했다. 「갓파연방공화국」이란, 갓파와 관련된 캐릭터상품을 만들거나 수집하는 사람, 갓파를 연구하는 사람, 갓파를 소재로 한 그림이나 만화를 그리는 화가 등, 이른바 갓파 애호가들이 모여서 만든 전국적인 조직체이다. 도쿄에 위치한 본부를 스스로 「대통령부(大統領府)」라 부르며, 만화가인 요코야마 다카이치(橫山隆一)가 명예대통령이며 저널리스트인 오카미 아스아키(岡見晨明)가 대통령으로 되어 있다.

「갓파연방공화국」에서는 갓파와 관련된 기사로 채운 「갓파신문」을 발행하고 있으며, 해마다 여름이면 전국 각지의 애호가들이 한 자리에 모여서 「갓파 서미트」를 개최하곤 한다. 2004년 2월 현재 「국민」(회원)수가 1,000명을 넘는다고 한다. 「갓파신문」 창간호에는 「평등·박애·로망과 유머를 근간으로, 밝고 즐거운 환경을 만들며, 갓파를 통해서 국민 상호간의 친목을 도모하며 갓파에 관한 정보교환으로 우호를 증진한다」고 설

립 취지를 밝히고 있다. 이 단체의 중요한 활동 중의 하나는 갓파가 서식할 수 있는 자연환경을 만들자는 데에 있다.

「갓파연방공화국」에는 일본의 전국 각지에 「갓파 마을(かっぱ村)」이라 부르는 일종의 산하단체가 활동하고 있다. 이들 산하단체들은 대부분 갓파와 인연이 깊은 지역으로 2004년 9월 현재 38개 단체가 가입되어 있다. 갓파를 소재로 한 민예품을 만들거나 관광자원으로

「갓파연방공화국」의 관련 상품

물가에 맴도는 요피 갓파(河童) ─ 김용의

활용하는 등, 갓파를 전면에 내세워 지역활성화를 꾀하고 있다.

　필자가 방문한 곳 중에서, 갓파를 전면에 내세워 지역활성화를 꾀하는 곳으로 후쿠오카현의 다누시마루(田主丸) 마을의 경우를 간략하게 소개하기로 한다. 다누시마루는 옛부터 갓파와 관련된 이야기가 풍부한 곳으로, 후쿠오카시에서 전차로 한 시간 정도 걸리는 곳에 위치한다. 전차에서 내리면 우선 눈에 띄는 것이 역 건물이다. 역 전체가 갓파가 옆으로 누워있는 모습으로 되어 있다. 역 건물 한쪽에는 갓파자료관이 있으며, 마을로 들어서면 마을 곳곳에 갓파상을 세워두었다. 갓파마을답게 「갓파의 배꼽」이라는 이름을 붙인 빵을 만들며 「갓파술(河童酒)」을 생산하는 등, 갓파와 관련된 특산물을 생산하고 있다. 지금은 전국적인 관광명소가 되어 많은 관광객이 찾아오곤 한다.

〈참고문헌〉

福田祥男『新編愛知縣傳說集』名古屋泰文堂 1961

柳田國男『遠野物語』新潮文庫 1973

石川純一郎『河童の世界』時事通信社 1985

小松和彦『異人論』靑土社 1985

大島建彦『河童』岩崎美術社 1988

飯田道夫『河童考』人文書院 1993

九州河童の會『九州河童紀行』葦書房 1993

大野桂『河童の研究』三一書房 1994

金容儀「河童と相撲傳承」『待兼山論叢』(日本學篇 第28號) 大阪大學 1994

石田英一郎『河童駒引考』岩波文庫 1995

河童連邦共和國『日本のかっぱ』桐原書店 1991

일본의 요괴문화 그 생성원리와 문화산업적 기능

일본의 요괴문화 그 생성원리와 문화산업적 기능

요괴의 실상과 허상

하늘을 날고 몸을 숨기는 신통력의 화신 덴구(天狗)

류희승

하늘을 날고 몸을 숨기는 신통력의 화신 덴구(天狗)

류희승

I. 신비화된 상상의 동물 덴구

일본의 설화 문학 가운데는 요괴를 소재로 하는 작품이 많이 있다. 일본의 요괴에 해당하는 개념으로 한국에서는 도깨비와 귀신을 찾을 수 있는데, 한·일 양국은 예전부터 각종 문헌 연구 및 구전·전승 문학의 비교 등 다양한 방법을 통해 요괴와 도깨비에 대한 연구를 시도하였다.

가운데 앉아있는 다로텐구를 비롯한 여덟 덴구의 목상이 구보리(求菩提)자료관에 소장되어 있다. 다양한 표정의 덴구로 얼굴은 새 모양이고 복장은 승려와 같다.

일본에서 사용하는 요괴라는 말은 원래 중국에 기원을 두고 있는 말로서 일본에서는 『쇼쿠니혼키(續日本紀)』에서 처음 사용된 기록을 찾을 수 있다.

요괴란 일반적으로 '이해할 수 없는 이상한 현상'의 경우를 가리키기도 하지만 그 이상한 현상을 불러 일으키는 것으로 판단되는 신비적이고 영적인 대상을 가리키기도 한다. 이러한 요괴의 카테고리에 속하는 것으로는 오니(鬼), 갓파(河童), 덴구(天狗), 유령 등이 있다. 요괴의 종류 중에서도 신비화된 상상의 존재로서 덴구가 있는데 덴구는 산을 거처로 하며, 처음에는 날개로 비행하는 새의 모습을 지닌 요괴였다. 그런데 후대에 이르러 산악 수행을 목적으로 하는 수행자의 종교인 슈겐도의 영향을 받았다. 코가 길고 얼굴이 붉은 야마부시(山伏) 즉, 슈겐도의 행자인 슈겐자(修驗者, 산악수행자)와 닮은 모습으로 덴구가 묘사되기에 이른다.

이 글에서는 먼저 이러한 덴구의 형성 과정과 변천에 주요한 역할을 한 슈겐도의 전개를 살펴보기 위하여 일본 불교의 전개 양상을 알아보려 한다. 그리고 이러한 시대적, 사상적 배경이 문학 작품과 민속 전승 속에서 어떤 형태로 반영되어 있는지를 고찰해 보려 한다.

Ⅱ. 일본불교와 산악신앙 슈겐도

일본불교는 6세기 중반에 한반도로부터 전래된 것으로 알려져 있는데, 공식적으로는 백제 성명왕(聖明王)으로부터 불상과 경전이 긴메이(欽明)천황에게 전수된 이래, 쇼토쿠 태자(聖德太子, 574~622) 시대에 이르러 기본토대를 마련하게 된다. 쇼토쿠 태자는 불교사상에 입각하여 나라를 다스리고자 하여 호류지(法隆寺)와 시텐노오지(四天王寺) 등을 비롯하여 많은 사원을 건립했다. 특히 나라(奈良)불교는 율령체제의 통제를 받으며 국가불교로 발전하여, 불교 사원을 통해서 중앙권력이 지방에까지 효과적으로 미치게 하는 것을 목적으로 하였다. 이러한 나라시대(710~793)의 국가불교의 성격은 천황과 귀족들을 위한 불교였었는데, 헤이안(平安

하늘을 날고 몸을 숨기는 신통력의 화신 덴구(天狗) — 류회승

「덴구만다라(天狗曼陀羅)」에는 대덴구다로를 중심으로 비사문천왕, 부동명왕을 비롯한 여러 모습의 덴구가 그려져 있다.

794~1191) 시대에 사이초(最澄, 767~822)와 구카이(空海, 773~835)라는 두 고승에 의해 일반 서민을 위한 불교 기반이 형성되었다고 할 수 있다.

이 두 승려는 견당사를 따라 당에 건너가 새로운 불교의 가르침을 배우고 돌아왔는데, 그 중 사이초는 천태대사 지의(智顗)에게 사사를 받은 후 귀국하여 히에이잔(比叡山)에 엔랴쿠지(延曆寺)를 세우고 천태종을 세웠다. 구카이는 혜과(惠果)에게서 진언종의 정통을 전수받고 방대한 밀교 경전과 법구 등을 가지고 귀국하여 고야산(高野山)을 근본도장으로 삼아 진언종을 창시했는데, 구카이는 천태종까지 포함하여 각 교의의 성립근거를 명확히 하고, 밀교야말로 모든 부처의 핵심이라고 주장했다. 사이초는 천태종 내부에 밀교의 교리를 받아들였는데, 그의 이러한 생각은 엔닌(圓仁), 엔친(圓珍) 등에게 계승되어 크게 발전되었다.

이렇듯 헤이안 불교는 두 고승들에 의하여 독자적인 교리가 체계화 되었으나 여전히 귀족불교였다.

이러한 과정을 거쳐서 헤이안 후기에는 나라시대에 확립된 율령제 국가제도가 붕괴됨으로써 불교가 광범위하게 지방으로 퍼져 나가 민중에 보급되게 된다. 불교의 민중 전파를 담당한 역할을 한 것은 히지리(聖)나 슈겐자라고 불리는 민간종교가들이었다. 히지리는 승려로서 본래의 기성 교단을 부정하거나, 거리를 두는 사람으로 그 수행형태는 고행과 은둔 등을 들 수 있다.

일본의 요괴문화 그 생성원리와 문화산업적 기능

1. 귀신을 부렸다는 엔노교자(役行者)

슈겐도의 산악신앙은 한반도를 통해 전래된 대륙의 음양도(陰陽道)와 같은 민간종교의 영향을 받은 것으로 추정된다. 이 사상은 불교와 밀교가 결부된 것으로, 나라시대 초기에 슈겐도의 원시형태가 형성된 것으로 보여진다. 이러한 슈겐도의 시조라 불리우는 엔노교자(役行者)는 가쓰라키(葛城)지역에서 산속에서 수행하며 체득한 주술로 세상의 주목을 받았다. 엔노교자에 관한 기사를 최초로 볼 수 있는『쇼쿠니혼키(續日本記)』에는 그의 생몰(生沒)에 대한 언급은 없고 유배에 처해진 이유와 "능히 귀신을 부린다"는 엔노교자의 주술(呪術)적인 능력에 대해 기술되어 있다. 그리고『니혼료이키(日本靈異記)』에는 엔노교자의 가계(家系)와 산림수행을 통한 주술력의 획득, 공작경(孔雀經)의 주술법을 익혀 기이한 영험력(靈驗力)을 나타내어, 야마토구니(大和國)의 긴부센(金峰山)과 가쓰라키야마(葛成山) 사이에 다리를 놓기 위해 귀신을 부려 히토고토누시(一言主神)를 혼냈다는 이야기는 널리 알려져 있다.

이러한 이야기로 미루어 볼 때 슈겐도에는 도교적인 신선사상, 불교의 밀교적 주술 등의 여러 가지 요소가 내포되어 있다. 슈겐도의 주요한 수행도량으로는 긴부센과 구마노(熊野)를 들 수 있고 진언종의 활동의 중심이었던 다이고지(醍醐寺)가 슈겐도의 본산이기도 하다. 그 중에서 긴부센과 그곳의 금강장왕(金剛藏王)이 결부되어 이 산이 황금의 보고인 선향(仙鄕)으로 믿어졌다. 금강장왕은 미륵의 화신이기도 하며 미륵불이 출현할 때 긴부센이 금으로 뒤덮이게 된다는 전설이 있다.

슈겐도는 헤이안 시대 중기부터 가마쿠라(鎌倉) 시대까지 가장 번성해서 많은 불교문화에 영향을 끼쳤고 무로마치(室町) 시대에 접어들자 독립적인 수행도량이 생기고 활동이 활발해졌다. 남북조(南北朝) 시대에는 고대적인 종교의 권위를 부정하는 무사계급에게 억압받고 이용당하기도 했다. 에도(江戶) 시대에 다이묘(大名)는 야마부시를 잘 대접하고 그들에게 주술을 실천하기보다 학문적으로 체계화하기를 장려하기도 했다. 그러나 산악수행을 하는 야마부시가 영험의 실행력이 없어짐으로 인해 쇠퇴하기

하늘을 날고 몸을 숨기는 신통력의 화신 덴구(天狗) | 류희승

에 이른다.

2. 연희행사에 등장하는 덴구

일본문화의 기반을 이루는 슈겐도의 문화를 엿볼 수 있는 문학작품으로는 오토기조시(お伽草子), 사찰·신사 연기(寺社緣起), 신도집(神道集) 등이 있고, 미술·조형예술 등에도 나타난다. 이러한 문화부문의 주축인 야마부시의 지위는 국가에서 정식으로 공인받은 승려들에 비해 종속적이었다. 주로 정월, 2월에 슈쇼에(修正會), 슈니에(修二會) 등의 불교행사에 야마부시와 치아(稚兒)라 하여 어린아이가 신의 사자(使者)로 분장하여 연기를 했다.

이런 행사는 헤이안 시대 말기부터 무로마치 초기에 여러 법회의 뒷풀이로 거행되었다. 고후쿠지(興福寺)나 도다이지(東大寺)를 비롯한 큰 절에서 법회의 뒷풀이로 거행되던 이런 놀이는 노(能)의 발생과도 관련된다. 야마부시와 관련 있는 노로는 〈구라마 덴쿠(鞍馬天狗)〉, 〈제가이(是界)〉, 〈다이로쿠텐(第六天)〉, 〈다이카이(大會)〉, 〈구루마조오(車僧)〉 등의 작품이 있는데, 그 작품 가운데 유명한 산에 기거하는 덴구가 등장한다. 예를 들어 히코야마(彦山)의 후젠보(豊前坊), 시라미네(白峰)의 사가미보(相模坊), 아타고야마(愛宕山)의 다로보(太郎坊) 등인데, 지금도 이런 덴구는 서민신앙의 대상이 되고 있다.

Ⅲ. 괴력의 일본요괴 덴구의 출현

일본의 대표적 요괴라 할 수 있는 덴구의 이미지는 새처럼 부리가 있고 등에는 날개가 돋친 모습으로 형상화 되었다. 그러다가 중세 후기에 나타난 코가 높고 붉은 얼굴에 야마부시의 복장을 한 변화된 모습의 덴구가 나타났다. 이와 같은 형태의 덴구는 원래 새 모습의 덴구에 야마부시의 이미지가 가미된 것으로 추정된다. 원래 덴구의 전승은 대부분이 히에이 잔의 천태종계열의 밀교승과 관계가 있는 것으로 전해진다. 즉 덴구는 불

히에산의 승려들은 종종 비판의 대상이 되었는데, 산속에서 알지 못할 일들을 벌인다고 하여 덴구로 비유하여 풍자되기도 했다.

법을 방해하려고 인간계에 출현한 요괴로서, 천황과 귀족들을 홀려서 병이 나게 하고 승려의 법력에 도전하기도 한다. 때로는 어리석은 승려를 속여서 덴구를 본존으로 모시고 기도를 하게 하기도 한다. 당시의 고승들은 이 덴구와 싸워서 승리함으로써 자신들의 영험한 힘을 과시하는 방편으로 삼기도 했다.

덴구에 관한 구체적이고 잘 정리된 기록은 헤이안 시대의 『곤자쿠모노가타리슈(今昔物語集)』를 들 수 있다. 가마쿠라 시대에는 새 모습을 한 덴구의 모습이 『덴구소시(天狗草紙)』, 『가스가곤겐겐키에(春日權現驗記繪)』, 『제가이보에(是害房繪)』 등의 두루마리 그림에 나타난다. 무로마치 시대에는 『가게쓰(花月)』, 『구라마 덴구(鞍馬天狗)』 『제가이(是界)』, 『다이카이(大會)』 등 여러 종류의 덴구가 등장하는 노가 창작되었다.

남북조 시대에 들어서면 덴구의 이미지가 이전과 다른 새로운 양상으로 발전하게 된다. 이 시대의 덴구는 천하를 혼란케 하는 요괴이며, 국가질서를 어지럽히는 방해자의 이미지로 그려진다. 이러한 사상은 『다이헤이키(太平記)』에 잘 나타나 있는데, 여기에 등장하는 덴구는 원령의 모습을 한 원령 덴구이다. 가장 유명한 원령 덴구로는 원한을 품고 유배지에서 죽은 천황인 스토쿠인(崇德院)이라 할 수 있다. 헤이안 시대에는 귀신과 여우가 국가를 혼란스럽게 하는 요괴라고 여겼는데, 중세에는 덴구가

그와 같은 역할을 하게 된다. 근세를 거쳐 근대에 이르면 옛날 이야기 속의 덴구는 신비한 힘을 가짐과 동시에 인간에게 약점을 잡혀 꼼짝 못하는 해학적인 존재로 그려진다.

1. 극락왕생을 방해하는 요괴 덴구

헤이안 시대에는 유명한 스님이 임종할 때면, 극락정토의 아미타부처와 보살들이 마중하러 온다고 믿었다. 이러한 사실을 안 덴구가 임종을 맞이하여 극락왕생을 비는 스님 앞에 아미타부처와 보살로 변신한 모습으로 나타나서 극락이 아닌 덴구의 세계로 데리고 가는 일이 종종 일어났다. 『곤자쿠모노가타리슈』에 실려 있는 이야기인데, 어떤 스님이 자신이 임종할 때 극락정토로 이끌어 줄 아미타부처와 보살들이 마중하러 온다고 제자들에게 말했다. 마침내 금색으로 빛나는 부처들이 나타나 스님을 자색구름에 태워서 서방정토로 데리고 갔다. 이러한 현상을 보고 제자들은 스님이 확실히 왕생했다고 믿었다. 그런데 일주일 정도 지나서 뒷산의 높은 나무 위에 등나무줄기로 칭칭 묶인 채로 미친 듯이 염불을 하는 스님의 모습을 발견했다고 한다.

이처럼 수행이 부족하지만 극락왕생을 기원하는 승려들을 홀려 덴구의 세계로 끌고 가는 불법의 방해자로서 덴구의 이미지가 잘 나타난 이야기가 다수 있다.

2. 법당을 짓고 덴구가 된 스님

가마쿠라시대의 불교설화집인 『홋신슈(發心集)』에는 덕망이 있다고 평판이 자자한 어느 스님이 여러 절을 세우는 등의 공덕을 쌓아서 죽은 후에는 확실히 왕생할 것이라고 세상 사람들이 믿었으나 의외로 덴구가 되었다는 이야기가 실려 있다. 평소에 스님을 존경하던 제자들이 매우 애석하게 여겨서 덴구가 된 스님에게 그 연유를 물었더니 "내가 살아 있는 동안 세상에 들리는 평판만 신경을 쓰고, 없는 덕이 있는 것처럼 행동해서 사람을 속여서 조성한 부처이다. 죽는 날이 가까워 오니, 사람들이 이 절

에 참배하러 오는 날이 되면 내 마음은 더욱 괴로워진다"고 하는 뜻밖의 답변을 들었다는 이야기다.

그런데 이러한 『홋신슈』의 이야기와 비슷하게 『호부쓰슈(宝物集)』에는 고승인 료겐(良源)스님이 덴구가 되었다는 이야기가 실려 있다. 『호부쓰슈』 3권에는 「조다쓰(調達)는 육만 권이나 되는 불전의 경과 이론을 읽었지만 미혹된 마음 때문에 아비지옥에 떨어졌고, 료겐은 엔랴쿠지를 깊이 걱정하는 마음을 지니고 있었기 때문에 덴구가 되어서 머물게 되었다」고 쓰여 있다. 『호부쓰슈』 7권에 「조다쓰는 육만 장의 바른 가르침을 읽었지만 나쁜 마음을 갖고 있었기 때문에 아비지옥에 떨어졌고, 료겐스님은 엔랴쿠지에 집착을 두어서 금색의 덴구(金の天狗)가 되었던 것이다」는 이야기이다.

위의 이야기를 보면 『호부쓰슈』에서는 고승인 료겐스님이 덴구가 되었다고 밝히고 있는데, 특히 7권의 경우 금색의 덴구라는 표현에서 현세에 집착하는 모습을 그리고 있다. 료겐은 966년에 천태종의 우두머리가 되었으며 엔랴쿠지(延曆寺)에 화재로 소실되었던 당탑을 재건하고 교학을 부흥시켰기 때문에 히에이잔(比叡山) 중흥의 시조라고 불리었으며 985년에 세상을 떠난 인물이다.

료겐이 덴구가 되었다는 설화는 『곤자쿠모노가타리슈』「료겐이 요괴가 되어 관음원에 와서 요쿄승정을 굴복시키는 이야기(良源僧正成靈來觀音院伏余慶僧正語)」는 제목만 남아 있으나,

교토의 동북쪽에 있는 구라마야마는 옛날부터 덴구가 자주 나오는 숲이라고 알려져 있다.

내용을 추측해 보면 료겐이 덴구가 되어 요쿄(余慶)를 굴복시키는 설화임을 알 수 있다. 이 설화가 나오게 된 시대적 배경을 살펴보면 엔닌(圓仁)과 엔친(圓珍)의 시대에는 대립이 별로 없었지만 료겐의 시대에 이르러 요쿄의 사건을 계기로 해서 엔친의 문도가 하산한 사실을 토대로 해서 생겨난 설화라고 생각된다. 요쿄의 사건은 요쿄가 홋쇼지(法性寺)의 좌주로 임명되었으나 홋쇼지가 엔닌 문도에 의하여 계승된 사찰이기 때문에 홋쇼지의 좌주가 되지 못하자, 그후에 엔친의 문도가 대부분 하산한 사건을 가리킨다.

일본의 요괴문화 2 생성원리와 문화산업적 기능

3. 한맺힌 죽음으로 덴구가 된 천황 스토쿠인

중세의 남북조 동란기를 기점으로 해서 불법을 방해하는 덴구의 이미지가 변화하게 된다. 이 시대의 덴구는 불법을 방해하는 요괴에서 국가질서를 혼란케 하는 요괴의 이미지로 변화한다. 이 시기에는 원령(怨靈) 덴구가 주류를 이루는데, 원령 덴구란 생전에 한을 품고 죽거나 비명횡사한 자의 원령이 덴구가 되는 것을 말한다.

이러한 사상이 잘 나타난 작품으로 『다이헤이키(太平記)』를 들 수 있다. 『다이헤이키』에는 원령 덴구들이 모여서 회의하는 장면을 목격한 야마부시 운케이(雲景)의 체험담이 실려 있다. 운케이는 아타고산에 있는

중세 대사찰 승려들의 거만하고 방자한 행태는 풍자의 대상이 되어, 새 모양의 덴구로 묘사되기도 했다.

절에서 법당의 뒷방에 모여 있는 원령 덴구들을 목격하였다. 의관을 잘 갖춰 입은 덴구, 고승 차림의 덴구, 큰 활을 멘 무사 모습의 덴구 등이 있었는데 그 중에서도 가장 눈에 띄는 것은 커다란 금빛이 나는 새의 모습을 한 덴구가 날개를 가지런히 하고 앉아 있었다. 이

금색의 덴구가 바로 원한맺힌 천황인 스토쿠인(崇德院, 1119~1164)인데, 원령 덴구의 대표라 할 수 있다.

스토쿠인은 아버지인 도바(鳥羽) 천황이 죽자, 왕위 계승문제로 동생인 고시라카와(後白河) 천황과 골육간의 싸움을 벌였다. 이 싸움은 밤에 기습작전을 펼친 고시라카와 천황측의 승리로 끝났다. 패한 스토쿠인은 시코쿠(四國)의 사누키(讚岐) 지방에 유배되었는데, 이는 호겐(保元)의 난이라 불리는 사건이다. 사누키에 유배된 스토쿠인은 46세의 나이로 유배지에서 한 많은 일생을 마쳤다. 스토쿠인은 유배지에서 머리를 자르지도 않고 손톱을 깎지도 않은 채, 살아 있는 덴구처럼 처참한 모습으로 지냈다.

또한 『겐페이 성쇠기(源平盛衰記)』에는 스토쿠인의 시라미네(白峰)의 능에 스토쿠인을 매장하는 장면을 다음과 같이 기록하고 있다. 스토쿠인의 유체를 시라미네까지 운반하는 도중에 온 하늘이 갑자기 흐려지면서 뇌성벽력이 치고 세차게 비바람이 불었다. 사람들이 관을 돌 위에 내려놓고 비가 개이기를 기다리던 중에 갑자기 관에서 피가 쏟아져 나와서 돌을 새빨갛게 물들였다. 얼마 지나지 않아 수도인 교토에서 유행된 전염병의 원인과 귀족이 병들어 죽는 것은 스토쿠인의 원령이 저주 때문이라는 소문이 퍼졌다. 이를 두려워 한 사람들은 원령을 진정시키려고 시라미네의 능 근처에 돈쇼지(頓証寺)를 세웠다.

이러한 유형의 이야기로는 헤이안 시대의 우정승이었던 스가와라노 미치자네(菅原道眞, 845~903)가 좌정승에 의해 누명을 뒤집어쓰고 억울하게 쫓겨나 유배지에서 죽은 이야기를 들 수 있다.

이후 좌정승 가문에 급사하거나 날벼락을 맞아 죽는 자가 끊이지 않자, 사람들은 그 재앙을 미치자네의 원령이 일으킨 것이라고 생각했다.

그리하여 미치자네의 원령을 신으로 모시는 사당을 지었는데 그것이 기타노(北野)신사로 발전했고, 미치자네를 학문의 신이라 추앙하기에 이르렀다.

하늘을 날고 몸을 숨기는 신통력의 화신 덴구(天狗) | 류희승

4. 덴구의 대궐을 방문한 영웅

남북조 시대의 원령 덴구와 더불어 덴구가 문학 작품에 빈번히 등장되어 흥미본위의 이야기가 쏟아져 나오는데 그 중 하나로, 무로마치 시대의 『덴구노다이리(天狗の內裏)』라는 오토기조시(お伽草子)를 들 수 있다.

이 작품은 미나모토노 요시쓰네(源義經, 1159~1189)를 주인공으로 하는 호간모노(判官物) 즉 요시쓰네 영웅문학 중의 하나이다. 요시쓰네는 미나모토노 요시토모(源義朝)의 아들로 태어나 정적인 헤이케(平家) 가문을 타도하려던 숙원을 이루지만 형 요리토모(賴朝)와의 대립 끝에 결국 자결로 생을 마감하게 되는 비운의 영웅이다.

『덴구노다이리』는 우시와카마루(牛若丸)로 불리던 어린 시절의 요시쓰네가 덴구가 사는 대궐을 방문하고 싶어서, 비사문천(毘沙門天)에게 소원 성취를 간절히 기원한다. 꿈 속의 계시에 인도되어 덴구의 대궐을 방문하게 된 우시와카마루는 다이덴구(大天狗)에게 융숭히 대접받고 덴구들의 병법과 신통력 등을 감상한다. 다이덴구의 아내에게서 죽은 아버지가 구품정토에 있다는 사실을 듣고 다이덴구에게 부탁하여 함께 화염지옥, 피연못 지옥, 아귀도, 수라도 등을 지나 아버지가 있는 곳에 당도한다. 요시쓰네가 방문한 덴구의 대궐은 돌, 철, 은, 금의 사중 벽으로 된 외벽이 둘러쳐져 있으며, 바닥에는 금모래가 깔려 있고 마치 칠보 장식을 해 놓은 듯한 화려한 건물이 들어서 있다.

이 이야기에 나오는 덴구의 대궐은 불로불사(不老不死)의 세계 즉 정토에 해당되므로 인간세계의 대궐과는 다름을 알 수 있다. 주인공 요시쓰네는 인간에게 해를 끼치는 것으로 알려져 있는 덴구에게서 무예를 배우고 은혜를 입는 등 인간이 덴구의 신통력을 전수받는다는 작품이다.

지금까지 문학작품 속에 나타난 덴구와 슈겐도의 역사에 관하여 살펴보았다. 덴구의 생성과정과 변천은 시대적 사상적 배경의 영향을 받아 슈겐도의 흐름과 더불어 변천되어 왔음을 알 수 있다.

일본의 요괴문화 그 생성원리와 문화산업적 기능

IV. 옛날이야기 속의 덴구

민속 전승에서도 산악신앙, 슈겐도와 관련된 이미지는 지금까지 살펴본 내용과 같은 맥락이다. 이러한 산악신앙, 슈겐도 관계 이외의 덴구는 산의 괴이현상, 나무, 바위, 동굴 등과 결부된 전설, 옛날 이야기 등에 빈번히 등장한다. 그러나 이러한 덴구의 형태는 다양하게 존재하는데 어떤 경우에는 산에서 일어나는 괴이한 현상을 총칭하는 경향이 있다. 예를 들면 덴구 다오시(天狗倒し), 덴구

덴구가 살고 있다고 전해지는 구라마야마 등산철도역에는 거대한 덴구의 상을 만들어 놓아 관광객의 눈길을 끄는데, 붉고 큰 코가 특히 화젯거리가 된다.

와라이(天狗笑い), 덴구 쓰부테(天狗の礫), 덴구 유스리(天狗ゆすり), 덴구 다이코(天狗太鼓), 덴구 가쿠시(天狗隱し), 덴구 마쓰(天狗松), 덴구 노 히(天狗の火) 등을 들 수 있다.

1. 초능력의 산물이라는 덴구다오시

덴구 다오시(天狗倒し)는 덴구가 넘어뜨린다는 뜻으로, 한밤중에 큰 나무를 자르는 소리가 나지만 다음날 가보면 아무런 흔적이 없는 것을 말한다. 도야마(富山)에 전해 내려오는 이야기인데, 한 나그네가 밤에 산 속의 오두막집에 묵었는데 바깥에서 나무를 자르는 소리가 났다. 다음날 벌채된 나무가 많을 것이라고 생각하고 가보니 한 그루도 없었다. 술을 사서 나무 뿌리에 부으니 그 날 밤은 아무런 소리가 나지 않고 밤이 지났다. 그런데 "이 집에는 아직 아무 일도 일어나지 않은 것 같군" 이라는 소리가 들린 이후로 괴이한 일은 없었다. 이바라기(茨城)에 있는 깊은 산 속

하늘을 날고 몸을 숨기는 신통력의 화신 덴구(天狗) ─ 류회승

의 폭포 뒤쪽에서 '탕' 하고 도끼로 나무를 찍는 소리가 났다. 귀를 기울여서 다시 들어도 '탕' 하는 소리만 주기적으로 들렸고 실제로 벌채한 나무는 없이 바람이 스쳐 지나가는 소리만 들렸다고 한다.

산 쪽에서 날아오는 알 수 없는 돌팔매질을 덴구스부테라 하는데, 이런 일을 자연현상이라고 합리적으로 해석하려는 시도도 있지만, 덴구의 소행이라고 해석하는 것이 대부분이다.

2. 산을 흔드는 웃음소리 덴구 와라이

와라이란 웃음 혹은 우스개라는 뜻이다. 대낮인데도 산 속에서 갑자기 크게 부르는 소리가 들리고 깔깔거리며 웃는 소리가 들리는 것을 덴구 와라이(天狗笑い)라고 한다. 사이타마(崎玉)에서는 사람이 덴구가 살고 있다는 곳을 지나갈 때, 덴구가 바위 위에서 큰 소리로 부르기도 하고, 깔깔거리며 웃기도 하고 박수를 치기도 한다고 한다. 이렇게 덴구에게 해를 입는 사람은 특정한 사람인데, 그러한 사람 이외에는 덴구의 소리가 들리지 않았다고 한다. 군마(群馬)에 전해지는 이야기인데, 어떤 사람이 산길을 혼자서 걷고 있는 중에 누군가가 웃는 소리가 들려서 돌아보았지만 아무도 없었다. 그대로 계속해서 걷는 도중에 또 다시 웃는 소리가 들려서 답례로 웃었더니 더 큰 소리로 웃어대는 바람에 꺼림칙한 생각이 들어서 도망치듯이 돌아왔다고 한다.

3. 난데없이 날아오는 덴구 쓰부테

쓰부테란 던지는 돌맹이라는 뜻이다. 덴구 쓰부테(天狗礫)는 밤중에 산에 가면 어디선가 돌이 날아오는 것 같은데 자세히 보면 돌이 눈에 띄지 않는 것을 말한다.

『일본수필대성(日本隨筆大成)』에 실린 이야기인데, 어느 날 밤 산에 사

일본의 요괴문화 그 생성원리와 문화산업적 기능

냥을 하러 갔는데 길 양쪽에서 돌이 날아 오기에, 잠자코 앉아서 기다리고 있으니 얼마 지나지 않아서 멈추었다. 그런데 이 돌에 맞은 사람은 반드시 병에 걸리고, 또한 이 일을 당하면 열심히 사냥을 해도 아무것도 잡지 못한다고 한다.

4. 집을 통째로 흔드는 덴구 유스리

유스리란 흔들기라는 뜻이다. 덴구 유스리(天狗ゆすり)는 산 위의 오두막집이나 살고 있는 집을 통째로 흔드는 것을 가리키는 말이다.

야마나시(山梨)에서는 흔들리는 오두막집이 있었는데, 어느 날 나무꾼이 그 곳에 묵었다. 밤이 되자 화로가 달그락거리며 흔들려서 매우 당황했다고 전해진다.

5. 산 속에서 들려오는 북소리 덴구 다이코

다이코란 북이라는 뜻인데, 산 속에서 북소리가 들리는 현상인 덴구 다이코(天狗太鼓)는 이를 산신의 뜻이라 여긴다. 북소리가 들리면 오두막집의 방향을 바꾸기도 하고 산신에게 제사지내고 일을 쉬기도 했다. 군마(群馬)에서는 비가 내리고 안개가 낀 날에 둥둥거리는 북소리가 들린다고 한다. 이바라기(茨城)에서도 덴구가 가끔 북을 치는데, 어느 사람이 우연히 그 곳에 가게 되었다. 그런데 한밤중인 1시부터 2시 사이에 북소리를 들었다고 한다. 도야마(富山)에 전해 오는 이야기인데, 나무 위에 사는 덴구가 밤이 되면 북을 친다고 한다.

6. 돌연한 행방불명 덴구 가쿠시

가쿠시란 숨긴다 혹은 가린다는 뜻이다. 젊은이 특히 아이들이 갑자기 모습을 감춘 뒤에 수 개월 수년 뒤에 돌아오는 것을 덴구 가쿠시(天狗隱し)라고 하는데, 이 명칭은 없어진 아이들이 덴구가 사는 곳에 끌려갔다고 해서 붙여진 것이다. 덴구 가쿠시는 계절이 변하는 환절기인 음력 4월쯤에 많이 일어나는데, 없어진 아이들의 신발이 가지런히 놓여져 있어서

하늘을 날고 몸을 숨기는 신통력의 화신 덴구(天狗) — 류희승

덴구의 소행임을 알게 된다. 덴구 가쿠시의 경우 마을에서 북을 치며 아이들을 찾는데, 결국 마을 사람들이 몇 번이고 찾았던 나무와 옥상 위에서 잃어버린 아이들을 발견하는 경우가 많다.

사이타마(崎玉)에서는 산 속에 밤을 주우러 간 아이가 일주일이나 돌아오지 않아서 덴구에게 해를 입었다고 했으나, 지금은 돌아와서 건강하게 성장하고 있다. 또한 젊은이가 어느 날 돌연 모습을 감추었는데, 2주 후에 너덜너덜한 복장으로 얼이 빠진 채로 돌아왔다고 하는데 밤에는 덴구와 산 속을 거닐고, 낮에는 덴구가 가져오는 식사를 하며 같이 지냈다고 하는 이야기가 전해 온다.

7. 덴구가 쉬어간다는 덴구 마쓰

덴구 마쓰(天狗松)라는 소나무는 덴구가 잠시 쉬기도 하고 그 곳에서 살기도 한다고 전해져 내려오는 나무인데, 그 나무를 자르려고 하면 괴상한 일이 일어나서 절대로 자르지 못했다고 한다. 이러한 덴구 마쓰 또는 덴구 스기(天狗杉)라고 불리는 커다란 나무는 신(神)이 천상에서 지상으로 내려올 때 일단 묵는 숙소로 알려져 있다. 그런데 이 나무들은 덴구의 거처이므로 결국 덴구는 신으로 존경받는 것이라 할 수 있다. 그러므로 덴구가 인간을 위협하거나 해를 끼치는 것은 인간이 신의 영역을 침범한 데 대한 벌인 것이다. 이로 짐작하건대, 덴구에게는 지나다니는 일정한 길과 성역(聖域)이 있고, 그 곳에는 이 세상과 기이한 세계(異界)와의 경계가 있어서 침범한 사람에게는 괴상한 현상으로서 이것을 알리는 것이다.

사이타마(崎玉)에 있는 어느 산 위에 덴구의 마쓰라고 불리는 거목이 있었는데, 이 소나무를 자르거나 상처를 입히면 천벌을 받는다고 하여 마을에서는 아주 소중하게 다루고 있다고 한다.

8. 여우불같이 떠도는 불덩어리 덴구노히

밤중에 불덩어리가 날아오는 현상을 덴구노히(天狗の火)라고 한다. 아

일본의 요괴문화 그 생성원리와 문화산업적 기능

이치(愛知)의 도메키라(留吉)라는 남자가 새벽이 되기 전에 풀을 베러 가려 하는데, 맞은 편 산 위에서 불덩어리 하나가 산을 타고 올라가는 것이 보였다. 그 불은 이윽고 두 덩어리가 되면서 계속 번져서 산의 한쪽 면이 불타올랐다고 전해진다.

9. 옛날 이야기 속의 덴구

옛날 어느 마을의 덴구 이와(天狗岩)라는 곳에 행상인들이 여러 명 모여서 내기를 했다. 그러자 그 곳에 덴구가 나타나서 그 내기에 끼게 되었다. 그러나, 내기를 해본 적이 없는 덴구는 도저히 사람을 이길 수가 없었다. 결국 덴구는 부채, 신고 있던 신발, 보물인 상상의 도롱이 등 가지고 있던 것을 전부 내어놓게 되었다.

여기에서 덴구는 인간과의 내기에도 져서 자기의 것을 다 내어놓는 멍청한 요괴로 그려지고 있다. 덴구는 처음에는 인간과 전혀 별개의 깊은 산 속에 살면서 공포감을 불러 일으키는 존재였다. 그러나 덴구가 인간과 접촉해 가는 동안에 인간과 가까워지면서 마을에 살게 되고, 마침내 인간에게 쉽게 속아 넘어갈 정도로 친근감을 주는 존재가 되었다.

덴구가 산속에서 사는 특징은 산중에서 수행생활을 하는 수도승의 이미지와 결부되어 요령을 흔들며 예불을 하는 모습으로 그려지기도 한다.

Ⅴ. 인간의 공포와 꿈이 어우러진 덴구

산속에 살고 있다는 상상 속의 요괴인 덴구는 시대와 지역에 따라 다양한 모습으로 나타난다. 공중을 자유롭게 날아다닐 수 있는 존재, 커다란 키에 길쭉한 코와 빨간 얼굴, 엄청난 힘을 지니고 사람을 놀라게 하기도 하고, 신통력이 깃든 물건을 사람에게 건네주기도 하는 존재. 어찌 보면 한국의 도깨비와도 일맥상통하는 괴이한 존재이다. 산속에 살면서 수행하다가 초능력을 얻었다고 생각하면 민가에 내려와 병을 고쳐주기도 하고 악마를 물리치기도 한다는 야마부시라는 종교인은 이 덴구의 이미지와 결합되어 신비로운 존재로 대접받기도 하였다.

오늘날에도 드물기는 하지만 야마부시는 산에서 내려와 사람들에게 주술을 행하고 산으로 돌아가는 종교자로서 활동하고 있다. 이들은 초능력을 지닌 덴구의 화신으로 인식되기도 하고, 떠돌이 종교자로 인식되기도 하며 일본인들의 상상력을 바탕으로 활동을 지속하고 있다.

뿐만 아니라, 덴구가 출몰한다는 유명한 산에서는 관광지의 마스코트로 덴구를 내세워 관광자원으로 활용하며 덴구 동상을 세우고 덴구 인형이나 과자를 만들어 파는 것을 목격할 수 있다. 이미 두려운 존재가 아니라, 덴구를 곁에 두고 싶은 귀여운 요괴로 인식하고 있다는 증거인 셈이다. 오늘날에도 일본인들 사이에 살아 숨쉬는 덴구에 대한 꿈과 애착을 읽어낼 수 있다.

일본의 요괴문화 그 생성원리와 문화산업적 기능

〈참고문헌〉

五來重「山の信仰と日本の文化」『特集·山岳宗敎』春秋社 1980

小松和彦『神隱し』弘文堂 1991

小松和彦『日本妖怪異聞錄』小學館 1995

岩井宏實『日本の妖怪百科1 山の妖怪』河出書房新社 2000

村山修一「愛宕山と天狗」『天狗と山姥』河出書房新社 2000

原田正俊「『天狗草紙』を讀む」『天狗と山姥』河出書房新社 2000

宮本袈裟雄『天狗と修驗者』人文書院 1989

宮本袈裟雄『庶民信仰と現世利益』東京堂出版 2003

石田瑞麿, 李永子 譯『일본불교사』민족사 1985

渡邊照宏, 김진만 譯『일본의 불교』한림 1995

三木紀人 校注『方丈記·發心集』新潮社 1976

小泉弘 校注『寶物集』新日本古典文學大系 1993

馬淵和夫, 國東文麿 校注『今昔物語集(1~4)』小學館 1971

하늘을 날고 몸을 숨기는 신통력의 화신 덴구(天狗) ― 류희승

일본의 요괴문화 그 생성원리와 문화산업적 기능

요괴의 실상과 허상

변신의 귀재 여우 기쓰네(狐)

서윤순

변신의 귀재 여우 기쓰네(狐)

서윤순

I. 여우의 이미지

일본에서 여우는 산토끼나 들쥐의 천적으로서 농민들에게는 유익한 짐 승이지만, 일반적으로는 인간을 속이는 영악한 짐승이라는 인상이 퍼져 있다. 그러나 그 한편에는 여우를 신의 사자(使者)로 모신 이나리(稲荷) 신사가 일본 전국에 약 삼만 여 곳이나 산재하며, 그 신사를 '오이나리산 (お稲荷さん)'이라는 친근감 있는 이름으로 부르고 있고, 일본 어디에서 든 '기쓰네 우동(きつねうどん : 유부 우동)'을 먹을 수 있으며, 또한 일 본어 사전에는 '기쓰네(きつね : 여우)'가 포함된 말이 많이 실려 있다. 이것은 즉, 여우라는 존재가 일본인의 일상생활에 깊숙이 파고들어 있고, 고래부터 일본인들에게 친숙한 존재인 것을 나타내고 있다.

그렇다면 도대체 여우는 일본인들에게 어떠한 존재이며 인간과 여우는 서로 어떠한 관계에 있는 것일까? 이하에서 일본인의 여우에 대한 이미 지와 견해에 대해서 생각해 보려고 한다.

II. 기쓰네란

여우가 영수(靈獸)로서 전해지는 역사는 매우 오래 되며 『니혼료이키

(日本靈異記)』[1] 에 이미 여우에 관한 이야기가 기록되어 있다.

　　미노노쿠니(美濃國) 오노군(大野郡)의 남자가 광야에서 미녀를 만나 결혼을
해서 아이를 낳지만, 여자는 여우가 둔갑한 모습이었고 곧, 그 정체를 개에게
들켜서 여우는 들로 돌아가 버린다. 그러나 남자는 여우에게 "당신은 나를 잊
었나요? 아이까지 가진 사이가 아니었나요? 와서 자라(來つ寢 ; 來て寢ろ)"고
했다.[2]

　이와 같이 여우는 일찍이 '야칸(野干)[3]' 이라고 불렸지만 이 설화 이래
'기쓰네' 라고 불리게 되었다고 한다. 그리고 한자로는 '狐' 라고 표기하지
만 개사슴록변인 '犭' 에다가 '瓜' 를 합한 것이다. '犭' 은 '犬(개)' 를 의미
하는데 이는 여우가 견과(犬科)에 속하기 때문이며, '瓜' 는 여우가 '쿠와
쿠와' 라고 우는 것에서 발음이 '쿠와' 에 해당하는 '瓜' 를 가지고 온 것이
다.
　일본어사전[4]에 의하면 여우의 생태나 성질에 대해서 다음과 같이 설명
하고 있다.

　　여우【狐】
　　1. 개과의 포유류. 몸길이 45~90cm, 꼬리 길이 30~55cm. 털 색깔은 주로
　　　등갈색. (중략) 삼림이나 초원 외에 인가 주변에도 나타나 민화에도 많이
　　　등장. 사람을 속인다고 하고 또 이나리(稲荷)신사의 사자(使者)로 인식되
　　　고 있다.

변신의 귀재 여우 기쓰네(狐) | 서윤순

---

1) 『日本國現報善惡靈異記』의 준말. 헤이안(平安) 시대 초기에 쓰여진 일본에서 가장 오래 된 설화
　집. 저자는 나라(奈良) 우교(右京) 야쿠시지(薬師寺)의 승려, 게이카이(景戒). 상 · 중 · 하의 세
　권.
2) 프리 백화사전『위키페디아(Wikipedia)』위키페디아 재단. '기쓰네' 에서
3) 여우의 이칭. 또는 중국에서 여우와 비슷하며 작고 나무에 잘 올라가고 울음소리가 늑대와 닮았다
　고 하는 동물.
4) 마쓰무라 아키라 감수『大辭泉』제1판 小學館 2004

2. 남을 속이는 교활한 사람.

3. 〈여우는 유부를 좋아한다는 것으로〉

　이나리즈시(稲荷鮨 ; 유부 초밥).

　기쓰네 우동(狐饂飩 or うどん ; 유부 우동),

　기쓰네 소바(狐蕎麦 ; 유부 메밀국수)의 준말.

4. 〈화장을 하고 남자를 유혹하는 것으로〉 유녀.

5. 기쓰네 켄(狐拳 ; 가위바위보의 일종)의 준말.

위와 같이 '교활하고 사람을 속인다 · 유혹한다'고 하는 내용은 일본어 사전뿐만 아니라 영어나 한국어 사전에도 공통되는 것이었다. 그러나 실제로 여우에게 속았다고 하는 이야기는 들은 적도 없고 그러한 사람을 만난 적도 없다. 그런데 왜 여우에 대해서 이러한 이미지를 가지게 된 것일까? 같은 동아시아에 위치하는 중국, 한국, 일본에서는 여우에 대한 이미지나 견해가 비슷하다. 원래 일본에서는 여우는 음식 · 곡물의 신(神) 또는 산(山)의 신이며 일본의 복신(福神)으로서 신앙의 대상이며 서민들의 神이었다. 그러나 그것이 9세기 말 무렵에 들어온 중국의 지리서(地理書) 『산해경(山海經)』[5]의 영향 때문에 여우가 음수(淫獸) · 요수(妖獸)로 비춰지게 된 것 같다.

또한 중국의 도교(道敎) 교과서에 해당된다고 하는 『도가서포박자(道家書抱朴子)』[6]에서는 선악을 불문하고 신격화된 영호(靈狐 ; 여우의 정령)를 '요호(妖狐)'라고 부르고 있다.[7] 그 일절에서 "호리(狐狸)는 나이가 삼백 살을 넘으면 요호가 되며 인간으로 변신할 수 있는 요술을 터득하게 된다. 그 요술이란 인간의 해골을 머리 위에 대고 북두칠성을 향해

---

5) 중국 고대의 신화와 지리에 관한 서적. 산과 바다의 동식물과 금석 초목, 그리고 괴담을 기재. 18 권. 우(禹)나라의 백익(伯益)의 처. 전국(戰國)시대부터는 진(秦) 한대(漢代)의 처. 산카이케이.

6) 중국 동진(東晉) 갈홍(葛洪)의 처. 4세기 초에 성립. 내편(內篇) 20권, 외편(外篇) 50권. 내편은 신선(神仙), 방약(方藥), 양생(養生) 등의 도교 · 신선도(神仙道)의 이론과 실천에 관한 해설. 외편은 정치 · 문명론.

7) 전국호연맹(全國狐連盟)(http://www.geocities.co.jp/NatureLand/4775/)의 '요호(妖狐)'에서.

예배하는 것"이라고 나와 있다. 즉, 여우(다만 여기서는 여우와 너구리가 합체된 것)는 삼백 년 이상 살면 요호가 돼서 요술을 터득하게 되고, 그 요술을 이용해서 인간으로 변신할 수 있다는 것이다. 여우와 너구리가 변신한다는 이야기는 아마 여기서 나온 것이 아닐까 생각된다.

이러한 여우에 대한 견해를 배경으로 일본에서는 여우를 몇 가지 종류로 나누고 있다. 그 바탕이 된 것은 『미야가와 샤만히쓰(宮川舍漫筆)』의 '여우 이야기' [8]의 내용이다.

'여우 이야기'에 의하면 여우에는 야호(野狐)와 선호(善狐)가 있고 선호 가운데는 금호(金狐)·은호(銀狐)·백호(白狐)·흑호(黑狐)·천호(天狐)의 다섯 종류가 있다. 일반 여우가 출세해서 금(金)·은(銀)·백(白) 등이 된다고 전해지고 있지만, 그것이 아니라, 선천적인 '종(種)'이며 선호는 야호처럼 결코 인간에게 위해를 가하지 않고 오히려 인간에게 웃음과 행복을 가져다준다고 여겨지고 있다. 또한 아이의 놀이 상대가 되어 주거나 백호가 환자의 베갯머리에 나타나 잡담이나 여러 가지 이야기를 해 주면서 간병했다고도 한다. 반면, 야호는 전설상의 '금모구미(金毛九尾)'나 여우가 미녀로 변신해서 인간을 속인다고 하는 이야기에 등장하는 여우 등이 그것에 해당할 것이다.

미녀 '다마모마에'로 변신하고 정체를 들킨 여우

8) 미야가와 세운(宮川政運) 『宮川舍漫筆』 제3권 1858

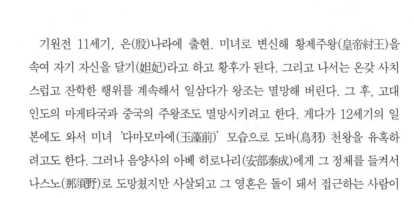

　기원전 11세기, 은(殷)나라에 출현. 미녀로 변신해 황제주왕(皇帝紂王)을 속여 자기 자신을 달기(妲妃)라고 하고 황후가 된다. 그리고 나서는 온갖 사치스럽고 잔학한 행위를 계속해서 일삼다가 왕조는 멸망해 버린다. 그 후, 고대 인도의 마게타국과 중국의 주왕조도 멸망시키려고 한다. 게다가 12세기의 일본에도 와서 미녀 '다마모마에(玉藻前)' 모습으로 도바(鳥羽) 천왕을 유혹하려고도 한다. 그러나 음양사의 아베 히로나리(安部泰成)에게 그 정체를 들켜서 나스노(那須野)로 도망쳤지만 사살되고 그 영혼은 돌이 돼서 접근하는 사람이나 조수(鳥獸)를 죽였다고 한다.[9]

　이와 같이 한 마디로 여우라고 해도 여러 가지 다른 모습을 찾아볼 수가 있다. 그러므로 여우의 그 다양한 모습에 대해서 이하에서 자세히 살펴 보려고 한다.

Ⅲ. 여우의 이중성

　여우에 다양한 모습이 있다는 것은 앞에서도 언급했지만, 그것을 크게 나누면 음(陰)과 양(陽)처럼 악(惡)과 선(善), 즉 요괴와 신이라는 상반되는 두 개의 모습이라고 할 수가 있다. 그렇다면 그 두 개의 모습이란 도대체 어떤 것이며 구체적으로 어떠한 모습으로 인간 앞에 나타나고 있을까?

1. 요괴 모습의 여우

　고마쓰 가즈히코[10]에 의하면 여우의 요괴성은 크게 나눠서 두 가지며, 하나는 인간의 몸에 들어가 병나게 하는 것이고 또 하나는 인간을 속이는 것이다. 전자는 '기쓰네쓰키(狐憑き)' 라는 말로 대치할 수 있다. 이것은 특정한 사람이 여우의 영혼에 씌워 상심리가 되어 버리는 현상을 말하며,

9) 고마쓰 가즈히코『NHK 人間大學 - 人間と異界』NHK 1993
10) 고마쓰 가즈히코『妖怪學新考』pp.125~126 小學館 2000

일본의 요괴문화 그 생성원리와 문화산업적 기능

자신이 여우가 되었다고 생각하고 여러 가지 이상한 말이나 행동을 하게 되는 것이다.

이 '기쓰네쓰키'로 유명한 것은 나가시노(長篠)를 중심으로 구전되고 있는 '오토라기쓰네(おとら狐)'이며, '나가시노의 오토라기쓰네' 혹은 '나가시노의 오시로기쓰네(御城狐)' 등의 이름으로 불리고 있다. 오토라기쓰네는 환자나 때로는 건강한 사람들 몸에 들어가 그 사람들의 입을 빌려 나가시노의 전투 이야기를 한다. 망루에 올라가서 전투를 구경하고 있을 때, 유탄에 맞아 왼쪽 눈을 실명하고 그리고 나서 또 왼발도 총에 맞았기 때문에 오토라기쓰네에 홀린 사람들은 모두가 왼쪽 눈에서 눈곱을 흘리고 왼발의 아픔을 호소한다고 한다.[11]

이 외에도 "처녀가 '콩콩'이라고 말하면서 높은 데서 뛰어 내렸지만 하나도 다치지 않았다.(사이타마현 지치부군, 1966년)", "여우에 홀린 아가씨가 있었는데 노파가 나타나 주문을 외웠더니 여우는 사라졌다. 또 다른 날에 밤에 여우에게 속아 길을 잃어 버렸는데 아무리 시간이 흘러도 귀로를 찾을 수가 없었다. 겨우 찾아냈더니 발은 진흙 투성이였다. (오사카부 히가시오사카시, 1997년)" 등, 여우에 홀렸다 또는 속았다는 비슷한 이야기는 일본 전국에서 들을 수 있다.[12]

인간 몸 속에 들어간 여우를 퇴치하는 '쓰키모노 오토시(憑き物落とし)'에는 음양사(陰陽師)나 밀교 승려 등의 행자, 기도사(祈禱師) 등이 있는데, 솔잎을 피우거나 여우가 무서워하는 개에게 전신을 핥게 하거나 해서 여우를 퇴치하고 있다. 또 불 위를 걷는 방법, 뜨거운 물을 끼얹는 방법, 인형을 바늘로 찌르는 방법 등이 있다.[13]

원래 '쓰키(憑き;내림)' 자체는 옛날에는 신불의 사자인 동물(여우, 뱀, 너구리, 원숭이, 개 등)의 영혼이 강림해서 신의 말을 듣는 신탁의 형태로 경건한 신앙이었다. 그것이 불교의 가르침이 전파되면서 점점 신탁

변신의 귀재 여우 기쓰네(狐) ― 서윤순

---

11) 국제일본문화센타(http://www.nichibun.ac.jp/)' 怪異 · 妖怪 데이터베이스 '오토라기쓰네'에서
12) 여기서 인용한 두 개는 앞에서 나온 怪異 · 妖怪 데이터베이스 '기쓰네쓰키'에서
13) 여기서 인용한 내용은 앞에서 나온 怪異 · 妖怪 데이터베이스 '기쓰네쓰키'에서

으로서의 내실이 희박해지고 나중에는 주술과 결부되어 사종(邪宗)이라는 인상이 강해져 버렸다. 게다가 근대의학에서는 정신박약자나 암시에 걸리기 쉬운 여성들 사이에 많이 볼 수 있는 발작성 및 히스테리성 정신병으로 진단되고 있어 여우의 혼이 인간에게 빙의된다는 현상을 부정하고 있는 입장이다.

기쓰네비(狐火)란 한밤중에 정체를 알 수 없는 불빛이 둥둥 떠다니거나 다가오는 것을 말하는데 여우의 입에서 나오는 불이라고 한다.

후자의 '인간을 속인다'는 것은 앞에서 말한 바와 같이 중국의 도가서(道家書)에서 기인한다고 할 수 있다. 그 책으로부터 파생된 이야기는 수없이 많다. 그 대표적인 것으로 '기쓰네비(狐火)'와 '기쓰네노 요메이리(狐の嫁入り)'를 들 수가 있다. '기쓰네비'란 도깨비불이나 인화(燐火)같이 어두운 밤에 산야(山野)에 보이는 괴상한 불을 뜻하며, 여우 입에서 나오는 불이라는 속설 때문에 그렇게 부르고 또는 '기쓰네노 조친(狐の提灯 ; 여우 초롱)'이라고도 한다. 그리고 '기쓰네노 요메이리'는 초롱불 행렬같이 '기쓰네비'가 많이 줄지어 늘어선 모양을 말하고, 또한 여우비처럼 날씨가 좋을 때 오는 비도 그렇게 부른다.

이러한 괴기현상을 봤다고 증언하는 사람은 옛날부터 많이 있으며, 특히 좋은 날씨에 비가 올 때는 지금도 '기쓰네노 요메이리'라고 흔히 말해지고 있다.

그 밖에도 사람을 속여서 말똥(馬糞)을 밥으로, 소뼈(牛骨)를 반찬으로 보이게 하거나, 여자로 변신해서 남자의 정기를 빼앗거나 하는 등, 어쨌든 인간에게 환상(幻想)・괴이(怪異)를 보이게 한다는 점에서 일치하고 있다. 고마쓰(2000)는 다음과 같이 말하고 있다.

'요괴'란, 세상에서 발생하는 모든 현상·사물을 이해하고 그것을 규정지으려고 하는 사람들의 설명 체계 앞에 그 체계를 가지고도 충분히 설명할 수 없는 현상이나 사물이 나타났을 때, 그러한 이해하기 어려운 것들, 또는 뭐라고 규정지을 수 없는 것들을 우선 지시하기 위해서 이용하는 말이다.[14]

그가 말하는 '요괴'는 여기서는 여우라고 할 수가 있다. 즉, 여우에 홀리는 것도 여우가 사람을 속이는 것도, 인간의 지혜로는 해명할 수 없는 기괴한 현상이다. 이러한 여우를 요괴성이 있는 여우라고 볼 수 있다.

2. 신의 모습을 지닌 여우

여우라고 하면 대부분의 일본 사람은 '오이나리산(お稲荷さん)'을 떠올릴 것이다. '오이나리산'이란 이나리 신사[15]를 뜻하며, 전국에 약 삼만 여 곳이 넘게 산재하는 일본의 대표적인 신사이다. 일본의 신사에는 예를 들어 이세 신궁(伊勢神宮)의 닭[16], 가스가 대사(春日大社)의 사슴[17], 히요시

이나리 신사의 백호(白狐)

본전을 지키는 여우

---

14) 고마쓰 앞의책, p.188
15) 일본 전국의 총본 신사는 교토 후시미 이나리 다이샤(京都伏見稲荷大社)이며, 711년에 하타(秦) 가문에 의해서 창건되었다. 『山城國風土記』에 의하면 하타노 이로구(秦伊侶具)라는 큰 부자가 떡을 표적으로 활을 쐈더니 떡이 하얀 새가 되고 날아가 앉은 산봉우리에 이네(稲 : 벼)가 나서 신으로 귀하게 여기게 되고 이네나리(伊祢奈利)에서 이나리가 신사의 명칭이 되었다.
16) 닭의 울음소리는 일출, 즉 어둠의 끝을 알려 주기 때문에 닭이 악령이나 불행을 내쫓는다고 한다.

대사(日吉大社)의 원숭이[18], 하치만 신사(八幡宮)의 비둘기[19]처럼 각각 고유의 동물을 신불의 사자(使者)로서 귀히 여기고 있다. 그러나 이나리 신사의 여우는 단순한 신사(神使)가 아닌 권속(眷屬)이라고 하여 신의 일

여우 모양의 그림액자(繪馬)

족과 같은 자격이 주어지고 있다. 게다가 격식도 '정일위(正一位)' 라고 하여 신의 계급 중에서도 최고 위치에 속한다.

이나리 신사와 여우가 이러한 밀접한 관계를 가지게 된 유래에 대해서는 몇 가지 설이 있다. 가장 유력한 설은 이나리 신사의 신이 '음식의 신', 즉 '미케쓰카미(御饌神)' 라고 하며 그 '미케쓰' 가 어느새 '오케쓰네(御狐)', '미케쓰네(三狐)' 로 변했다고 한다.[20]

그러나 이나리 신사뿐만 아니라 여우를 신으로 모시는 일은 원래부터 있었다. 앞에서 여우는 '음식·곡식·산의 신' 이고 일본의 복신(福神)으로서 서민의 신이었다고 했다. 옛날부터 여우는 마을 근처에 나타나서 인간들에게는 친근감 있는 동물이었다. 전원이나 논밭, 마을 등에서 여우의 모습을 보거나 울음소리를 들은 사람들은 무언가 신령과 같은 존재를 느끼고 여우를 산에 있는 신령의 '사키가케(先驅け; 신령의 선두에 서서 안내나 예고를 하는 종자)' 로 본 것 같다. 고귀한 신은 인간들이 쉽게 접할

---

17) 가스가 대사의 신은 조리쿠(常陸)의 구니가시마 신궁(國鹿島神宮)에서 하얀 사슴을 타고 날아 온 다케노 미카즈키노 미코토(武甕槌命)라고 하는 신이다. 나라(奈良)시에 있는 사슴은 그 신이 타고 온 사슴의 자손이라고 하는 전설에서.

18) 이 神猿을 '마사루' 라고 부르며 마귀가 사라지다(魔が去る), 무엇보다도 우수하다(何よりも勝る)라고 길조로 생각했다.

19) 규슈 우사야와타(宇佐八幡)에서 온 승려가 하치만 신사(八幡宮)를 권청(勸請)하고 돌아가는 길에 하얀 비둘기가 길을 안내하려 따라 왔다. 승려는 "이것은 大安寺八幡宮을 지키기 위해 와 줬다"고 그 비둘기를 귀하게 키웠다.

20) 후시미 이나리 다이샤(伏見稲荷大社) 공식 홈페이지에서

일본의 요괴문화 그 생성원리와 문화산업적 기능

수 없으며, 또한 쉽게 모습을 보이지도 않는다. 따라서 이 신의 사자인 여우를 통하지 않으면 신령을 접할 수 없다고 생각해서 여우를 귀하게 모시게 되었다.

오른손 손짓으로 사람을 부르는 마네키 네코

이 이나리 신앙과 관련해서 일본에서 '마네키 네코(招き猫)'라는 것이 있다. 뒷발로 앉아서 오른쪽 앞발로 사람을 부르는 시늉을 하는 고양이 꼴의 장식물인데 손님이 많이 들어오기를 비는 뜻에서 가게 앞이나 계산대 같은 데에 두기도 한다. 그런데 이 '마네키 네코'가 원래 고양이가 아니고 여우였다고 한다. 이나리신은 사업을 번창시켜 주는 신으로도 알려져 있고 실제 여우 모양의 '마네키 기쓰네(招き狐)'가 일본 각지에 있다. 옛날에 사업이 잘 되기를 바라면서 여우 모양의 인형을 가게 앞에 두는 것이 유행했다. 그러나 서민이 신성(神聖)한 여우의 인형을 만드는 일을 정부가 금지했기 때문에 경영위기에 빠진 인형업자가 생각해 낸 것이 고양이였고 이후 그 고양이 꼴의 인형이 정착되었다고 한다.

이상으로, 요괴와 신이라는 이중적인 여우의 모습을 살펴보았다. 그러나, 이 쌍방의 차이는 도대체 무엇일까? 고마쓰(2002)는 "신이란 인간이 존경해서 모시는 초월적인 존재이며, 요괴란 누구도 모시지 않는 초월적인 존재"[21]라고 명확하게 구별하고 있다. 그리고 "마이너스(−)적인 가치를 가진 초자연적 존재, 즉 '요괴'는 모시는 것을 통해 제로(0)적인 가치를 가진 '영적 존재'로, 나아가서는 플러스(+)적인 가치를 가진 '신'으로 전환한다"[22]고 말하고 있다.

이 논리에 여우를 적용시켜 보면 인간 몸속에 들어가거나, 수많은 괴이현상을 가지고 인간을 속이는 '요괴'로서의 여우를 인간이 무서워해서 기

21) 고마쓰 앞의 책 p.42
22) 고마쓰 앞의 책 p.194

도나 공물을 통해서 모시는 것으로 그 괴이 현상이 줄어들고, 결국은 인간에게 이익이나 행복을 가져다주는 '신'으로서의 여우로 바뀌게 되는 것이다. 결국은 인간이 여우를 어떻게 생각하고 대응하느냐에 따라서 여우가 인간 앞에 나타나는 모습도 달라진다고 할 수가 있다.

Ⅳ. 전통문화 속의 여우

1. 문학에 나타난 여우

앞에서 여우가 '기쓰네'라고 불리게 된 유래를 설명하는 부분이 있었는데 그러한 여우가 미녀로 둔갑했다가 개에게 쫓겨 정체를 드러냈다는 이야기는 시대가 흐름에 따라 그 둔갑방법, 호리는 방법도 교묘해진다. 『곤자쿠 모노가타리(今昔物語)』[23]에서는 교토의 닌나지(仁和寺) 동쪽의 고요가와(高陽川)라는 곳에 여우가 있었는데, 저녁 무렵에 말을 탄 사람이 지나갈 때마다 동자의 모습으로 둔갑하여 말에 태워달라고 했다. 그 동자가 여우라는 것을 알아차리지 못한 채 태워주면 조금 가다가 말에서 뛰어내려 여우의 모습으로 돌아가 울면서 그 모습을 감췄다고 한다.

『안갸 가이단 부쿠로(行脚怪談袋)』에는 옛날에 어떤 승려가 자기 경단을 먹으려는 여우를 막대기로 쳐서 쫓아버렸더니, 그 다음날 여우가 다이묘(大名) 행렬로 둔갑하여 그 승려를 괴롭혀 복수를 했다는 이야기가 있다.[24]

그리고 『다이헤이 햐쿠모노가타리(太平百物語)』[25]에는 교토 후시미(伏見)의 곡물 도매상에 나타난 여우에 관한 이야기가 있다. 어느 날 그 가게

---

23) 일본 최대의 고대 설화집. 12세기 전반에 성립된 것으로 생각된다. 편자는 미상. 전 31권. 각 설화가 「이마와 무카시(今は昔 : 지금 보면 옛날 이야기)」로 시작하기 때문에 『곤쟈쿠 모노가타리슈(今昔物語集)』라고 하고 줄여서 『곤쟈쿠 모노가타리』라고 한다.

24) 이와이 히로미 『日本の 妖怪百科 3, 마을의 妖怪』 河出書房新社. pp.8~9. 2000

25) 무로마치(室町) 시대에 시작하여, 에도(江戶) 시대에는 특히 무사들 사이에서 유행했던, 담력을 시험하는 괴담 모임의 설화를 수집한 책. 햐쿠 모노가타리는 괴담 모임의 한 형식이며 밤에 사람들이 모여서 백 개의 괴담을 차례로 이야기하는데 이야기가 끝날 때마다 촛불을 하나씩 끄고 마지막 하나를 껐을 때 요괴가 나타난다고 하는 일종의 놀이.

일본의 요괴문화 그 생성원리와 문화산업적 기능

에 한 여인이 찾아와 나무통을 맡기고 갔다. 그 나무통 안에서 오사카 사나다야마(眞田山)의 여우라고 신분을 밝히는 요괴가 나타나 그 집 사람이 늘 자신의 거처에 소변을 봐 더럽힌다고 불만을 호소했다. 그래서 주인은 그 요괴에게 사과하고 3일 동안 찰팥밥과 유부를 여우의 거처에 바치고 용서를 빌었다고 한다.

위와 같이 여우는 반드시 여자로만 둔갑하는 것이 아니라, 인간은 물론, 달이나 해, 요괴, 돌, 나무, 전신주, 말, 고양이, 집, 기차, 그 외에도 눈이나 비와 같은 자연현상 등, 둔갑의 형태도 다양하다.

2. 교겐(狂言)에 나타난 여우

교겐(狂言)은 일본 전통연극의 하나이며 노(能)와 함께 가마쿠라(鎌倉)·무로마치(室町) 시대에 주요한 예능으로 발전한 최고(最古)의 대사극이다. 음악(노래)과 무용이 주요소인 노와는 대조적으로 교겐은 웃음(골계)을 주요한 요소로 하면서 모순·풍자·과장 등을 중심으로 한 희극이다. 현재 공연되는 교겐은 약 250개가 있는데 그 중에서 여우가 나오는 것은 두 개가 있다. 하나는 『쓰리기쓰네(釣狐)』이고 또 하나는 『기쓰네토우추진(狐と宇宙人)』이다. 『쓰리기쓰네』는 여우가 주인공으로 나오는 유

「釣狐」の狐

일본 전통 희극인 교겐의 레퍼토리인 「쓰리기쓰네」에서 여우가 사람으로 변신하려는 모습

명한 교겐이다. 사냥꾼의 덫에 일가가 모두 죽어 버린 늙은 여우가 사냥꾼의 큰아버지인 스님으로 변신하여 여우를 더 이상 죽이지 말라고 설득하러 사냥꾼을 찾아간다. 스님(실은 여우)의 말을 듣고 사냥꾼은 그렇게 하겠다고 약속하고 덫을 바깥에 내다버린다. 스님이 된 여우는 성공했다고 생각하고 돌아오는 길에 사냥꾼이 버린 덫에 남아 있는 미끼를 보고 여우의 모습으로 돌아와 미끼를 물어버렸더니 순간 덫에 걸리지만 필

사적으로 빠져나와 도망친다. 대체적으로 여우가 우습게 표현되지만 마지막에 자신의 욕심 탓에 덫에 걸려들게 되는 것은 한편으로 인간의 욕심을 비유하고 있다고 볼 수 있다.

『기쓰네토 우추진』은 신작 교겐이며, 지구에서 인간들이 자연을 파괴하는 것을 본 여우가 신통력을 발휘해서 연못을 자동차로 보이게 하여 인간들을 연못에 빠뜨리려고 한다. 마침 인간으로 변신해 지구 정복을 노리는 우주인 B가 지나가다가 엉뚱하게도 걸려들어 연못에 빠진다. 금물인 물이 몸에 닿자 우주인은 지구는 위험한 별이라고 자신의 별에 연락하면서 녹아 죽어 버린다. 여기서는 우주인이 멍청하고 바보처럼 나오고, 오히려 여우는 교겐이라는 골계성이 있는 연극에도 불구하고 인간을 속이는 교활한 존재로 나타난다.

교겐의 수업과정을 설명하는 것에 "원숭이로 시작하고 여우로 끝난다(猿に始まり狐に終わる)"라는 말이 있다. 이것은 원숭이 역으로 첫 무대를 밟은 교겐 배우가 여우 역을 연기함으로써 처음으로 한 사람의 훌륭한 배우가 된다는 의미이다. 그 정도로 여우 역은 기술적으로도 정신적으로도 어렵다는 뜻인데, 이것은 여우가 변신하는 것과 관련이 있는 것이 아닐까 생각된다. 교겐 배우가 다년간의 배우 생활의 집대성으로 여우를 연기한다는 것은, 여우가 변신해서 무엇이든 될 수 있는 것처럼, 이제 어떤 역도 다 할 수 있다는 것을 나타내는 것 같다. 여우는 변신의 달인이고 그 여우를 연기하는 배우는 연기의 달인이 되는 것을 의미하기 때문이다. 교겐에서의 최종적인 목표가 인간이 아닌 동물인 여우며, 인간이 여우가 되려고 열심히 노력하는 것은 매우 흥미로운 일이라고 할 수 있다.

3. 다도(茶道)에 나타난 여우

교토에 있는 천황 거처의 정북에 광대한 부지를 차지한 쇼코쿠지(相國寺)가 있다. 아시카가 요시미쓰(足利義滿)가 창건한 유명한 절로 중요문화재인 경내 법당 동쪽에 선종(禪宗)의 절에서는 보기 힘든 '오이나리산'이 있다. '소탄 이나리(宗旦稲荷)'라고 불리는 이 호칭은 일본 다도 유파

교토 시내에 있는 소탄이나리 신사

의 명문가문인 천씨가문(千家)을 재흥시킨 센노 소탄(千宗旦)이라는 사람의 이름에서 유래되었다. 이 사람의 이름을 딴 이나리 신사가 쇼코쿠지에는 소탄 이나리(宗旦稲荷)라는 전설이 있다.

　쇼코쿠지 경내에 한 마리의 백호(白狐)가 살고 있었다. 늘 중으로 변신해 승당에서 수행을 쌓고, 또 한편으로는 절 앞에 있던 상가(商家)에 드나들며 신통력으로 상기(商機)를 예언했었다. 바둑을 좋아해서 이웃 사람들 집에 인간으로 변신하여 바둑을 하러 가기도 하고, 절에서 행하는 다회(茶會)에서는 종종 소탄으로 변해 사람들에게 훌륭한 솜씨를 보여줬다. 그러한 일이 빈번히 일어나자 소탄의 제자들에게 붙잡혀 혼이 났다고 한다. 그 후, 죽을 때를 예감한 여우가 이별의 다회를 열었고, 그 다음 날, 그곳엔 종에 맞아 죽은 여우가 쓰러져 있었다. 이 여우를 불쌍히 여긴 사람들이 소탄 이나리를 만들었다고 한다.[26]

　이 일화가 사실인지 아닌지는 제쳐놓고, 이 여우가 매우 애교가 있고 인간처럼 풍류(風流)를 즐기는 여우였다는 것을 알 수가 있다. 동시에 앞에서 나온 여우와는 또 다른 여우의 모습을 발견할 수 있다.

V. 일본인 생활 속의 여우

1. 기쓰네 우동
　'기쓰네 우동(유부우동)'은 메이지(明治) 시대에 오사카에 있는 '마쓰바야(松葉家)'라는 우동 가게로부터 시작된 것이라고 한다. 유부는 여우

---

26) 고마쓰 가즈히코『京都魔界案内』知恵の森文庫 pp.64~66. 2000

가 좋아하는 음식이라는 인식으로 인해 달짝지근하게 조린 유부와 다진 파를 넣은 우동을 '기쓰네 우동'이라고 부르게 되었다. 그리고 지역에 따라서는 '이나리 우동'이나 '시노다 우동'이라고 부르기도 하는데, 모두 여우와 관계된 명칭이다.

이와 관련해서 '다누키(너구리) 우동'이라는 것도 있는데, '다누키 우동'은 에도 시대 말에 에도에서 시작되었다고 한다. 튀김의 '다네(種 ; 속, 내용물)'를 뺐다는 뜻의 '다네누키(種抜き)'가 '다누키'가 되었다고 하는 설과, 튀김옷을 부풀린 튀김을 얹는데, 그 튀김이 전체 크기에 비해 내용물이 아주 작아 '속았다'고 해서 '다누키'라는 이름이 붙여졌다고 하는 설이 있다. 더 흥미로운 것은 지방에 따라서 소바(메밀 국수)와 우동의 차이를 가지고도 '기쓰네' 또는 '다누키'라고 다르게 부른다. 게다가 같은 간사이(關西)지방에 속하는 교토와 오사카 간에서도 차이가 있다. 정리하면 다음과 같다.

		'기쓰네'와 '다누키'의 차이	
지방	종류	기쓰네	다누키
간토 (關東)	일반적으로	달짝지근하게 조린 네모난 유부가 들어간 우동 또는 소바	튀김 부스러기(あげ玉)와 다진 파가 들어간 우동 또는 소바
간사이 (關西)	일반적으로 (오사카)	달짝지근하게 조린 네모난 유부가 들어간 우동	달짝지근하게 조린 네모난 유부가 들어간 소바
	교토	조리지 않고 얇게 썬 유부가 들어간 우동 또는 소바	걸쭉한 국물에 조리지 않고 얇게 썬 유부가 들어간 우동 또는 소바

간토에서는 유부와 튀김 부스러기(あげ玉)를 가지고 '기쓰네'와 '다누키'의 차이가 나고, 오사카를 포함한 간사이에서는 우동과 소바로 구별하고 있다. 가장 특징적인 것은 교토이다. 우동, 소바의 구분없이 둘 다 똑같이 유부가 들어가긴 하지만, 간토나 오사카와 달리 조리지 않고 얇게 썬 유부이며, 보통 국물로 만든 것이 '기쓰네'고 걸쭉한 국물로 만든 것이 '다누키'가 된다. 다른 데에 비해 왜 그런 복잡한 차이가 있는지 이유

인스턴트식품으로도 인기 있는 기쓰네 우동과 다누키 소바

는 분명하지 않지만, 일본의 우동가게에 가서 주문을 할 때는 잘 생각해서 주문해야 할 것 같다.

2. 동화 『곤기쓰네(ごんぎつね)』

일본인이라면 누구나 『곤기쓰네(ごんぎつね)』를 읽어 본 적이 있을 것이다.

이 동화는 니이미 난키치(新美南吉)[27]라는 동화작가가 쓴 것으로 1956년에 한 출판사가 처음으로 초등학교 4학년 국어교과서에 채용했다. 그 후, 채용하는 출판사가 해마다 늘어 1980년에는 모든 교과서에 실리게 되었다. 초등학교 국어시간의 제재(題材)로서 많은 시간을 할애해서 이 작품을 연구하고, 초등학생들이 직접 구연하거나 연극으로 연기해

일본의 대표적인 전래동화집 「곤기쓰네」

변신의 귀재 여우 기쓰네(狐) | 서윤순

27) 동화작가. 1913~1943. 아이치(愛知)현 출생. 본명은 쇼하지(正八). 도쿄 외국어학교 졸업. 스즈키 미에키치(鈴木三重吉) 주재의 『빨간 새(赤い鳥)』에 동화와 동요를 발표. 1942년에 동화집 『할아버지의 램프(おじいちゃんのランプ)』로 인정받았다. 생활에 밀착한 유머 있는 작품으로 장래가 기대되었지만 다음 해 29살이라는 젊은 나이로 사망.

보기도 하고 그림으로 그리기도 한다고 한다. 인터넷에 들어가면 학교마다 이 동화를 연구한 방법이나 그 장면 등을 소개하는 사이트를 많이 찾아볼 수가 있다.

내용은 어느 날, 병에 걸린 어머니와 가난하게 사는 헤이주(兵十)가 장어를 잡았는데, 여우 '곤(ごん)'이 장난을 쳐서 그 장어를 놓치고 말았다. 그 후, 어머니는 죽어 버린다. 곤은 어머니가 장어를 못 먹어서 죽은 것으로 알고 매우 미안하게 생각하는 것과 동시에 자신처럼 혼자가 되어버린 헤이주한테 친근감을 느낀다. 부족하지만 미안한 뜻을 나타내기 위해 곤은 매일 헤이주의 집에 밤이나 버섯과 같은 것들을 몰래 갖다 준다. 그러던 어느 날, 자기 집에 들어가는 여우를 발견한 헤이주는 총으로 곤을 죽여, 그때 처음으로 매일 먹을 것을 갖다 주는 이가 여우인 것을 알게 된다.

니이미는 많은 동화를 썼으며, 그중에서 여우가 나오는 동화는 11편이나 있다고 한다. 『장갑을 사러(手袋を買いに)』와 『여우(狐)』도 여우가 나오는 유명한 작품이다. 그는 그의 작품에 동물을 많이 등장시켰는데, 동물원에 가지 않으면 못보는 동물보다 주변에서 쉽게 볼 수 있는 동물을 즐겨 그렸다고 한다. 특히 여우가 가진 신비적인 이미지와 새끼 여우의 귀엽고 사랑스러운 면을 좋아한 것이 아닐까 생각된다.

이 동화가 일본인들에게 준 영향을 생각하면, 동화 자체가 그 대상이 어린이들이고 감수성 강한 어린 시기에 이러한 불쌍하고 사랑스러운 여우의 모습을 그린 동화를 접하게 되면 자연히 여우에 대한 이미지는 좋아질 수밖에 없다고 생각한다. 물론 여우가 사람을 속이거나 나쁜 짓을 하는 것도 알고 있으나 그것을 감소시키고 없앨 수 있을 정도의 영향력이 이 동화에는 있다고 생각된다.

3. 영화 『기타키쓰네 모노가타리(キタキツネ物語)』

일본에서 1978년에 극장 공개된 영화 중 『기타키쓰네 모노가타리(キタキツネ物語)』라는 영화가 있었다. 제목 그대로 일본 홋카이도(北海道)

일본의 요괴문화 그 생성원리와 문화산업적 기능

영화포스터 기타기쓰네 이야기

에 서식하는 '기타키쓰네'라는 여우에 관한 이 영화는 일본에서 처음으로 동물을 주역으로 한 영화로서 주목을 받아 공전의 대히트를 쳤다.

성엣장을 타고 홋카이도에 건너온 기타키쓰네, 렛프는 극한의 땅에서 보금자리를 지키며 새끼들을 키운다. 머지않아 오는 새끼와의 이별, 그리고 독립한 새끼들의 그 후의 운명을 심도 있게 그린 다큐멘터리이다. 영화는 여우 일가의 모습을 한 그루의 떡갈나무가 이야기하는 방식으로 진행된다. 가혹한 자연환경 속에서 선천적으로 장애를 가진 새끼, 몸이 약한 새끼, 먹이를 잡을 수 없는 새끼, 인간의 덫에 걸린 새끼들이 죽고, 그리고 어미까지도 덫에 걸려 잇따라 죽어버린다는 내용이다. 귀여운 여우의 새끼들은 카메라 앞에서 잇따라 죽음을 당하며 종반에 접어들면 스노모빌로 여우사냥을 하는 집단한테 뒤쫓기는 장면조차 등장한다. 자연의 가혹함과 웅대함은 물론이지만 인간은 철저하게 잔인한 악역으로 나온다. 피투성이로 죽어가는 여우의 모습에 어린 아이를 포함한 많은 일본인들이 눈물을 흘리고 안타까워 했다.

이 영화가 제작된 시기와 거의 비슷한 시기에 NHK가 기타키쓰네의 생태를 취재한『지론눗프(아이누 말로「어디서든 있는 동물」이라는 뜻)』를 방영한 것도 이 영화의 히트를 뒷받침했다. 이 영화 덕분에 일본영화계에서는 한동안 동물들을 주제로 한 영화가 계속해서 제작되었다. 개(『남극이야기(南極物語)』), 코끼리(『코끼리 이야기(象物語)』), 고양이(『고양이이야기(子猫物語)』) 등이 주인공으로 나오는 영화는 서로 막상막하의 경

변신의 귀재 여우 기쓰네(狐) | 서윤순

쟁 속에서 히트했다.

　이들 다큐멘터리 영화에 공통된 것은 영화에 나오는 동물들은 다 사랑해야만 하는 귀엽고 불쌍한 존재로 그려졌다는 것이다. 아무리 동물을 싫어해도 영화를 보게 되면 저절로 그 동물을 사랑하게 되는 것이다. 그 선두에 나선 것이 『기타키쓰네 모노가타리』이고 그 영향은 지금도 남아 있다고 할 수 있다. 영화가 개봉된 지 거의 30년 가까이 되지만 아직도 이메일 주소나 동호회 이름, 펜네임, 가게 이름 등에 '기타키쓰네'를 사용하는 일본인이 많다. 즉, 여우가 잔인하고 무섭다기보다는 애완동물처럼 가까이에 두고 싶은 존재로 받아들이고 있는 것을 알 수가 있다.

일본의 요괴문화 그 생성원리와 문화산업적 기능

4. 여우로 변신하는 축제

　니가타현(新潟縣) 쓰가와초(津川町)와 기후현(岐阜縣) 후루카와초(古川町)에서는 매년 여우로 변장하는 축제가 개최되고 있다. 마을을 부흥시키기 위해서 시작된 이 축제는 쓰가와초에서는 1989년부터, 후루카와초에서는 1999년부터 시작되었다고 한다. 신문이나 텔레비전에서도 많이 소개되어 해마다 그 규모와 참가자, 관광객수도 증가하고 있다. 축제의

메인은 '기쓰네노 요메이리(狐の嫁入り) 행렬'이며 그 행렬에 여우 분장으로 출연하기 위해 많은 사람들이 응모한다고 한다. 특히 여우 신랑과 여우 신부는 경쟁률이 높고

'기쓰네노 요메이리 행렬'의 신랑 여우와 신부 여우

여우 분장하는 외국인

분장한 아나운서

여우가 된 아이들

매년 선발된 사람은 동경의 시선을 받게 된다고 한다.

　무엇보다도 재미있는 것은, 쓰가와초에서는 이 축제를 할 때, 온 마을 사람들이 여우로 변장한다고 한다. 아이들도, 경찰관도, 사회 보는 아나운서도, 고속도로 요금소 아저씨도, 모두가 여우 분장을 해서 여우가 된 것을 정말로 즐기고 있다. 이때는 인간이 아니라 여우로 있는 것이 정상이라고 느끼게 될 정도이다.

　행렬에 참가하는 사람도, 그것을 보러 온 관광객들도, 이 축제에 참가하는 모든 사람들이 '여우'를 마음껏 즐기고 여우를 통해 융합할 때, 여우는 이미 요괴도 신도 아니고 인간과 같은 존재로서 받아들여지고 있다. 그것은 바로 여우가 인간에게 있어서 없어서는 안 되는 끊을래야 끊을 수 없는 존재가 된 것을 여기서 확인할 수 있다.

Ⅵ. 끊으려 해도 끊을 수 없는 인간과 여우의 관계

　이상과 같이 인간이 여우를 어떻게 받아들이고 있는지 그리고 인간과 여우가 어떠한 관계에 있는지에 대하여 살펴봤다. 결국 그 열쇠를 쥐고 있는 쪽은 인간이라는 것을 알게 되었다. 즉, 인간 대 여우의 관계를 명확하게 하려면 인간이 여우를 어떻게 취급·상대하느냐가 가장 중요하다.

정리하면 다음 그림과 같이 된다.

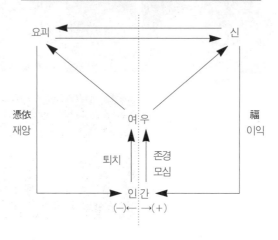

〈 인간과 여우의 관계를 나타내는 순회도 〉

요괴 ←———————————— 신

憑依
재앙

여우

福
이익

퇴치 존경
모심

인간

(−)← →(+)

일본의 요괴문화 그 생성원리와 문화산업적 기능

　인간이 여우를 존경하고 기도하면서 잘 모시면 신이 되고, 신이 된 여우가 건강과 부(富) 등의 이익을 가져다준다. 반대로 퇴치하려거나 원망하면 여우는 요괴가 되어버리고 그 되갚음으로써 인간에게 내려와 재앙을 가져온다. 또한 요괴와 신의 사이에서도 모시는 일을 게을리 하면 신이 요괴가 되어버리고, 반대로 정성껏 모시면 요괴가 신이 될 수도 있다. 그리고 이러한 인간과 여우의 관계는 화살표에 따라서 반영구적으로 순회하게 된다고 말할 수 있다.

　일본인은 속으로 여우를 무서워하면서도 여우가 가진 신비적이고 괴이한 재주에 마음을 사로잡히고 있다. 여우는 열심히 인간으로 변신하려고 하고 인간은 열심히 여우가 되려고 하는 것이 매우 흥미롭다. 때로는 인간을 속이고 죽이기까지 하고, 때로는 간병도 하고 복을 가져다주는 여우, 어느 것이 본 모습이냐고 고민할 필요는 없고, 여기에 나온 일본인들처럼 마음이 가는대로 여우를 느끼고 즐기는 것이 '기쓰네'를 이해하는 데 가장 도움이 되지 않을까 생각한다.

〈참고 문헌〉

荒俣宏・小松和彦『妖怪草紙』學研研究社 2001

石川弘義 他『大衆文化事典』弘文堂 1991

岩井宏實『日本の妖怪百科 3 里の妖怪』河出書房出版社 2000

大林太良・吉田敦彦『日本神話事典』大和書房 1997

小松和彦『NHK人間大學 日本人と異界』NHK 1993

小松和彦『神隱し―異界からのいざない』弘文堂 1991

小松和彦『京都魔界案內』知恵の森文庫 2002

小松和彦『日本妖怪異聞錄』小學館 1995

小松和彦『妖怪學新考 妖怪からみる日本人の心』小學館 2000

宮本袈裟雄『庶民信仰と現世利益』東京堂出版 2003

변신의 귀재 여우 기쓰네(狐) ― 서윤순

일본의 요괴문화 그 생성원리와 문화산업적 기능

요괴의 실상과 허상

에도시대의 미인 유령화

이미림

에도시대의 미인 유령화

이미림

일본의 요괴문화 그 생성원리와 문화산업적 기능

I. 들어가며

일본의 시각문화가 지닌 특성 가운데, 문화유산을 계승하는 방법의 하나로서 '형(혹은 형태)' 그 자체의 계승·발전이 자주 거론되곤 한다. 물론 그 전형은 전통예술분야라고 할 수 있지만, 회화분야에서도 예외는 아니다. 단적으로 근세 에도시대(1603~1867)의 회화사만 보더라도 '형'을 새로이 창출해 내는 화가와 이를 계승하는 화가, 그리고 그 '형'의 틀을 깨고 새로운 양식을 만들어 내는 역할을 담당했던 화가들에 의한 역할 분담이 이루어졌다. 일본 회화사는 이러한 끊임없는 과정을 통해 '형'이 재생산되었다고 볼 수 있다. 이러한 예는 18세기 후반 교토화단(京都畵壇)[1]에서 중심적인 역할을 한 마루야마 시죠파(圓山 四條派)의 창시자인 마루야마 오쿄(圓山應擧)와 그 주변화가, 즉 나가사와 로세츠(長澤蘆雪)와 소가 쇼하쿠(曾我蕭白) 등의 회화작품에서도 엿볼 수 있다.

오쿄는 사생(寫生)이라는 시각에 충실한 현실적 합리주의 인식의 연장

---

1) 18세기 후반의 교토화단은 다사제제(多士濟濟), 백화능란(百花綾亂)의 시대였다. 마루야마오쿄(1733~1795), 이토쟈쿠(伊藤若中 ; 1716~1783), 요사부손(与謝蕪村 ; 1716~1783), 이케노 타이가(池大雅 ; 1723~1776), 소가쇼하쿠(1730~1781), 고슌(吳春 ; 1782~1811) 등 개성적인 화가들이 대거 배출 되었고, 게다가 기시하(岸派)의 창시자인 간구(岸駒 ; 1756~1838), 하라하(原派)의 창시자 자이츄(在中 ; 1750~1837)도 이 시기에 활동하였다.

선상에서 그리려는 대상을 표현하는 한편, 로세츠와 쇼하쿠는 그 대상을 극도로 변형시키거나 과장하여 개성적으로 표현하였다. 이러한 두 가지 측면에서 볼 때, 일괄적으로 교토화단이라고 해도 이색적인 궤적(軌跡)을 남기게 된 원인이 양측 모두에 내포되어 있다.

본고에서는 교토화단이 제작한 회화 작품 중에서, 특히 미인화의 한 유형으로 나타난 유령화(幽靈圖)[2]를 중심으로 일본 시각문화 계승방법의 전형적인 일례를 고찰해 보고자 한다. 특히, 마루야마 오쿄의 정공법(正攻法)적인 사생주의 및 장식주의와 맞물리면서 그 위에 기교(奇矯)가 가미된 로세츠와 쇼하쿠의 탁월한 발상이나 과장 등도 아울러 조명해 보고자 한다.

Ⅱ. 마루야마 오쿄의 유령화

마루야마 시죠파의 창시자 마루야마 오쿄는 1733년 농사를 생업으로 하는 마루야마 사사에몬(丸山藤左衛問)의 둘째 아들로 태어났다. 그의 화가로서의 첫 발자욱은 쓰루자와 단쿄(鶴擇探鯨-狩野派의 한 계파)의 제자인 이시다 유테(石田幽汀 ; 1721~86)에게 입문하여 이루어졌다. 그후 그는 다른 화가들과 마찬가지로 가노파(狩野派)의 제작 패턴을 습득하는 일에 주력하게 된다. 즉 스승인 이시다 유테의 훈폰(粉本 ; 후일 연구나 제작할 때 참고로 하기 위해 스케치해 놓은 그림)이나 가노 단유(狩野探幽 ; 1602~74), 가노 쓰네노부(狩野常信 ; 1636~1713) 이후에 제작

---

2) 요괴화와 유령화의 구별에 대해 고마츠 가즈히코(小松和彦)씨는 요괴를 '이계(異界)' 즉 우리들이 생활하는 세계의 저편에서 살고 있는 제사지내지 않는 존재로서 유령을 요괴의 한 유형으로 지적하고 있다(『妖怪學新考-요괴를 통해 살펴본 일본인의 마음』, 小學館, 1994). 이에 대해 辻惟雄 씨도 1776년(安永 5) 도리야마세키엔(鳥山石燕 ; 1714~88)이 저술한 『畵圖百鬼夜行』의 구성 항목 중에 「유령」, 「생령」, 「주유령」 등이 포함되어 있기 때문에 고마츠씨의 견해를 타당하다고 보고 있다(「幽靈畵と妖怪畵-圓朝の幽靈畵コレクションをめぐって」, 『全生庵藏 · 三遊亭圓朝コレクション幽靈名畵集』, ぺりかん社, 1995). 본고에서는 요괴의 범주 안에 유령을 포함시키는 두 선학들의 의견을 따랐다. 특히, 근세 미인화 장르 안에서 형성된 『유령』 혹은 『귀비도(鬼美圖)』의 이미지를 중심으로 고찰해 보고자 한다.

된 훈본 등을 통해 전통적인 가노파의 화법이나 기법을 충실하게 연마하였다. 오쿄의 화가로서의 두 번째 단계는 중국의 원체화풍(院體畫風 - 중국궁정 화원에 소속되어 있는 화가가 그린 회화) 계열의 작품에 대한 경사(傾斜)를 들 수 있다.[3]

오쿄를 거론할 경우, 먼저 그의 작풍에 나타나는 사실성(事實性)을 문제시하지 않을 수 없다. 이는 같은 시기의 요미혼 작가(讀本作家)로서 유명한 우에다 아키나리(上田秋成 ; 1734~1809)의 『담대소심록(膽大小心錄)』에 잘 드러난다.

그림은 마루야마가 세상에 나와서 사생이라는 것이 유행하였고 교토의 그림이 모두 한결같았다. 이것은 가노파의 무리가 모두 그림이 서투르기 때문이라고 하는 등등

이는 당시 화단의 상황을 짐작케 하는 좋은 자료이기도 하다. 오쿄 자신도 사물의 사생에 의한 작품 제작을 중시하였다는 사실은 그의 잡기장 『만지(萬誌)』에 기록된 다음과 같은 서술로 짐작된다. 말하자면, 회화가 지닌 힘이란 사물의 외형을 완전히 사생함으로써 그 사물의 내면에 있는 정신이나 마음, 그리고 아름다움마저 보는 이에게 전할 수 있다고 기록하고 있다.[4]

다시 말해 오쿄가 이야기하고자 하는 것은 이전에 그린 그림이나 훈본을 그대로 옮겨 그리는 것이 아니라 실재의 대상을 직접 보고 자신의 사생력으로 사생, 제작해야 한다는 것이다. 이로써 오쿄는 무엇보다도 사생

일본의 요괴문화 그 생성원리와 문화산업적 기능

---

3) 중국 원체화풍으로 제작한 작품의 예로서는 오도현(吳道玄)의 백묘(白描) 인물화를 부흥시킨 사대부화가 이룡민(李龍民)의 그림을 오쿄가 제작 당시 참고로 하였음을 보여주는〈老松猛虎圖〉(右慣 李龍民圖畵之筆意. 洛陽廬士圖山主水寫之라는 款記가 있음) 와 혼보지(本法寺)에 소장되어 있는 錢舜擧의〈鷄頭圖〉,그리고 몸記의 작품 등이 있으며, 그 외에도 수많은 중국화를 끊임없이 모사, 연구하였다. 이는 應擧라는 그의 이름이 錢의 字인 舜擧에서 따온 것이라고 일컬어지고 있으며, 오쿄의 字중의 하나인 仲選도 錢選과 매우 유사함을 통해서 미루어 짐작할 수 있다.
4) "物象ヲ寫シ精神ヲ傳フ"와 "眞物ヲ臨寫シテ新圖ヲ編述スルニアラズンバ, 畵圖ト称スルニ足シヤ. 豪放磊落,氣韻生動ノゴトキハ, 寫形純熟ノ後自然ニ意會スベジ"

을 중시한 화가였음을 알 수 있다. 그러나 오쿄가 단지 사생에 의한 외형 (外形)의 재현에만 몰두한 것은 아니다. 오쿄는 눈으로 볼 수 없는 사물 즉, 상상의 동물인 용(도1)이나 신화 속의 인물(도2) 등까지도 화면에 담아내고 있다.

그것이 가공의 사물일지라도 사람들의 이미지로서 고착된 것이라면, 오쿄는 사람들의 마음 속에 있는 상(像) 그 자체를 화면에 옮겨내고 있는 것이다. 말하자면 현실에서는 볼 수 없는 것이지만 사람들의 마음 속에 담겨 있는 이미지를 사생했다고 볼 수 있다. 즉 대상의 '생(生)'을 묘사한다는 것은 붓으로 현실의 대상을 바르게 옮기는 '사(寫)'만이 아니라 '생' 안에 있는 다양한 요소, 예를 들면 물소리나 바람소리 그리고 꽃내음 등의 요소까지도 화면 안에 담아낼 수 있다는 의미의 '사'를 포함하고 있다. 만약 '사심(寫心)'이라 할 경

(도2) 오쿄 〈종규도〉

(도3) 오쿄 〈유령화〉

(도4) 토요하루
〈미타테반혼향도〉

우 여기서의 '사' 가 '마음을 기울이다', 혹은 '마음을 다하다' 라는 의미를 지니고 있다고 한다면, '사생' 도 '생' 이라는 자연을 '화면 안에 기울이다, 다하다' 라는 의미를 내포하고 있다는 해석도 가능하다. 이렇듯 넓은 의미의 '사생' 을 행하는 태도야말로 오쿄가 유령화를 그리게 된 직, 간접적인 계기가 되었던 것이다.

일본회화사에서 유령화를 거론할 경우 곧바로 오쿄가 연상될 정도이지만 확실하게 오쿄의 낙관이 있는 그림이나 또 그가 직접 그렸다는 현존 유령화는 그다지 많지 않다.[5] 또한 오쿄의 유령화에 대한 사료나 문헌도 충분하지 않아 연구에 적지 않은 장애가 되고 있다. 하지만, 19세기 초 안자이 운엔(安西雲煙)이 저술한 『근세명가서화담(近世名家書畵談)』(1844) 중에서 「오쿄가 사생의 묘를 터득한 것」이라는 항목에 "한 여인이 저녁 무렵에 오쿄의 유령화를 보고 기절한 일이 입으로 전해지고 있다"라는 내용이 보이는데, 이는 오쿄가 그렸던 유

---

5) 현존하는 오쿄의 유령화에 대해서는 久渡寺 소장본이 보관되어 있는 상자 뚜껑에 "返魂香之圖" "丸山主水筆의 유령화는 天下에 3폭 있다"라는 서술로 미루어 보아 久渡寺本은 처음 그린 것에 해당된다고 볼 수 있다. 이외에도 캘리포니아 대학 버클리분교 미술관에 소장되어 있는 유령화와 全生庵 유령화 소장품 중에도 久渡寺의 것과 거의 일치하는 유령화가 포함되어 있다. 이밖에도 1924년에 작성된 『야마다댁(山田家)입찰목록』에도 상기의 3폭과 거의 흡사한 구도로 제작된 작관인장이 첨가되어 있는 오쿄의 유령화가 포함되어 있다. 이로써 久渡寺本과 유사한 오쿄의 유령화는 전부 4폭이 존재한다.(츠지노부오(辻惟雄),「應擧の幽靈-圓山四條派 包含」, 『全生庵藏·三遊亭圓朝コレクション幽靈名畵集』, ぺりかん社, 1995 참조).

령화의 박진감을 말해 주는 중요한 기록이다. 여인이 본 유령화가 구체적으로 어떤 것인지 그 실태를 명확히 파악할 수는 없지만, 구도사(久渡寺) 소장본은 오쿄의 〈유령화〉(도3) 중에서도 대표작이라고 할 수 있다. 이 작품은 '반혼향지도(返魂香之圖)(〈미타테반혼향도〉(도4))'라는 이름으로 더 잘 알려져 있다. 화면의 여성은 흐트러진 머리칼을 길게 늘어트

(도5) 오쿄 〈유령화〉

린 채 경유자(經帷子)로 몸을 감싸고 있으며, 오른손을 왼쪽 깃 안으로 살며시 넣고 서 있는 자세를 담묵(淡墨)으로 묘사하고 있다.

경유자를 따라 내려가 보면 유령의 허리 아래에 해당되는 부분이 화면에서는 소실되어 있어 마치 공중에 두둥실 떠있는 듯하다. 화면의 여인은 기품 있는 얼굴을 하고 있으며, 눈동자의 아름다움과 차가운 시선(도5)을 통한 허무함의 묘사는 비길 데 없이 뛰어나다. 비록 유령의 얼굴은 혈색을 잃었지만 유령을 보는 두려움보다는 오히려 아름다움을 느끼게 한다. 구도사 소장본을 비롯한 오쿄의 유령화(도6)(도7)는 이후에 제작되는 유령화 이미지에 결정적인 영향을 미쳤다고 해도 과언이 아니다.

이 작품에서 주목할 점은 오쿄가 유령의 발을 그리지 않았다는 것이다. 근세에 그려진 유령화에서 발 혹은 허리 아래 부분이 없어진 이유에 대해, 오쿄가 그린 유령화가 근본이 되었

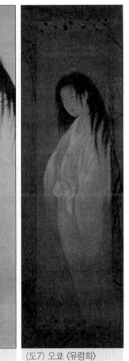

(도6) 오쿄 〈유령화〉   (도7) 오쿄 〈유령화〉

에도시대의 미인 유령화 | 이미림

다는 설[6]과 가부키(歌舞伎)에서 유령이 등장할 때 조고(漏斗)라고 하는 앞부분이 오므라든 의상으로 발을 감춘 것에서 비롯되었다는 설이 있다.

그리고 수와 하루오(諏訪春雄) 씨의 주장에 의하면 앞서 소개한 두 가지 설은 무각유령(無脚幽靈 ; 다리가 없는 유령)의 관념이 유포된 이후에 성립된 것이며,[7] 오쿄가 태어나기 60년 이전인 1661~1673년 사이 죠루리본(淨瑠璃本) 삽화에 이미 하반신이 없는 유령이 나타났다고 설명하고 있다. 덧붙여서 무각유령이 발생하게 된 이유에 대해서는 다음과 같이 설명하고 있다. 먼저 사자(死者)는 초월적인 존재로서 구름이나 발을 사용하지 않고도 날 수 있기 때문이며, 다음으로는 망자(亡者)의 발은 지옥에서 귀졸(鬼卒)에 의해 절단되었다는 전통적인 관념이 무각유령이 등장하게 된 직접적인 원인이었다[8]고 지적하고 있다.

좀 더 상세히 오쿄의 작품을 살펴보면, 실제로 오쿄는 자신의 미적 관념에 의해 사생을 하였음을 알 수 있다. 즉 사생에 의해 형태를 보정하고 전체적 조화를 우선순위로 삼는 등 대상의 에센스만을 이상적 양식으로 표현하려 했다.

이와 같은 사실은 그의 사생화첩인 『인물정사물본』, 『인물묘사도법판본』, 『인물묘사도법화첩』 등을 통해서 알 수 있다. 오쿄가 유령화를 그린 연유는 『근세명가서화담』에서 오쿄가 죽은 장녀를 보고 유령을 그렸다고 되어 있다.

이와는 별도로 카네코시즈에(金子靜枝) 씨에 의하면 중병에 걸린 오누이를 묘사했다는 것, 오츠(大津)에 두었던 첩이 죽어 베갯머리에 나타난 것을 묘사하였다는 것, 혹은 오랜 지병으로 앓고 있는 아내가 마당에 서

일본의 요괴문화 그 생성원리와 문화산업적 기능

---

6) 오쿄에 의해 무각유령이 발생에 대한 문헌사료로서는 『松の 落葉』에 "오늘날의 유령이라고 하는 것은 발이 없는 것을 지칭함. 그런데 백년 이전에 그려진 원혼에는 모두 다리가 없다. 그런데 이렇듯 다리 없는 유령은 언제부터 생겨나게 되었는가 하면 이는 지극히 최근의 일로써 마루야마에 의해 발생하였다." 暉峻康隆, 『幽靈』, 桐原書店, 1991.
7) 오쿄 이전에 그려진 무각유령도의 대표적인 예로는 1673년 간행된 고죠루리(古淨瑠璃)의 『花山院 키사키아라소히』가 있다. 諏訪春雄, 『日本の幽靈』, 岩波新書, 1988. p.168.
8) 諏訪春雄, 『日本の幽靈』, 岩波新書, 1988.

있는 모습을 모기장을 통해서 바라보면서 그렸다는 등 항간에는 여러 설이 전승되고 있다.[9]

이와 유사한 일례로써 중국 청나라 말기의 서예가인 오창석(吳昌碩)의 일화를 들 수 있다. 그의 첫 번째 부인인 장씨가 향리에서 병사한 것을 애통해 하며「감몽(感夢)」이라는 장시를 짓고 꿈에 나타난 장씨의 모습을 새겨 〈명월전신(明月

(도8) 오창석 전각 〈명월전신〉

前身)〉(도8)이라는 자신의 화폭 일각에 낙관하였다는 일화[10]가 있다.

이와 견줄 만한 오쿄의 일화는 아쉽게도 전해지지 않지만, 어쨌든 오쿄의 유령화는 그의 중국 미인화(도9)나 선인도(도10) 혹은 용 그림과 마찬가지로 한 폭의 감상회화로서의 역할을 충분히 하고 있다. 다시 말해 오쿄의 유령화 작품과 그의 사생화 화첩에 있는 유령 모습을 비교해 보면, 그가 단지 사생 그대로를 화폭에 재현하지 않았다는 것을 알 수 있다. 더불어 그의 유령화는 이상주의자였던 오쿄의 표현력에서 비롯되었다고 하겠다.

다음은 현재의 교토화단에 속하며 사생화파로서 오쿄 계보와는 대조적인 위

(도9) 오쿄 〈양귀비도〉

(도10) 오쿄 〈수노인도〉

에도시대의 미인 유령화 ― 이미림

---

9) 金子靜枝,「圓山應擧(名家傳)」,『少年世界』三―一七, 1897.
10) 吳東萬 著・足立豊 譯,『吳昌碩 : 人と藝術』, 二玄社, 1974.

치에 있으며 강열한 개성을 지닌 로세츠와 쇼하쿠의 유령화에 대해서 살펴보고자 한다.

Ⅲ. 기이한 화가였던 로세츠의 유령화

해학이 깃들어 있는 자유분방한 작품을 제작한 나가사와 로세츠는 에도 중기에 해당하는 1754년에 태어나 1799년에 사망한 것으로 전해진다. 호는 로세츠이고 이름은 어(魚), 자는 빙계(氷計)이다.

로세츠는 빈곤한 하급무사 집안의 아들로 태어났으나 정해진 무사로서의 운명보다는 그림 그리는 일을 즐겨하여, 화가로서의 길을 걷게 된다. 정확한 시기는 알 수 없으나 오쿄 아트리에 입문하여 1782년 29세에 이르러 오쿄의 수제자로서 일가를 이루게 되었다. 이는 같은 해에 간행된 『헤이안(平安) 인물지』의 화가 항목을 통해 짐작할 수 있다. 『헤이안 인물지』의 화가 항목 첫머리 부분에는 오쿄의 이름이 있고, 그 뒤를 이어 쟈쿠츄 · 부손 등의 순으로 이름이 나열되어 있으며 뒷부분에는 로세츠의 이름도 적혀 있다.[11] 이 기록에 의해 로세츠는 교토에 살고 있었고, 주문에 의해 생계를 유지하는 직업 화가였다는 사실을 알 수 있다.

로세츠는 창조성이라는 측면에서 뒤에 서술하게 되는 쇼하쿠, 그리고 쟈쿠츄 등과 비교해 다소 뒤지는 화가로 평가된다. 이 점에 대해서 츠지 노부오씨는 그는 자신이 오쿄의 아류인 것을 자랑스럽게 생각하지 않았으며 다양한 발상에 집착하여 오쿄의 그늘로부터 벗어나고자 하였음에도 불구하고 스승의 화풍을 너무나도 완벽하게 습득한 기량이 걸림돌이 되

11) 로세츠의 작화경력을 간단히 살펴보면 1786년(텐메이-天明 6)부터 이듬해에 걸쳐 무량사를 시작으로 서쪽의 성취사, 도미타(富田)의 초당사, 다나베(田辺)의 고산사 등에 수많은 장벽화와 병풍을 오쿄를 대신하여 제작하였다. 그 이후 37세에 교토 궁궐(御所) 개축 때에 오쿄와 함께 궁궐 上御間의 장벽화 제작에 참여하였다. 그 이듬해에는 일길신사에 에마(繪馬) 〈원숭이 그림〉을 봉헌하였다. 1793년 무렵에는 약사사에 〈산수화〉, 〈암랑군조도〉, 〈송노도〉 등의 장벽화를 그렸으며 1794년에는 히로시마에서 〈엄도팔경도화첩〉을 그렸다. 그 다음해인 1795년에는 오쿄와 함께 효고현의 대승사 장벽화 〈원숭이 그림〉을 제작하였다. 1797년에는 유명한 에마(繪馬) 〈야마우바도〉를 엄도신사에 봉헌하였다.

일본의 요괴문화 그 생성원리와 문화산업적 기능

었다고 평하였다. 결국 오쿄로부터 벗어나지 못한 듯하며 만년에는 그로테스크(grotesque)한 화풍에 집착하였고 쇼하쿠라는 천재 뒤에 가려진 존재가 되었다. 그 결과 그는 일등이 될 수 없는 존재로 머물게 되었다고 평가하고 있다.[12]

그러나 로세츠는 스승인 오쿄가 고심한 끝에 쌓아올린 테크닉 즉, 양화(洋畵)의 음영법을 수묵화의 수법을 가미해 고안해낸 쓰게다테(付立) 윤곽선을 사용하지 않고 먹, 또는 색채면의 바림에 의해 입체감을 표현하는 기법을 스무 살 무렵에 체득하는 등 로세츠다운 풍미를 더한 새로운 시도를 하게 된다. 33세에 이르러서는 화려한 퍼포먼스의 작화기회가 주어지면서 그의 역량을 발휘하였다. 이 시기의 대표작으로서는 무량사의 〈호랑이 그림〉을 비롯한 〈장미화〉, 〈용호도〉, 〈군학도〉, 〈카라시유즈(唐子游圖)〉 등의 수준 높은 장벽화를 다수 남기고 있다.

이러한 작품들에 나타난 로세츠의 기술과 표현은 이미 경이로운 수준에 이르고 있음을 알 수 있다. 특히 〈장미와 계도 후수마그림〉(무량사 소장)에 담긴 수탉과 오쿄의 〈쌍계도〉(야스카진자 소장)에서 드러난 닭과 비교해 볼 때, 데생과 형태의 긴장된 아름다움이나 예리한 눈빛과 부리, 암석에 굳건하게 서 있는 발 등의 박진감 넘치는 묘사는 오히려 오쿄의 수준을 뛰어넘는 걸작이라고 할 수 있다.

로세츠의 이력과 작품(주11 참조)을 보면, 타고난 재능을 지닌 소유자임이 느껴진다. 다만 실제 생활은 그다지 평온무사하지는 못했다. 그 이유 중의 하나로 로세츠는 아들을 하나 두고 있었는데 어려서 죽었다고 전해진다.

그러한 연유에서인지 로세츠의 유명한 〈야마우바도(山姥圖)〉[13]는 그의

---

12) 辻惟雄,「鳥獸戱載」,『寄想の系譜』, 1988. pp.117~118.

13) 日本 近世의 유령이나 요괴 중에는 종종 양자의 성질을 겸비하고 있어 구별하기 어려운 것도 있다. 예로써 18세기 말경에 그려진 유명한 도리야마세키엔(1712~1788)의 《畵圖百鬼夜行》을 살펴보면 목령(木靈), 야마우바, 고녀(高女), 수목(手目), 설녀(雪女), 가고세귀(かこせ鬼), 하시희메(橋姬), 뉴나이수즈메(入內雀), 다이가부로(大かぶろ) 등이 있는데, 이들은 유령 혹은 요괴 그 어느 쪽이라고도 구별할 수 없는 것이다. 高田衛 監修,『鳥山石燕 畵圖百鬼夜行』, 國書刊行會, 1992 참조.

(도11) 우타마로 〈야마우바와 긴타로〉

(도12) 로세츠 〈야마우바도〉

모든 작품 가운데 가장 극적인 긴장감을 지닌 것으로 평가된다. 또한 노추(老醜)의 무시무시함과 그로테스크함을 정공법으로 그려낸 전례를 찾아보기 힘든 작품으로 잘 알려져 있다. 본래 〈야마우바도〉는 에도 미인화장르에서 유녀(遊女)와 함께 자주 등장하는 모티브로서 긴타로(金太郎)을 기르는 장면이 미인화의 한 화제로 그려지고 있다. 〈야마우바도〉를 제재로 한 대표적인 화가로서는 기타가와 우타마로(喜多川歌麿)를 들 수 있다. 현재 50점 정도 남아 있는 기타가와 우타마로가 제작한 〈야마우바와 긴타로〉(도11)와 로세츠의 유명한 회액 〈야마우바도〉(도12)를 비교해 보면 로세츠의 추한 '우바'(老婆)의 표현은 상당히 이색적이다.[14]

잘 알려진 로세츠의 〈야마우바도〉는 현재 1789~1801년에 제작한 도

일본의 요괴문화 그 생성원리와 문화산업적 기능

---

14) 일본의 시각문화에서 여성의 형상은 여성미의 구현자로서의 유녀와 이와는 반대적 성격이 부여된 가정의 처로 분열되어 있다. 더욱이 미의 여신은 근세 이후 다수 제작된 미인도에 나타난 미녀의 모습을 빌어 나타났으며, 현실의 유녀는 불특정 다수의 남성을 상대해야 하기 때문에 아이를 잉태할 수 없는 계층이다(뒤에 서술하게 되는 로세츠의 나라현립미술관 소장 〈미인도〉 참조). 한편 이와는 반대로 아이를 잉태한 여성은 어머니가 됨으로써 여성미의 이상과는 동떨어진 살림에 찌든 분위기를 띄게 되었다. 기타가와 우타마로의 〈야마우바와 긴타로〉는 로세츠가 제작한 〈야마우바도〉와는 달리 아름다운 어머니의 이미지와 영원한 여성미를 추구하려 한 여성의 욕구 등 이중적 이미지가 잘 반영된 미인화의 유형이라 할 수 있다. 이에 대해서는 추후에 논하고자 한다.

오야마(遠山) 기념관 소장 〈야마우바도〉(도
13)와 1797년에 히로시마의 이츠쿠시마
(嚴島) 신사에 봉헌한 〈야마우바도〉 등 두
작품이 있다. 로세츠의 〈야마우바〉에 대해
서 나츠메 소세키(夏目漱石 ; 1867~1916)
는 『쿠사마쿠라(草枕)』에서 화가로서 내 머
리 속에 존재하는 늙은 여자의 얼굴은 다카
사고에 나오는 노인과 로세츠의 그림에서
본 야마우바뿐이다. 로세츠의 그림을 보았
을 때 이상적인 늙은 여인은 가히 처참한 형
상을 하고 있다고 느꼈다. 단풍 속, 추운 달
빛 아래에 있어야 할 것이라고 생각했다.

(도13) 로세츠 〈야마우바도〉

야마우바는 깊은 산에 산다고 전해지는
상상 속의 귀녀(鬼女)로서 이 전설을 바탕으로 한 요쿄쿠(謠曲)『야마우
바』가 있으며, 여기서 아이디어를 얻은 지카마츠 몬자에몬(近松門左衛
門)의 죠루리 『고모치(女區)야마우바』가 잘 알려져 있다. 요쿄쿠에서는
남자 어린이는 등장하지 않지만 죠루리에서는 하쓰에기리(八重桐)라는
야만바가 아시가라산(足柄山)으로 들어가서 죽은 남편의 유복자인 괴상

(도14) 〈가리제모상〉

한 어린아이(怪童丸 – 金太郎)를 키운다는
스토리로 구성되어 있다. 이러한 장면이
유녀와 함께 모자상의 한 화제로서 에도시
대 미녀도에 등장하게 된다. 귀녀가 남아
를 동반한 또 다른 모자상(母子像)으로 유
명한 것은 불교의 가리제모(訶梨諸母, 도
14)가 있다.

가리제모는 본디 옥사성(王舍城) 야차
신(夜叉神)의 딸로서, 잔혹하게도 타인의
어린이를 빼앗아 잡아먹는 귀자모신(鬼子

에도시대의 미인 유령화 | 이미림

(도15) 오쿄 〈유령 · 해골강아지 · 흰 여우〉

母神)이었다. 그러나 자신이 가장 사랑하는 막내가 불타(佛陀)에 의해 살해당하게 되는 상황에 처하게 됨으로써 비로소 어린 생명의 소중함을 깨닫게 된다. 그 후 그녀는 자신이 지은 죄를 뉘우치고 불법의 수호신으로서 어린이를 수호하게 되었다고 한다. 이로 인해 가리제모는 석류를 오른손에 든 천녀형상으로, 혹은 이와는 대조적인 분노의 귀형으로 그려지고 있다. 야마우바도 가리제모와 마찬가지로 다산의 상징

인 동시에 사람을 잡아먹는 무서운 존재[15]이다. 그 때문인지 로세츠가 그린 이츠쿠시마 신사 소장의 〈야마우바도〉는 어려서 죽었다고 전해지고 있는 그의 아들의 잔영이 느껴지는 현실감이 풍기는 작품이다. 만년의 로세츠의 작품은 이전에 볼 수 없었던 그로테스크한 요소를 나타내지만, 로세츠의 작품을 개괄해서 말하면 경묘(輕妙)하고 밝다.

이러한 특징은 특히 〈코끼리와 소그림〉, 〈호도〉, 〈군작도〉, 〈유령 · 해골 강아지 · 흰 여우〉(도15) 등과 같은 인상 깊은 작품들을 통해서도 엿볼 수 있다. 그 중 후지타 미술관 소장 〈유령 · 해골강아지 · 흰 여우(幽靈 · 觸髏 仔犬圖 · 白藏圖)〉는 스승의 기법을 충실히 계승하고 있으면서도 자신의

15) 吉田敦彥, 『繩文の 神話』, 靑土社, 1987.

일본의 요괴문화 그 생성원리와 문화산업적 기능

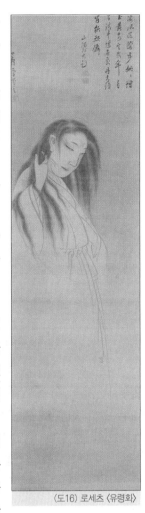

개성을 제시하고 있는 좋은 작품이다. 특히 〈유령 · 해골강아지 · 흰 여우〉 그림은 세 폭 모두 화면의 틀이 묘표장(描表裝 - 표구한 것처럼 그리는 수법)으로 되어 있는 점이 특징이다. 한가운데에는 여성 유령을, 왼쪽 폭에는 백장(白藏)으로 둔갑한 여우, 그리고 오른쪽 폭에는 해골과 강아지가 각각 배치되어 있다.[16] 로세츠의 유령은 오쿄가 그린 나라현립미술관 소장 〈유령화〉보다는 산뜻하고 요염한 느낌을 주는 미녀로 묘사돼 있지만 오른손을 왼쪽 깃 안으로 살며시 넣고 서 있는 포즈도 오쿄풍을 따르고 있다.

또한 오쿄의 온화한 유령도에 비해, 유령이라는 존재가 지하세계에서 현세로 출몰하는 성격상, 묘표장과의 연결은 흥미를 자아내게 한다. 말하자면 실제 표구의 틀처럼 그려진 묘표장의 하부와 가운데 폭의 유령 하반신이 소실된 듯이 묘사되어 있다.

그리고 유령의 신체를 묘소장의 부분보다 더 아랫부분에 묘사함으로써 유령이 화폭에 실존하고 마치 화폭 안에서 밖으로 서서히 나타나고 있는 듯한 느낌을 준다.[17] 왼쪽 폭의 〈백장주〉는 여우 뒤를 묘소장으로 표현한 화면의 틀이 그려져 있어 이미 여우

(도16) 로세츠 〈유령화〉

---

16) 이 작품 중의 백장(白藏)은 교겐(狂言) 〈쓰리기츠네(釣狐)〉의 등장인물로서 사냥꾼의 살생을 멈추기 위해 사냥꾼의 백부로 둔갑한 여우이다. 교겐에서 주제를 얻은 것으로서 원래 백장주를 물어 죽이고 둔갑한 여우가 50년 뒤에 仔犬에게 살해되게 되어 있는 것으로서 본 작품의 해골과 강아지(仔犬)의 편성은 이를 뒷받침하고 있다.

17) 江戶時代 중기 이후 많이 그려진 描表裝(例-鈴木春信)과 浮世繪 판화에 나타난 洋風의 額緣風 표현(例-安藤廣重)은 거의 동시기에 나타난 江戶期 화가들의 레토릭이라는 점은 매우 흥미롭다.

(도17) 쇼하쿠 〈미인도〉

로 둔갑하여 화면에서 이탈하여 화면 앞에 서 있는 상태로 감상하게 한다. 오른쪽 폭의 〈해골과 강아지〉는 해골의 위치가 그림의 표면에 밀착되어 있는 듯 보여 공간의 조합성은 결여되어 있으나, 강아지는 그려진 화면의 틀을 뛰쳐나와 앉아 있는 듯하다.

일시적이지만 로세츠의 유령화는 2차원의 화면에 3차원의 것, 즉 유령이 나올 듯이 보이도록 고안한 레토릭(rhetoric)의 산물로써 박진감을 안겨준다. 이러한 로세츠의 화면 레토릭을 통해 감상자를 놀라게 한 연출방식은 1781~1801년 사이의 침체된 교토 분위기에 반발하는 예민한 미의식의 발로였다. 이와 더불어 일본 회화의 전통을 재현한 것임과 동시에 전통의 낡은 때를 벗기고 막후 말기의 퇴폐적인 화풍으로의 도입을 예비하고 있다는 점은 간과해서는 안 될 것이다.

한 가지 로세츠가 제작한 유령화 중 눈길을 끄는 작품으로서 프라이스 코렉션 소장(도16) 유령화를 들 수 있다.

이 그림은 그의 후지타 미술관 것과 나라현립 미술관의 두 유령과는 달리 바람에 흐트러진 머리카락을 오른손으로 감싸고(혹은 잡고) 있는 포즈를 취하고 있어 흥미롭다.[18] 이와 유사한 포즈를 취하고 있는 대표적인 작

---

18) 화면의 오른쪽 상단에 "凄風送響步姍姍 土里玉黃泉定幾年 自柔淸手堪畵雨 丹靑誰肯貌頑傔 山陽 外史題"(〈賴襄〉〈子成〉白文連印,〈行雲流水〉朱文楕圓印)라는 賴山陽(1780~1832)의 讚이 쓰여 있다.

품으로서는 소가 쇼하쿠의 〈유하귀녀도(柳下鬼女圖)〉(도쿄예술대학 소장) 병풍을 들 수 있다.

다음은 로세츠의 유령화와 소가 쇼하쿠의 〈유하귀녀도〉에서 여인이 머리카락을 움켜쥐고 있는 포즈가 일본 근세회화사에서 어떠한 시각기호(視覺記號)로 작용하고 있는가에 대해 살펴보고자 한다.

Ⅳ. 소가 쇼하쿠의 〈미인도〉와 〈버드나무 아래 귀녀도〉

소가 쇼하쿠(1730~1781)는 특이한 묘사가 돋보이는 화가로서 인물을 그릴 때 발가락에서 시작하여 머리에서 완결하는 속묘(速描) 퍼포먼스를 자만했다고 한다.

그러한 연유에서인지 그가 34, 5세 무렵에 제작한 나라현립미술관 소장 〈미인도〉(도17)는 유난히 발가락이 긴 미인이 그려져 있다. 이 미인도에는 숙달된 마루야마 오쿄나 나가사와 로세츠 등 동시대의 화가가 그린 유형적이고 아름다운 미인을 그려내고자 한 의도는 없는 듯하다.

당시의 화전서(畫傳書) 『화승요략(畫乘要略)』의 저자인 시라이 카요(白井華陽)은 쇼하쿠의 미인도에 대해 "기괴"라는 호의적인 비평[19]을 하고 있으며, 후지오카 사쿠타로의 『근대회화사』에는 "극히 기괴, 처창(悽愴)한 그림"을 그리는 화가로 평가[20]하고 있다. 기괴 취향을 띤 그의 회화성은 오히려 여성을 그릴 때 더욱 잘 드러나고 있다.

에도시대의 미인풍속화(美人風俗畵)의 한 유형에 속하는 본 작품에 대해 쓰지 노부오씨는, 광기어린 미녀의 서 있는 자태를 표현한 쇼하쿠의 특이한 감각이 돋보이고, 막부 말기 퇴폐미인 유형을 경도에서 반세기 이전에 미리 준비하고 있었음을 말해 주고 있는 작품이다. 아울러 우키요에

---

19) "梅泉曰 余嘗觀其美人彈琴圖 面貌如鬼 余嘆曰 近世畫工之寫美人 務求新艶 强極妖冶之態 曾我氏 獨爲是奇怪 可謂有蘤力 嗟乎令近世之畫工(이하 생략)." 白井華陽, 『畫乘要略』, 1831年 刊行.

20) 卓越한 畫技를 소유한 화가로서 그 時代錯誤的인 畵風은 세상과 용해되지 않았고, 그 때문에 그의 多血多恨한 성질이 더더욱 枉屈하여 극히 怪醜, 悽愴한 그림을 그리게 되었다. 藤岡作太郎, 『近代繪畫史』1904년.

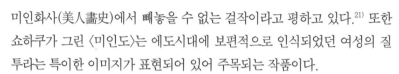

미인화사(美人畵史)에서 빼놓을 수 없는 걸작이라고 평하고 있다.[21] 또한 쇼하쿠가 그린 〈미인도〉는 에도시대에 보편적으로 인식되었던 여성의 질투라는 특이한 이미지가 표현되어 있어 주목되는 작품이다.

그렇다면 쇼하쿠의 미인도에 여성의 질투가 어떻게 표현되고, 또 어떻게 형상화 시켰는가, 그리고 이와 더불어 화면에 표상화 된 변화라는 점에 초점을 맞추어 살펴보고자 한다.

본 미인도는 좀 색다른 의상을 걸친 팔등신 체형을 한 여인이 몰골법(沒骨法)으로 부드럽게 표현된 풀밭에 맨발로 서 있다. 얼굴이나 손발 등 미인의 몸이나 윤곽을 보통 인물화에서는 사용하지 않는 불화(佛畵) 기법인 주색(朱色)으로 그리고 있어, 마치 슬픔으로 쓰러질 듯 여린 인상을 풍기는 요인으로 작용하고 있다.

미인의 앞머리는 흐트러져 있고 '가츠야마마게'(勝山髷)스타일로 땋아 올린 머리에는 대모갑(玳瑁甲 – 열대지방에 사는 바다거북의 등껍질)으로 만든 빗으로 장식하고 있다. 양손은 기모노(着物) 주머니에 넣은 채, 볼륨있는 도톰한 입술에는 갈기갈기 찢겨진 편지 끝을 물고 (혹은 빨고) 있는 듯이 보인다. 갈기갈기 찢겨진 편지는 연인과의 관계가 파탄에 이르렀음을 암시한다. 이는 찢어진 편지의 '기리(切り-끊어짐)'와 남녀의 육체관계에서의 '기리(契り-인연을 맺음)'를 겹쳐서 나타낸 기교로, 『하이카이류센슈』에 보면 '연문(戀文)'의 연상어(付合語)는 '기리(契り)'이다.[22] 연애편지는 뿔뿔이 흐트러져 완전히 잘린 상태가 아닌 아직 부분적이나마 연결되어 있다. 이는 포기할 수 없는 깊은 사랑과 분노 그리고 이 여인에게는 아직 미련이 남아 있음을 형상화 하고 있다. 연문의 존재와 무엇인가를 입에 물고 있는 행동은 '분노'와 '질투' 그리고 '애절함'을 상징하는 행위이다. 여인이 러브레터의 끝부분을 물고 있는 행동은 상대방의 변화에 대한 '분노'와 '질투' 그리고 '애절함' 이 세 가지가 미묘하게 혼재되어 있는 것으로 보인다.

21) 辻惟雄,「狂氣 里の 仙人たち-曾我蕭白」(『奇想의 系譜』 1988, ペりかん社) p. 95. 참조.
22) 林進, 『日本近世繪畵의 圖像學-趣向과 深意』, (株)八木書店, 2000.

이러한 회화상의 한 예로써 에도 후기에 제작된 우키요에 판화 중 러브레터로 인한 분노를 표현한 그림을 상당수 찾아볼 수 있다. 그 중에서 에도 후기 우키요에 화가 기타가와 우타마로의 오쿠비에(大首繪)[23] 시리즈 중 1792~1793년 무렵에 제작된 『부녀인상십품(婦女人相十品)』은 단지 미인을 묘사한 작품이 아니라, 연애 감정을 품고 있는 여인의 행동을 다양하게 표현하고 있다. 즉 사랑의 변주곡을 선과 색채로 표현한 것으로, 우타마로의 〈온나에(女繪)〉가 지향하는 목표가 명료하게 드러난다. 그 중 〈글을 읽고 있는 여인〉(도18)에는 자신 혹은 남편과 내연 관계에 있는 연인으로부터 받은 편지를 진지하게 읽고 (혹은 응시하고) 있는 여인이 그려져 있다. 소매 끝에 드러난 붉은색 속치마의 떨림과 편지를 움켜쥐고 있는 양 손의 방향 등으로 미루어 볼 때, 여인은 분노의 정점에 있음을 짐작할 수 있다. 이어서 1794년에 제작된 『당시전성사안선(當世全盛似顏選)』 시리즈는 에도의 유곽(遊廓)인 요시하라(吉原)의 저명한 유녀(遊女)를 한 장에 한 명씩 그린 것으로, 그 중 〈효고야우치하나즈마(兵庫屋內花妻)〉(도19)는 편지의 내용에 대한 분노의 표현으로써 편지를 비틀어 짜듯 꾸기고 있는 유녀의 모습이 그려져 있다.

여인이 표출한 분노는 자신의 연인에게 연애편지를 보낸 젊은 여인을 향하고 있는 것으로써 질투의 감정도 포함되어 있다.

질투의 표상(表象)으로는 1716~1736년 무렵에 활약한 우키요에 화가 마츠노 신신(松野親信)이 그린 육필화(肉筆畵 ; 인쇄나 복제가 아닌 붓으로 직접 그린 그림) 〈툇마루미인도(緣台美人圖)〉를 꼽을 수 있다. 툇마루에 걸터앉은 여인은 쇼하쿠의 미인도와 마찬가지로 연애편지의 끝부분을 입에 물고 의미심장하게 미소짓고 있다. 이러한 자태의 미인도는 1711~1736년 사이에 초기 가이게츠도(懷月堂)의 화가들, 예를 들면 가

---

23) 우키요에에서 인물의 상반신을 그린 화면 형식으로 무대 위의 배우(役者)의 표정을 근접한 상태에서 보고자 하는 관객의 요구에 부응한 화면 형식의 하나이다. 샤라쿠(寫樂)의 기라스리(雲母摺) 양식의 작품을 정점으로 그 외의 우키요에 화가들의 작품이 다수 있다. 야쿠샤에(役者繪) 오쿠비에를 미인화에 응용한 대표적인 우키요에시로서는 기타가와 우타마로가 유명하고 그의 『가센고이노부(歌選戀之部)』는 오쿠비에 중 걸작으로 손꼽힌다.

(도18) 우타마로 〈글을 읽고 있는 여인〉

(도19) 우타마로 〈효고야우치 하나즈마〉

이게츠도 안치(懷月堂安知) 등에 의해 활발히 그려졌다. 이는 연인을 생각하는 자세로써 가벼운 질투심을 엿볼 수 있다.

질투의 형태로 주목할 만한 에도시대 자료로 쇼하쿠와 서로 상통하는 부분이 많은 화가[24] 가츠시카 호쿠사이(葛飾北齋 : 1760~1849)의 『에혼하야비키(畵本早引)』가 있다. 『에혼하야비키』의 전편(前篇)은 1817년에, 후편은 1819년에 출판된 인물화로, 가나다 순으로 각 장면을 펼쳐볼 수 있도록 일괄해서 편집되어 있다. 『에혼하야비키』에 그려진 인물의 형태를 간단히 선으로 묘사하면서 총 1349개의 인물상이 수록되어 있다.

그 중 전편에 '린키' 즉 질투라는 항목이 있고 캡션 오른편에는 머리에 비녀(簪)를 꽂은 여인의 쓰러질 듯 앉아 있는 모습이 그려져 있다(도20).

---

24) 취급하는 화제를 보면 쇼하쿠은 보수적이고 호쿠사이는 동 시대적이라는 상이성은 있지만, 광물질(鑛物質)이라고 할 정도로 건조하고 비정한 상상력, 귀신일지라도 깜작 놀랄 만한 표현력, 기괴한 표현에 대한 집착 등 개성이 강한 비속함과 그 배후에 있는 민중적 지지 등 이러한 점 등이 공통점이라고 할 수 있다.

연애편지의 한 부분은 허리 부근에 그리고 찢어진 나머지 부분은 오른발 아래 부분에 놓여져 있다.[25] 비록 이목구비는 생략되었지만 나이든 부인으로 보이는 한 여인의 망연자실한 자세는 정신이 나갈 정도의 슬픔을 형상화하고 있다. 둘로

(도20) 쿠사이〈에혼하야비키 · 전편〉

동강난 편지는 연인과의 계약관계가 끝났음을 암시한다.

질투의 그림으로 에도시대의 것과 비교할 만한 좋은 예는 헤이안 왕조의 『겐지모노가타리 두루마리그림(源氏物語繪卷)』의 〈유기리(夕霧)〉의 장면을 들 수 있다. 〈유기리〉에는 남편인 겐지(源氏)가 그의 연인인 오치바미야의 어머니 이치조미야스노도코로로부터 온 편지를 응시하고 있는 장면이 그려져 있다.

그 뒤에는 겐지의 현모양처인 구모이노가리가 이 편지가 남편의 젊고 아름다운 연인인 오치바미야로부터 온 것이라 여기고 걷잡을 수 없는 질투의 감정을 일으켜 겐지의 뒤편에서 편지를 빼앗으려고 서있는 장면이 그려져 있다(도21). 비록 구모이노가리는, 얼굴은 히키메가기하나(引目鈎鼻 ; 헤이안 시대 온나에(女繪)의 독특한 얼굴 표현기법)로 표현되어 있지만, 『겐지모노가타리 두루마리그림』의 등장인물 중 질투라는 자신의 감정을 확고하게 드러낸 여성이다. 이 장면에서 구모이노가리는 옆머리를 가볍게 잡고 있는 모습으로 묘사되어 있는 점에 대해서 하야시 스스무

25) 에도시대 1676(엔호-延寶 4)년에 『하이카이루이센슈(俳諧類船集)』 전7권(횡형본)에는 〈질투〉, 〈린기(悋氣)〉, 〈질(嫉)〉 등의 세 가지 색인이 있으며, 〈질투〉의 부합어로서는 "늙은 부인(老女房), 하시희메(橋姫), 우시도키마이리(丑時參り). 귀선을 기원함(歸船を斬る). 아오이노우에(あふひの上)" 등 다섯 가지를 들고 있다. 제일 첫머리에 '老女房'를 둔 것으로 보아 에도시대 호쿠사이의 『에혼하야비키』의 여인과 『호색훈몽도회好色訓蒙圖彙』의 〈린기〉, 〈질투〉 등에 나타난 여인은 늙은 부인에 해당한다고 보고 있다. 林進, 『日本近世繪畵の圖像學―趣向と深意』, (株)八木書店, 2000.

(도21)〈겐지모노 가타리 에마키〉

(林進)씨는 '머리를 잡는' 행위는 질투로 머리가 거꾸로 서는 것을 암시하며, 이와 동시에 질투의 감정을 자제하려는 마음을 암시하고 있다고 설명하였다.[26]

두 번째로 쇼하쿠가 그린 미인도에 표현되어 있는 사물의 변화에 대해서 살펴보고자 한다. 우선 여인이 걸친 빨간 겉옷(長襦半)의 깃의 무늬는 붉게 물든 단풍잎으로서 '가을'을 상징하고 있다. 또한 고소데(小袖 ; 근세 이후 기모노의 모체가 된 것으로 원래는 큰소매(大袖) 안에 입는 기모노였음)는 선명한 청색 바탕에 소상팔경(瀟湘八景)과 같은 풍경을 수묵화기법으로 그리고 있고, 옷자락 부분에는 버드나무와 갈대가 그려져 있어 가을 풍경을 표현하고 있다. 이와는 대조적인 것에 봄을 상징하는 매화가 그려진 파란색 고소데를 걸친 나오노부(治信 ; 교토에서 1750경 활동한 화가)가 그린 〈글을 읽고 있는 미인도〉(도22)가 있다.

본 작품과 거의 비슷한 구도로 그려진 여인은 편지를 읽은 후 골똘히 생각에 잠긴 모습으로 묘사돼 있다. 나오노부의 여인은 단정치 못한 모습으로 등장하지만, 편지는 본래의 형태를 갖추고 있다.

나오노부가 묘사한 '봄'의 여인과 쇼하쿠의 그린 '가을'의 여인, 즉 계절 추이는 여인의 모습에도 상당한 변화를 가져왔다. '가을(秋 ; あき〔아키〕)'이 지닌 이미지는 남녀 사이가 소원하게 된 것, 즉 '싫증나다'란 단어인 '아키(飽き)'를 연상시킨다. 계절인 가을의 '아키'(秋)와 감정의 '아키(飽き)'가 중첩된 것은 당시 사람들의 공통된 이해였다. 덧붙여서 무로마치(室町時代)의 귀족으로 뛰어난 문학자인 이치죠가네요시(一條兼良 ; 1402~1481)가 지은 렌가(連歌) 작법서인 『연주합벽집(連珠合璧

일본의 요괴문화 그 생성원리와 문화산업적 기능

---

26) 林進, 『日本近世繪畵の圖像學-趣向と深意』, 八木書店, 2000.

集)』는 주목할 필요가 있다.

이 책은 렌가의 〈연상어(寄合)〉, 즉 전구(前句)의 시어나 사물과 관련 있는 단어를 모은 것으로서 지금으로 말하자면 연상어 사전이나 이미지 사전이라고 할 수 있다.

이 『연주합벽집』안에 '여(女)'의 연상어로서 '드러내지 않는 노래(つよからぬ 歌)', '청(靑)' '시기하다(ねたむ)', '여랑화(女郎花)', '그림에 담다(ゑにかける)', '차바퀴(車)', '다섯 가지 금기(五のさはり)', '삼종지도(三にしたかふ)', '용(たつ)' 등 아홉 개를 열거하고 있다. 이러한 이미지로 렌가를 지으면 무난하다는 것이다.

다시 쇼하쿠가 그린 〈미인도〉를 살펴보면, 허리띠(帶)는 녹색바탕에 황색으로 탁수에 사는 '우룡(雨龍)' 문양을 나타내고 있다. 이 우룡은 다른 용과는 달

237

(도22) 나오노부 〈글을 읽고 있는 미인도〉

리 뿔이 없고 꼬리가 가늘고 길며 지렁이의 형태와 비슷하다. 물 속에서 5천년 살면 교룡이 되어 용회오리(龍卷)를 일으키면서 하늘로 승천한다고 하는 수령(水靈)으로서 우룡은 변신하는 생물이다.

그런데 이 허리띠를 맨 여인의 허리부분이 이상하리 만큼 부풀러 있음에 대해 요시무라 타다시(吉村貞司) 씨는 이 여인은 현재 임신한 상태에 있다고 해석하고 있다.[27]

여인의 이러한 신체적 변화는 상대 남성으로부터 버림받는 원인이 되

---

27) 吉村貞司,「生ける 幽鬼/曾我蕭白」,『藝術新潮』 第260號, 1972.

었다고 보고 있다. 또한 이로 인해 화면의 여인의 눈은 초점을 잃었고 시
선은 외부의 그 어떤 것보다도 내면에서 일어나고 있는 광기의 근원만을
응시하고 있는 듯이 묘사되어 있다.

기모노의 옷자락을 늘어뜨리고 발밑에 감겨 있는 빨간 속옷은 상당히
요염함을 느끼게 한다. 빨간 속옷의 안감 문양은 물결과 날개를 펼친 참
새, 혹은 새끼를 밴 참새(도23)가 그려져 있다. 이것은 하이카의 계제(季
題) '참새가 바다로 들어가 대합이 됨'을 나타낸 것으로써 오비의 우룡과
마찬가지로 변화(변신)를 나타낸다. 『하이카이류센슈』에서는 '참새'의
연상어로서 '대합'을 들고 있다. 이는 중국의 도교서(道敎書)인 『포박자』
권 2 「논선」의 '계추지월(季秋之月)' 즉, 가을의 끝달인 9월에 참새가 대
합으로 변화(雀之爲蛤 雉之爲蜃)한다는 기록에 의거하고 있다. 『국어』
「진어(晋語)」에 '참새가 바다에 들어가면 조개가 되고 꿩이 회수에 들어
가서 대합이 된다'는 기록이 있으며, 변화와 아울러 움추려 감추는 것을
뜻한다. 여인이 처해진 여러 상황을 대변하는 모티브인 듯하다. 원전은
『예기』의 「월령」을 근거로 하고 있다.[28]

그런데 쇼하쿠가 그린 미인
도 가운데 수묵화로 제작된 동
경예술대학 소장의 〈버드나무
아래귀녀(柳下鬼女圖)병풍〉(도
24)이 있다. 문자 그대로 요괴
도로서 섬세하고 숙달된 필법
의 기량은 주제의 선율적인 효
과를 높이고 있다.[29]

화면을 향해 왼쪽에서 오른

(도23) 쇼하쿠〈미인도〉부분

28) 葛洪·張泳暢, 『동양학시리즈 4 抱朴子』, 자유문고, 1989. 이상옥 역저, 『신완역 예기상』, 명문
    당, 1985.
29) 제작연도는 1759년(호에키 9년경, 쇼하쿠가 37세로 비교적 젊었을 때 제작한 것으로 추정하고
    있다. M. Bigman, 「曾我蕭白」, 『日本美術繪全集 若中·蕭白』 수록, 集英社, 1977 ; 佐藤康宏,
    『若中·蕭白』, 小學館, 1991.

일본의 요괴문화 그 생성원리와 문화산업적 기능

쪽으로 부는 바람은 엷은 먹색으로 선 바깥바림으로 표현하고 있다. 여인의 옆에 서있는 늙은 버드나무의 줄기와 가지는 농묵과 담묵으로 거칠게 그려져 있다. 바람에 날려간 버드나무의 잎사귀는 엷은 감색으로 한 번에 그려내고 있어 황량한 느낌을 더해준다. 계절은 '가을'에서 '겨울'로 옮겨가고 있는 듯하고, 시각은 저녁 무렵인 듯하다.

한 그루의 늙은 버드나무 옆에는 엷은 주색 하카마(袴 ; 기모노의 겉에 입는 주름 잡힌 하의)와 검은 색 기모노를 걸친 여인이 홀로 서 있다. 일본의 대표적인 전통 가면극인 노(能)에서 붉은 색은 젊은이에게, 검정색은 노인에게 쓰여 지는 색으로 규정되어 있지만 쇼하쿠가 그린 「유하귀녀도병풍」의 여인은 젊은이와 노인이 일체가 되어있는 이상한 형상의 여성상이 묘사되어 있다.

신체표현을 좀 더 자세히 살펴보면 맨발에 드러난 발가락은 나라현립미술관 소장의 미인도와 마찬가지로 유난히 긴 것이 특징이고 노녀의 얼굴인 것과는 달리 손과 발은 젊은 여성의 탄력과 부드러움을 지니고 있

(도24) 쇼하쿠 〈버드나무 아래 귀녀 병풍〉 부분

다. 손발을 비롯한 육체의 윤곽은 야마토에(大和繪)의 백묘법(白描法)으로 그려져 있다. 이에 대해 야마가와 타케시(山川武)씨의 표현을 빌리자면 "견고하고 차가운 침금과 같은 선의 성질"[30]로써 이것이 도리어 까닭 모를 무서움을 준다고 평하고 있다. 얼굴은 축 쳐지고 두터운 눈꺼풀 아래로 일그러진 두 눈과 도무지 인간의 형상이라고 할 수 없는 큰 코, 그리고 큰 입은 넓게 벌려져 있고 불규칙적으로 솟아난 어금니를 드러내고 있다. 머리에는 사슴의 뿔과 유사한 두 개의 혹을 달고 있다. 이는

30) 山川武 「柳下鬼女圖屛風」 解說 『東京藝術大學 · 臧品圖錄』 第7卷, 1980.

(도25) 쇼하쿠〈버드나무 아래 귀녀 병풍〉부분

귀신(鬼)의 형상이라기보다는 슬픔과 놀람이 하나가 된 듯 복잡한 표정을 하고 있다. 게다가 노녀의 얼굴이지 미녀라고 할 수 없는 추한 형상을 하고 있다. 머리카락은 혼란스럽게 헝클어져 있다.

그런데 이 여인의 오른손은 헝클어진 옆 머리카락을 움켜쥐고 있으며, 왼손은 집게손가락만을 세워 자신의 두발을 가리키고 있는 의미가 불확실한 몸짓을 하고 있다(도 25). 이 여인의 머리카락은 하늘을 향해 거꾸로 솟아 있는 역발(逆髮)로서 이는 노(能) 『세미마루(蟬丸)』의 주인공이 취하고 있는 포즈와 같은 것이다.

요쿄쿠(謠曲 ; '노'의 대본) 『세미마루(蟬丸)』의 '역발(逆髮)'에 대해서 가네이 기요미츠(金井淸光) 씨는 "광기의 원형으로서 반신(사카가미 : 坂神)을 섬기는 무녀의 광기를 시사한다."[31]고 지적하고 있다. 또한 아마노 후미오(天野文雄) 씨는 "역발은 중세문예작품에서 형성된 모습"이며, 〈우타우라(歌占)〉나 〈마키기누(卷絹)〉 등 요쿄쿠에서 볼 수 있는 접신의 형상, 즉 '빙령(憑靈)'이라는 흥분 상태를 역발로 표현한 예가 있다. 이와 더불어 〈야마우바〉〈가나와(鐵輪)〉에서는 빙령 현상으로 표현하였고 '귀신의 이미지'가 있다고 지적하였다.

이러한 지적은 본 귀녀도의 해석에 도움이 되는 것으로서 '역발'에는 관서지방의 사카가미(坂神)인 무녀의 광기 이미지와 여인의 질투의 이미지가 이중으로 투영되어 있다고 볼 수 있다.

하이카이의 연상어 사전격인 『하이카이루센슈』에는 '린기'의 연상어로

---

31) 金井淸光, 「盲人の能と狂言」, 『能と狂言』, 1972.

추녀(眉目惡)'와, '질투'의 연상어로는 미녀를 들고 있다. 즉 용모의 수려함과 그 반대되는 추함은 질투의 원인이 된다고 보고 있는 것이다. '질투'의 연상어인 '하시히메(橋姫)'는 '우지(宇治)의 하시히메'를 지칭하는 것으로서 쇼하쿠가 그린 〈유하귀녀병풍도〉의 귀녀가 바로 '우지의 하시히메'의 모습을 옮긴 것이라고 추측된다.[32] '우지의 하시히메'는 야마시로쿠니(山城國)의 남쪽 경계 부근인 우지하시를 수호하는 여신으로서 예로부터 신앙의 대상으로 섬겨져 왔다. 『신교킨와카슈(新古今和歌集)420번』에 "가을바람이 밤 깊도록 불 때까지 달빛을 깔고 거적에 홀로 누워 기다리는 우지의 하시히메요."라는 유명한 와카(和歌)가 있다.[33] 이는 쓸쓸히 연인을 기다리던 우지의 유녀 혹은 여인을 읊은 것이라고 추측한다.

이 우지하시 옆의 버드나무는 본고장 사람들에게 '하시히메'의 신목(神木)으로 신봉되어 왔으며 우지하시 옆 버드나무는 '하시히메'의 모습이기도 하다. 중세 무로마치 시대에도 '하시히메'를 버드나무에 비유한 와카가 빈번하게 읊어지기도 하였다. 또한 우지의 '하시히메'는 애욕의 신인 동시에 질투의 신이기도 하다.

이에 대한 근거로서는 『헤이게모노가타리(平家物語)』[34]와 상기의 하시히메설 그리고 노의 『가나와』에 나타나 있다.

이러한 '우지 하시히메' 전설은 에도시대 초기에 새로이 괴기소설로서 일변하게 된다. 그러한 일례로써 아사이 료이(淺井了意)가 집필하고 1666년에 간행된 『오도키보코(伽婢子)』에 '질투하여 물귀신이 되다(妬鬼水神となる)'라는 삽화가 있다. 소설의 내용은 얼굴 생김새가 추하고 투기심이 강한 여자 주인공 즉, 우지에 사는 오카타니 노리베(岡谷式部)의 부인이 질투로 미치게 되어 우지천에 몸을 던져 수신 즉 귀신이 되어 결혼하는 여자나 이목구비가 수려한 여자를 홀린다는 이야기이다. 소설에서는 질투의 귀신(鬼)으로 변한 여인의 모습을 "머리카락은 거꾸로 서 있고 큰 입과 빨갛고 큰 눈이 얼굴에 박혀 있다"고 묘사하고 있다. 이로써 질투로 미친 여인의 머리카락은 하늘을 향해 거꾸로 치솟는다는 관념이 이미 상식처럼 자리잡고 있었음을 알 수 있다.

쇼하쿠가 그린 〈유하귀녀도병풍도〉는 질투심으로 미친 여인이 우지천에서 21일 동안 결제(潔齋 ; 제사나 법회 전에 술이나 육식 등을 삼가고 목욕 등으로 심신을 정결히 하는 것)하여 소원대로 '귀녀'가 된 순간의 놀람과 비애 그 어느 쪽이라고도 할 수 없는 복잡한 표정을 그린 것이다.

쇼하쿠의 〈미녀도〉로 되돌아가 편지를 상세히 살펴보면 여인이 입에 물고 있는 갈기갈기 찢어진 편지의 서체는 여성의 필체, 즉 여필이다. 쓰여져 있는 문장 중 "마이라세 소로", "하카나쿠존지소로" 등 확실히 읽을 수 있는 부분으로 미루어, 편지를 받는 상대방의 이름은 '쇼후도노(蕭風殿)' 즉 쇼하쿠의 '쇼'와 '풍(風)', 그리고 상대 남성에게 표하는 가벼운 경의의 단어인 '도노(殿)' 등임을 알 수 있다. 이로써 이 편지는 앞서 서술한 『겐지모노카타리두루마리』의 「유우기리」, 기타가와우타마로의 『보녀인상십품』「편지를 읽는 여인」에서와 같이 남편의 새로운 연인으로부터 온 편지도 아니고, 이 여인에게 이별을 고하려는 남성이 쓴 편지도 아닌, 자신의 애인인 상대편 남성에게 보내려고 쓴 편지인 것을 알 수 있다.

유난히 긴 그녀의 발가락 주변의 묵란(墨蘭)은 질투심이 많은 '우지의 하시히메'의 역발을 상징하듯 무성하게 자라나 있다. 난의 잎은 『신고킨와카슈』의 "가을바람이 밤 깊도록 불 때까지 달빛을 깔고 거적에 홀로 누

일본의 요괴문화 그 생성원리와 문화산업적 기능

위 기다리는 '우지의 하시히메' 라는 와카처럼 여인의 마음을 상징이라도 하듯 바람에 흔들거리고 있다. 야마구찌 야스히로(山口泰弘) 씨가 지적했듯이 묵란은 '멱라(汨羅)(현재, 중국의 호남장사의 남쪽)' 에 몸을 던진 초나라의 시인 굴원(屈原)[35]을 상징하는 '난' 과 관련이 있는 것으로 생각된다.[36] 사군자 매란국죽의 하나로 꼽히는 '난' 은 고결한 성격을 의미하는 한편 외곬으로만 생각하게 되면 결국 자기파멸을 맞이하게 되는 운명을 상징하는 식물이다.

백낙천의 시 「흉택(凶宅)」에 "난(蘭) 국(菊) 덤불 풀에는 여우가 서식해 있다"와 『시경』의 노래 「남산」에 "남산은 높다란데 숫여우는 어슬렁거리며 배회하고 다니네. 어슬렁거리는 여우는 기수 돌가리를 배회하고 있네.(南山崔崔 雄狐綏綏 有狐綏綏)"가 있다. 질투로 인해 미쳐 버린 이 여인은 '여우(狐)' 의 변신일지도 모른다.

5. 맺는 말

쇼하쿠는 "화(畵)를 원한다면 나에게 부탁해야 하지만 단지 도(圖)정도라면 마루야마 오쿄라도 무난할 듯하다."[37]라 말했다고 전해진다. 이 말은 오쿄의 '사실주의' 를 빗대어 내용이 없는 감상적인 오쿄의 화풍을 예리하게 지적한 것으로써 귀담아 경청할 만하지만, 교토화단을 풍미한 라이벌 쇼하쿠의 질투에서 비롯된 주장인 듯하다.

당시 교토화단에는 앞서 소개한 오쿄, 로세츠, 쇼하쿠 이외에 요사 부손, 이토 자쿠츄, 이케노 타이가 등과 같이 개성 있는 화가들이 활동하고 있었으므로 한층 더 개성이 두드러지게 나타나는 결과가 되었다. 이들을

---

35) 『사기』 「굴원전」에 의하면 굴원(BC 343~289) 이름은 평, 자는 원으로서 중국 전국시대 초나라의 정치가이자 애국시인. 정적의 모함으로 방랑시인이 되었고 진나라에 의해 나라가 멸망한 후에 자살에 이른 초나라 시인으로서 그의 개성적이고 독창적인 시는 초기 중국 시단에 많은 영향을 주었다.

36) 山口泰弘,「曾我蕭白の見立趣向」,『ひる・ういんど』第27號, 三重縣立美術館, 1989.

37) 출전은 『名家書畵談』

크게 둘로 나누면 오쿄와 같은 사생적 태도와 근세 후기의 표현주의적 화가인 쇼하쿠와 같은 태도, 두 그룹으로 나눌 수 있다. 쇼하쿠와 같은 입장에 있는 화가들은 오쿄의 사생에 대해 대체로 비판적이었다. 앞서 서술한 쇼하쿠의 말은 오쿄의 그림은 예술이 아니라는 주장이기도 하다. 쇼하쿠의 이러한 생각은 각별히 새로운 의견이라기보다는 중국 송나라 때부터 전해 내려오던 생각이다. 즉, 사물을 실물 그대로 그리는 기술은 수공인의 기술로써 예술이라고는 인정할 수 없다는 주장이기도 하다.

작품이 지닌 성향에서 엑센트릭(eccentric)의 정도의 차이는 다소 있지만, 유령화는 이들 화가들의 공통된 성격을 정확하게 부각시키는 절호의 모티브이기도 하다. 아무튼 교토화단이 채택한 유령은 회화 표현의 하나로 그치지 않고, 에도 말기에 나타나는 미의식의 변화를 부각시키는 것이기도 하다. 더불어 여인의 모습을 이처럼 진묘괴기(珍妙怪奇)하게 변신(=Meta morphose)시킬 수 있었던 에도시대의 회화사, 특히 일본 미인화가 지닌 다양성을 유령화를 통해서 다시 한 번 깨닫게 되는 계기가 되었다.

일본의 요괴문화 그 생성원리와 문화산업적 기능

요괴문화는 시간과
공간을 넘나드는데

일본의 요괴문화 그 생성원리와 문화산업적 기능

요괴문화는 시간과 공간을 넘나드는데

한국의 도깨비 일본의 요괴

김종대

한국의 도깨비 일본의 요괴

김종대

Ⅰ. 서언

요괴문화에 대해서는 한국보다 일본이 발달하였다. 이에 따라서 요괴를 연구하는 학문으로서 요괴학이라는 명칭이 메이지 시대 후반에 나타나기도 했으나, 본격적인 요괴학이 수립되지 못했음을 고마쓰 가즈히코(小松和彦)는 지적한 바 있다.[1]

그러나 일본처럼 요괴가 발달하지 않은 한국에서는 이러한 차원까지 올라가기는 어렵다. 일본처럼 요괴의 하위 분류에 속하는 유형이 한국에는 그다지 존재하지 않고 있다는 사실도 이런 점을 어렵게 만드는 요인이다.[2]

---

1) 小松和彦, 『妖怪學新考』, 東京 : 小學館, 1994, 5~6쪽.
　　중국의 경우 요괴와 달리 귀신을 중심으로 한 蔣梓? 편, 『鬼神學詞典』(陝西人民出版社, 1992.)이 발간된 바 있다.
2) 중국의 경우 妖怪가 하나의 존재가 아니라, 妖와 怪를 다른 이류로 보고 있다. 즉 怪는 정상적인 상황과 다른 기이한 생물로 동물이나 식물의 범주를 벗어나지 않는다. 그런데 妖는 수련을 거쳐 사람과 비슷한 영혼과 성격을 지닌 異類를 의미한다. 특히 대다수의 妖는 사람의 모양으로 변해 사람의 생활에 참여한다. 〈白蛇傳〉에 나오는 사람으로 둔갑한 뱀과 같은 존재로 사람과 결혼해서 아기도 낳는 유형을 말한다.(岳娟娟·顧迎新, 『鬼神』, 濟南 : 山東畵報出版社, 2004, 22~24쪽 참조)
　　한국의 강감찬과 일본의 安倍晴明의 모친이 여우로 나타나는데 이때의 여우도 여기에 속한다. 이와 관련한 논문으로 김종대의 「姜邯贊과 安倍晴明의 출생과 성장담을 둘러싼 문화적 교류양상」(『韓國民俗學』 36호, 한국민속학회, 2002, 99~121쪽.)을 참조할 것.

한국의 경우 요괴라는 용어는 고문헌에서 『삼국사기』 고구려 차대왕(次大王) 3년에만 유일하게 나온다. 그 대상은 흰 여우로서 또한 요수(妖獸)라는 표현도 동시에 쓰고 있다. 이를 근거로 한다면 고려시대에는 요괴라는 명칭이 맹수와 동물까지 포괄하는 개념으로 사용하고 있었음을 보여준다. 여우가 요사스러운 동물이라는 점에서 요괴로 호칭했을 가능성이 높다.

그럼에도 불구하고 지금까지 한일간의 요괴문화 비교는 도깨비와 갓파(河童), 도깨비와 오니(鬼)처럼 요괴의 하위유형들과 거론하는 방식을 택하였다. 한국의 도깨비를 이런 방식으로 비교하는 것은 사실 부적절한 면이 있다. 한국에서는 다양한 유형의 요괴가 없기 때문이다. 그 대신에 도깨비에게 그런 속성들을 부여했다. 이것은 도깨비가 갓파 등과 같이 하나의 독특한 성격을 갖춘 존재로 받아들이지 못한다는 뜻이기도 하다.

김용의는 기존에 비교 연구된 내용을 검토하면서 이들 논의에서 본질적인 내용, 즉 요괴의 개념 정의가 불확실한 상태로 비교되었기 때문으로 풀이하였다. 따라서 논의가 부실하게 된 원인을 다섯 가지 개념의 혼합 때문임을 제기한 바 있다.[3] 이런 틀에서 한

한국 고대의 귀신. 고구려 고분 안악3호분의 귀신 얼굴들 (한재규 제공 『귀신이여 이제는 대로를 활보하라』에서)

---

3) 김용의, 「한·일 요괴설화 비교연구의 과제」, 『日本語文學』 2집, 한국일본어문학회, 1996, 246 쪽 참조. 여기서 지적된 내용은 ① 조선시대 지식인 유학자들이 「儒家的 言說」의 흐름에서 사용한 귀신, ② 村山智順 등과 같이 일제 식민지시대에 일본인 연구자들에 의해 파악된 귀신과 도깨비, ③ 일제 때 소학교 교과서에 등장하는 도깨비의 조형화, ④ 한국 연구자들이 사용한 귀신과 도깨비, ⑤ 민간 구술현장에서 사용된 귀신과 도깨비 등이다.

국에서는 귀신과 도깨비를 혼동하여 사용하였다는 점을 지적하였다.

그러나 이런 방식의 지적은 일방적이며, 동시에 일본의 요괴문화를 근거로 삼고 우리의 귀신과 도깨비를 바라본 결과이기도 하다. 한국에서 형성된 귀신과 도깨비의 문화적 배경을 온전히 이해하지 못한 때문이기도 하다. 문제는 이런 논의의 토대가 이야기를 근거로만 삼고 있기 때문에 발생한 것이라는 점도 지적할 필요가 있다.

또한 유학자들이 바라본 내용이 도깨비보다는 귀신의 해석에 집중되어 있기 때문에 올바른 지적인가에 대해서는 회의적이다. 이런 점은 유학자들의 귀신론에 대한 것보다는 왕조실록 등에 수록된 표현에 대한 검토가 선행되었으면 오히려 좋은 결과를 유추해 내지 않았을까 하는 생각이다. 왕조실록에는 '이매(魑魅)'나 '망량(魍魎)'을 도깨비를 지칭하는 용어로 대용하고 있다.[4] 즉 귀신이 아닌 또 다른 존재들에 대한 표현을 중국의 귀를 끌어들여다 기록한 것이다. 이런 문제는 어떻게 해석할 것인가, 논의가 더 필요하다.

연구자나 제보자간의 귀신과 도깨비의 혼동을 지적한 바 있는데, 이것은 연구자가 혼란을 일으킨 것이 아니다. 제보자들의 내용을 분석하는 과정에서 야기된 결과일 따름이다. 연구자들이 귀신과 도깨비를 혼동하는 것이 아니라, 제보자들이 관행적으로 이야기한 내용을 분석한 때문이다.

김종대의 논의가 '귀신과 도깨비의 차이'에 대해 과제를 해결하지 못하고, 애매한 결론을 도출했다는 김용의의 지적도 이것과 연결선상에서 해명될 필요가 있다. 이런 논의는 먼저 이야기를 토대로 한 결과이기 때문에 발생한 오류로 생각된다. 특히 도깨비가 지닌 다의적(多義的) 역할이나 존재표현 방식을 하나로 제시하기 어렵다는 것을 간과한 때문일 가능성이 높다.

---

4) 李能和의 『朝鮮巫俗考』(李在崑 譯, 白鹿出版社, 1976, 173~174쪽.)에는 魍魎을 獨甲이라 하여 무당은 독갑을 대감이라고 칭한다고 하였다. 속칭 장난으로 사람을 괴롭히고, 돌을 물에 던져 사람을 놀라게 하고, 물건을 훔쳐 나무에 걸어놓기도 하며, 불을 놓고 家屋을 태우기도 하기 때문에 무격을 불러 굿을 하고 기도를 했다. 서울에는 전등이 생긴 후에 일시 자취를 감추었는데, 음습한 곳을 좋아하고 광명을 두려워한 때문이라고 하였다.

일본의 요괴문화 그 생성원리와 문화산업적 기능

예컨대 이야기에 나타난 성격과 민간신앙에서 나타난 성격 차이가 극명한데도 불구하고, 이것을 온전하게 해석하거나 이해하려는 노력이 없었다.

우리 민족이 도깨비를 왜 그처럼 다의적 존재로 만들었는가에 대한 치열한 고민이 없는 것은 아닌가 생각되는 것도 이런 이유 때문이다. 과연 이런 비교가 적절한 것인가에 대한 논의를 중심으로 이 글을 전개하고자 한다.

II. 한국의 도깨비, 재물신(財物神)에서 역신과 화재를 일으키는 잡귀로

도깨비는 양면적 속성을 보인다. 그러나 도깨비의 어원에서 찾아볼 수 있듯이 도깨비의 본질은 부의 생산, 혹은 부의 창조에 있다. 도깨비란 용어를 처음으로 보이는 문헌은 『석보상절』이나 『월인석보』이다. 이들 문헌은 15세기에 해당된다는 점에서 당대 민중들이 도깨비를 어떻게 인식하고 있는가를 잘 보여준다.

『석보상절』에는 '돗가비 請ᄒᆞ야 福을 비러 목숨 길오져 ᄒᆞ다가' 라는 기록이 있다. 도깨비에게 복을 빈다는 것은 재물이 많이 생기기를 기원하는 것이다. 목숨을 길게 해달라는 것은 오래 살게 해달라는 뜻이라고 하겠다. 따라서 『석보상절』이 발간된 15세기에는 민중들이 개인적인 치성 대상으로 도깨비를 모셨다는 것을 알려주는 것이다. 이것은 동시에

자기가 이미 빚을 갚은 것을 잊어버리고 매일 밤 찾아와서 돈을 주고 갔다는 도깨비 이야기(김정한 그림 『귀신 도깨비』 웅진닷컴 제공)

도깨비를 가신신앙의 하나로 믿었다는 점을 보여주는 것이기도 하다.

현재까지도 부와 풍요를 가져다 주는 도깨비 신앙의 흔적을 찾아볼 수 있다. 물론 이야기 속에서는 도깨비의 부신성은 두드러지게 나타난다. 〈도깨비방망이 얻기〉나 〈도깨비를 이용해 부자되기〉는 그런 좋은 예이다. 특히 도깨비 터에 집을 짓고 살면 부자가 된다는 속신은 도깨비가 부의 생산능력이 매우 탁월하다는 것을 알려주는 것이라 하겠다.

이런 관점에서 민중들이 도깨비를 만들어내고 믿어왔던 이유를 살필 경우 이해가 쉽다. 왜 민중들은 신으로 믿은 것일까. 속담에서 '도깨비를 사귀었나' 라는 표현처럼 벼락부자가 되었을 경우를 본다. 조선시대에 하층민들의 삶은 험한 고난의 세월이었다. 먹고 살기에도 급급할 지경이었기 때문이다. 그렇기에 현실적인 궁핍에서 해방되는 것을 가장 긴요한 소원으로 삼을 수밖에 없었다. 이런 소원을 해결할 수 있는 방법 중의 하나로 도깨비를 믿어왔던 것이다.

신앙적인 면에서 도깨비를 신으로 모시는 경우는 풍어기원이 대표적인 것으로, 서해안의 갯벌을 중심으로 한 어민들의 신앙을 들 수 있다.[5] 이 점은 육지에서는 도깨비를 풍요와 관련한 제의로 전승되지 않고 있다는 점에서 매우 흥미로운 대목이다. 전남 신안지방에서는 이 고사를 덤장고사라고 하는데, 주로 갯벌에 고정망을 설치한 어민들 중심으로 전승되어 왔다. 흑산도에서는 덤장고사를 지내게 된

제주도의 굿 영감놀이에 등장하는 도깨비는 검은 옷에 패랭이를 쓰고 헝겊으로 얼굴을 가리고 있다. (김종대 『도깨비한국요괴고』 일본 역사민속박물관에서 2003년에 간행)

---

5) 도깨비 신앙과 관련한 논문으로는 김종대의 『도깨비를 둘러싼 민간신앙과 설화』(인디북, 2004, 15~54쪽)를 참조할 것.

유래를 설명하는 이야기도 채록된 바 있다.

대강의 내용을 보면 뱃고사 때 남은 음식을 지나가는 사람에게 주었는데, 그 후로 고기가 많이 잡혔다. 알고 보니 그는 사람이 아니라 도깨비라는 것을 깨달은 어부는 도깨비를 위해 메밀묵을 바다에 뿌리면서 고사를 지냈더니 부자가 되었다. 이러한 사정은 갯벌이 발달한 서해안지역에서 쉽게 찾아볼 수 있었던 민간신앙이었다. 하지만 연안 어족자원의 고갈로 인해 이런 제의는 단절된 상황이다.

그러나 진도나 순창의 도깨비굿에 찾아볼 수 있는 것처럼 도깨비의 존재는 역신(疫神)으로의 속성이 혼재되기 시작한다. 이와는 달리 전라북도 산간지방에서는 화재의 원인으로 작용한다는 믿음에서 만들어진 도깨비제가 전승되고 있다. 이러한 도깨비의 역신화, 혹은 도깨비의 부정적 인식에 대한 이유는 무엇인가 고민할 필요가 있다.

도깨비는 음습한 곳을 좋아한다. 도깨비는 어둑어둑할 때, 비가 부슬부슬 내릴 때 나타난다고 한다. 그런데 이때 등장하는 방식은 도깨비불이다. 도깨비불의 존재는 귀(鬼)의 속성을 띠고 있는 것이다. 이런 관점에서 성현의 『용재총화』에서처럼 도깨비를 귀로 표현했을 가능성이 높다.

도깨비를 귀로 혼동하게 되면서 도깨비는 돌림병을 가져다주는 역신과 사람을 홀리는 존재, 그리고 도깨비불을 근거로 삼은 화재의 원인이 되는 귀신으로 나타나기 시작한다. 특히 진도의 경우 도깨비굿이 시작된 시점은 아무리 빨라도 15세기 초 중반 무렵이다. 왜냐하면 왜구의 침탈이 극심해지자 고려시대 말기부터 섬을 비우는 공도정책(空島政策)에 의해서 진도의 주민을 육지로 소개시켰기 때문이다. 약 87년 간의 공도정책이 끝나고 다시 사람들이 들어와 살기 시작한 때는 세종 19년(1437년)경부터라고 한다. 『석보상절』에 나타난 도깨비의 부와 수명을 관장하는 능력도 이 시기에 같이 나타난다는 점에서 이전부터 도깨비의 다면성이 이루어졌다는 것을 알 수 있다.

이와 함께 논의될 만한 것이 바로 도깨비불이다. 도깨비불은 성현의 『용재총화』를 보면 귀화(鬼火)로 표현된다. 당시에 나타난 귀화는 좋은

역할을 했던 것으로 보기 어렵다. 성현의 외숙이었던 안부윤이 겪은 이야기의 한 내용을 보면 밤중에 산길을 가다가 귀화를 만나 혼이 났다는 내용이다. 이때는 비가 부슬부슬 내리는 궂은 날로 무수한 귀화가 나타나 안부윤을 놀리고 사라졌다.

이 내용에서 주목되는 것은 최근까지도 조사된 도깨비불의 생태와 거의 같다는 것이다. 즉 밤중에 고개를 지나는 사람에게 나타나 괴롭혔다는 것이나, 몰려다니는 습성 등이 그러하다. 특히 비가 부슬부슬 내리는 밤중이라는 상황은 도깨비불이 나타날 최적격의 날씨 상태다. 그런 점에서 여기서 기록된 귀화는 바로 도깨비불임을 알 수 있다.

하지만 이런 도깨비불이 항상 나쁜 일만 하는 것은 아니다. 바다에서는 도깨비불이 나타나는 곳에서 고기가 많이 잡힌다고 하는 점세속(占歲俗)이 성행하였으며, 이 결과를 통해서 바다에 그물을 설치하였다. 이런 풍속은 서해안에서 남해안에 걸쳐 두루 나타난다는 점에서 바닷가의 풍어 점세속으로 가장 인기를 누렸다고 해도 과언이 아니다.

도깨비불로 치는 점세속은 바다뿐만 아니라, 육지에서도 찾아볼 수 있다.[6] 농촌지방에서는 도깨비불을 근거로 하여 흉풍을 점치는 점세속이 전해졌다. 먼저 부산의 경우에는 섣달 그믐날 밤에 도깨비불을 근거로 풍년을 점친다. 즉 산쪽에 도깨비불이 있으면 그 쪽의 마을에 풍년이 든다고 믿어 왔다. 광주지방에서도 도깨비불을 근거로 흉풍을 점친다. 도깨비불이 높은 곳에서 놀면 가뭄이 들고, 낮은 곳에서 놀면 물이 흔해져 풍년이 든다는 것이다. 전라남도 나주에서는 정월 보름날 들녘에 돌아다니는 도깨비불을 본다. 도깨비불이 크고 활활 타오르는 모습이면 풍년이라고 하며, 반대로 불기가 약하면 흉년이라고 생각한다.

전라북도 부안군에서는 대보름 무렵에 도깨비불을 본다고 한다. 도깨비불을 '잔나비'라고 부른다. 나비처럼 날아다닌다는 뜻인지 아니면 원숭이처럼 재주를 부리는 듯한 모습 때문에 그렇게 부르는 것인지 정확하지

---

6) 김종대 「도깨비불점」, 『한국세시풍속사전』, 국립민속박물관, 2004, 57~59쪽

않다. '잔나비'가 마을의 논과 가까운 곳에서 놀면 비가 귀해져 가까운 곳부터 모를 심는다. 반대로 논에서 먼 곳에서 놀면 물이 풍족하기 때문에 위쪽부터 모를 심는다고 한다.

농촌에서의 도깨비불 보기는 논농사와 관련하여 물이 풍족할 것인가, 부족할 것인가를 확인하는 방식으로 나타난다. 즉 도깨비불은 바로 물과 밀접한 관련이 있다는 관념이 담겨 있다. 도깨비불이 크게 논다는 것은 습기가 많아져 비가 내릴 확률이 높다는 의미와 같다. 따라서 도깨비불의 존재는 논농사를 짓기에 적합한 비가 공급될 것인가를 알려주는 점세적인 상징으로 이해되어 왔음을 알 수 있다.

이외에도 전남 초도에서는 마을보기라고 하여 정월 초이튿날의 당산제 때나 정월보름에 산에 올라가 마을을 보는 풍속이 있다. 이때 마을이 잘 보이지 않으면 불길하다고 생각하며, 특히 민가의 지붕에서 불이 보이면 그 집에서 불상사가 있다고 믿는다. 이 불을 '헛불'이나 '도깨비불'이라고 한다.

도깨비불의 점세속은 좋은 의미를 지닌 것이다. 하지만 도깨비불이 인간에게 해를 끼치는 대립적 속성을 보여주는 것으로 도깨비제가 주로 전라북도의 산간지방에서 전승되어 왔다. 이 제의는 도깨비불이 화재의 원인이라는 인식을 바탕으로 형성된 독특한 마을신앙의 하나이다. 즉 화재로 인해 마을 전체가 소실되는 사건을 경험했기 때문에 이런 제의가 전승될 수 있었다. 과거의 주거구조는 아궁이에서 굴뚝으로 바로 불씨가 날아갈 수 있는 구조이기 때문에 초가지붕의 경우 불이 날 확률이 매우 높다. 특히 겨울철에는 불의 사용이 증가하면서 더욱 화재의 위험이 높아졌던 것이다. 임실 관촌 구암리의 경우 제의 날짜가 음력으로 10월 30일로 정해 있다. 다른 마을의 경우는 대개 정월 보름이었는데 이 마을만 10월 30일인 이유는 매우 현실적이다. 이 무렵에는 겨울철로 들어가 불의 사용이 많아지기 때문이다.

사실 도깨비불에 의한 화재를 막기 위해서 제의를 지내는 마을들이 충청북도의 청원군과 중원군에도 많았던 것으로 보인다. 1967년에서 1968

한국의 도깨비 일본의 요괴 | 김종대

년 사이에 실시된 문화재관리국의 「마을제당」이라는 설문조사 내용에 따르면 도깨비불 때문에 마을에 불이 나는 것을 방지하기 위해 장승을 세웠다는 마을로 충북 청원군 옥산면 오산리 신평동이 있다. 충북 중원군 상모면 안보리 보계동에서는 일제 침략기에 대안보마을에서 도깨비불 때문에 화재가 자주 일어나 별신제를 15일간이나 행했다고도 한다. 충북 중원군 소태면 복탄동 인다마을에서는 70년전 구 산제당 나무를 벤 후부터 도깨비불이 나타나 불을 지르고 장난이 심해져서 제단을

한국의 마을제당. 이 가운데는 도깨비불을 방지하기 위해 제사를 지내는 곳이 있다.

쌓고 매년 제사를 지내 태평해졌다고 한다. 그러나 이들 지역에서의 도깨비불과 관련한 마을제의는 전승이 단절된 실정이다.

이러한 다양한 도깨비의 속성들은 그런 점에서 하나로 묶어내기도 어렵다는 것을 잘 보여주는 것이다. 도깨비와 귀를 구별하는 법으로서 인간이 죽은 후 인간의 속성을 띠는 것을 귀신, 이외의 존재는 도깨비로 보는 것도 완전한 것이 아니다. 또한 요괴와 신에 대한 일본식의 구분법을 적용하기도 부적절함을 알 수 있다.

Ⅲ. 도깨비와 요괴의 비교연구가 가능한가

비교연구를 위해 문제로 삼을 수 있는 중요조건들은 요괴가 갖고 있는 양상을 과연 도깨비에게 어떤 방식으로 접근시킬 수 있는가 하는 점이다.

첫째는 신과 요괴, 혹은 유령 등의 존재들을 한국과 일본에서는 어떻게 인식하고 있는가를 살피는 것이다. 두 번째는 논의 내용을 근거로 삼아 이들의 비교연구가 과연 적정한가를 알아보는 것이다. 예컨대 이들의 출현과정에서의 존재 표현양상을 통해 이들의 위상을 밝힐 수 있다. 그것은 바로 도깨비와 요괴의 의미를, 과연 비교할 수 있는 대상인가를 명확히 알게 한다.

도깨비는 자신의 모습을 드러내는 양상이 크게 사람의 형상, 그리고 도깨비불로 제시된다. 도깨비불의 경우에는 사람들에게 자신을 알리는 방식이기는 하지만, 확연하게 드러낸 모습이 아니다. 그렇기에 도깨비불은 사람들의 주변에 나타나기보다는 거리상으로 떨어진 위치에서 자신을 표현하는 것이 일반적이다. 예를 들어 어둑어둑한 시점에서 비가 부슬부슬 내릴 경우 도깨비불이 나타난다. 이러한 시간적 공간적 배경은 전국적으로 유사하다. 하지만 이런 표현의 경우 산밑이나 들판 건너 등으로 제시되는 동시에 거리상으로 멀리 떨어져 있는 곳이다. 이것은 바로 도깨비불의 존재들이 사람들에게 시각화되어 있음을 보여주는 좋은 예라고 하겠다.

그러나 도깨비불과 달리 도깨비를 만났다고 하는 사람들은 도깨비를 사람과 거의 유사한 형상으로 제시하고 있다. 최근에 도깨비와 관련한 영상물에 출연한 후에 많은 사람으로부터 전화를 받았는데, 그 중에서도 흥미로운 제보는 바로 도깨비는 미남 청년이라고 말한 경우였다.(제보자 : 정경자, 여, 70세, 서울시 서대문구 홍은동 미성아파트, 2004년 1월 26일 전화 제보.)

이런 도깨비의 인물화는 사람이냐, 오니의 형상이냐에 대해서는 아직까지도 논란이 마무리되지 않은 실정이다. 2002년 월드컵 대회 때 인기를 끈 '붉은 악마'의 형상을 치우라고 하면서 오니의 얼굴상, 혹은 귀면와를 그대로 차용한 것이 좋은 예중에 하나이다. 하지만 이런 왜곡된 몇 가지의 사례들만 제거하면 도깨비의 형상은 대개 사람으로 나타난다. 이것은 요괴가 사람이 아닌 이물이라는 점을 고려하면 도깨비와 비교하는

것 자체가 무의미한 것임을 알 수 있다.

무엇보다도 도깨비는 본질적으로 신의 속성을 갖고 있다. 하지만 시대가 바뀌면서 속성의 변화를 겪는다. 예컨대 귀신의 속성이라 할 수 있는 사람 홀리기나, 역신으로의 기능, 그리고 화재의 원인이 되는 도깨비불의 존재 등이 그러하다. 그럼에도 불구하고 본질적인 신의 속성을 상실한 것은 아니라는 점에 주목해야 한다. 신적 속성도 지닌 채 다른 속성도 병행해서 가지고 있기 때문이다. 이것은 도깨비라는 명칭 속에 다양한 기능을 하는 존재들이 자리잡고 있음을 의미한다.

반면에 요괴는 신의 일종이면서 부정적인 측면을 지닌 존재로 이해되고 있다. 만약 이럴 경우 우리에게 대비될 수 있는 것은 도깨비일 수도 있으며, 또한 귀신도 이에 해당된다. 특히 귀에 대한 유교적 개념을 이해한다면 이러한 비교는 어느 정도 가능할 것으로 생각된다. 김시습의 『금오신화』에 따른다면 귀신은 사람이 죽어서 된 존재라는 것이다. 다만 귀는 음의 영(陰之靈)이기 때문에 사람으로부터 받듦의 대상, 즉 제사의 대상이 되지 못한다. 반면에 신(神)은 양의 영(陽之靈)이기 때문에 받들어 모셔진다는 것이다.

그런 측면에서 고마쓰 가즈히코가 말한 요괴와 신을 제사받는 존재인가, 받지 못하는 존재인가로 구분하는 것도 일본에서 해당될 수 있는 개념이라고 할 만하다.[7] 한국의 경우 이런 구분법은 온당하지 않다. 만약 한국적인 방법으로 접근한다면 요괴는 귀신에 해당되기 때문이다. 그런데 한국에서의 귀신은 일본의 요괴처럼 발달하거나, 혹은 형상화된 내용이 완전하지 않은 한계가 있다. 이런 부분을 고려하면서 어떻게 대응시킬 수 있는가를 고민해야만 한다.

이와 같은 토대 위에서 도깨비를 살펴볼 필요가 있다. 먼저 도깨비는 사람들에게 부와 풍요를 가져다준다는 점에서 마을제의나 고사의 대상으로 모셔져 왔다. 예컨대 전남지방의 당산제 이후에 행해지는 도깨비고사

일본의 요괴문화 그 생성원리와 문화산업적 기능

---

7) 小松和彦, 『妖怪學新考』, 東京 : 小學館, 1994, 33쪽.

나 덤장고사, 그리고 뱃고사 과정에서 마지막 고시레를 할 때 축언 속에서 나타나고 있다는 것도 도깨비를 신으로 볼 수 있는 근거가 된다.

하지만 역신으로 나타나는 진도의 도깨비굿이나 순창의 도깨비제, 그리고 화재를 막기 위해서 행해지는 전라북도 산간지방의 도깨비제 등에서 나타나는 도깨비는 일본식으로 본다면 요괴임이 분명하다.

그러나 이들에게도 제사를 드려서 사람들에게 해를 끼치지 않기를 기원한다. 그렇기에 일본식 구분법을 원용할 경우 도깨비는 요괴이면서 제사의 대상이 되기 때문에 신과 요괴의 중간에 위치한다고 볼 수 있다. 그러나 한국적 상황에서는 이런 판단은 명확하지 않다.[8]

또 다른 점에서 주목해야 할 것은 풍어를 기원하는 해안지방의 도깨비고사는 대개 개인고사의 성격이 강하다는 것이다. 반면에 축귀를 목적으로 하고 있는 도깨비제들은 집단적 마을신앙의 특징을 잘 보여준다. 이러한 신앙적 속성을 본다면 도깨비의 신적 기능은 오히려 요괴일 경우 더 강화된다는 식으로 평가될 수밖에 없다. 과연 이런 적용이 가능할 것인가 의문이 아닐 수 없다.

그런 관점에서 도깨비를 요괴의 한 유형과 비교 검토하는 것이나, 도깨비를 요괴라는 개념으로 단순 비교하는 것은 부적절한 것이라고 하겠다. 이 점은 도깨비의 속성을 통해서, 예컨대 씨름하기를 좋아한다는 속성이나 숲 속에 살고 있고 빗자루 몽둥이 등에서 변화하기에 나무의 정령이라는 등으로 비교하여 결과를 도출하는 방식은 오류를 범하기 쉽다는 것이다. 도깨비가 주인공으로 나타나는 이야기나, 혹은 도깨비의 속성을 근거로 삼아 그와 유사한 속성을 찾아낼 수 있는 갓파와 덴구, 그리고 오니 등과 비교하는 방식도 그런 오류의 좋은 예들이다.

이들과의 비교 검토는 단순한 행위나 속성을 근거로 삼는 것보다는 이

---

8) 일반적으로 귀신에 대한 해원방식(解寃方式)의 한국적 특징은 잘 베풀어 먹여 보낸다. 혹은 잘 대접해서 보낸다는 것에 초점이 두어진다. 귀신이 요구하는 것을 들어준다면 사람에게 해를 끼치지 않는다. 다만 귀신이 원하는 것을 사람들이 알지 못하거나, 제대로 이해하지 못하기 때문에 귀신으로부터 해를 당하는 것이다. 한국의 굿이나 마을제의에서 신뿐만 아니라, 신을 따라온 온갖 잡신들에게도 공양하는 것이 일반적임을 상기할 필요가 있다.

들 존재가 생성될 수밖에 없는 문화적 배경에 대한 논의가 선행되어야 한다. 또한 이야기를 근거로 한 추론보다는 도깨비를 둘러싼 다양한 문화양태, 예컨대 신앙적 대상으로 나타나는 경우는 민중들의 어떤 심리나 기대와 결부되어 있으며, 그것이 이야기에는 어떤 방식으로 도출되어 있는가 등을 살피는 작업이다. 만약 이런 논의가 없다면 사실 그러한 비교가 온당한 것으로 보기 어렵다. 게다가 그러한 논의가 얻을 수 있는 결과나 의미는 매우 미미할 뿐이다.

성현의 『용재총화』에서도 찾아볼 수 있는 것처럼 도깨비불을 귀화(鬼火)로 표기한 것은 좋은 예라 하겠다. 왜냐하면 이것은 당시에도 도깨비와 귀신을 명확하게 구분하지 않았음을 엿볼 수 있기 때문이다. 그렇기에 현재 도깨비와 귀신을 구분하지 않은 것은 한국적 귀문화(鬼文化)의 특징이라고 할 만하다. 구분하지 않았기 때문에 잘못된 것이 아니라, 그렇게 세분해서 구분할 존재라 생각하지 않은 까닭이다. 특히 도깨비와 귀신을 인간에게 해악을 끼치는 공통성과 눈에 보이지 않는 속성이 겹쳐져 민간에서 구분하지 않았다고 한 지적은 그런 측면에서 다시 논의될 필요가 있다.[9]

도깨비가 생성된 이유는 인간에게 필요한 풍요를 가져다주는 신적 직능에 있다. 그러나 이야기 속에서는 도깨비의 속성은 심술맞거나 장난이 심하다, 혹은 변덕이 심하다 등으로 표현된다. 이것은 신적 차원에서 행할 수 있는 행동이 아니라, 인간적 행동이다. 이 점은 도깨비의 본질을 엿볼 수 있는 중요한 대목을 담고 있다는 점에서 주목할 필요가 있다. 즉 도깨비가 신의 기능이나 역할을 수행하기는 하지만, 이야기 속에서는 신적 존재라기보다는 인간적 친근감을 지닌 존재로 민중들은 더 비중있게 인식하여 왔다는 것이다.

결국 도깨비는 본격적인 신으로보다는 하위신적 존재로 인식되며, 동시에 인간화하려는 욕망을 강렬하게 보여주고 있는 존재이다. 신적 속성

일본의 요괴문화 그 생성원리와 문화산업적 기능

---

9) 김용의, 앞글, 249쪽

보다 장난기 많은 인간적 속성을 이야기 속에서 광범위하게 표현하고 있는 것은 도깨비를 인간으로 바라보려고 하는 민족적 성향과도 무관하지 않다.

이와 같은 도깨비의 특징적 성격에 대응할 수 있는 요괴가 과연 있는가 의문이 아닐 수 없다. 그렇기에 지엽적인 공통점을 근거로 삼아 이문화(異文化)의 원천이 유사하거나 혹은 일치한다고 주장하는 것은 매우 심각한 오류의 함정에 빠질 수 있다.

또한 일본에서는 요괴문화의 논의가 성숙하여 개념규정이 일목요연하거나 잘 정리되어 있다. 반면에 한국은 연구자나 제보자가 혼동해서 사용하고 있다는 반대적인 주장은 단면적 속성을 지닌다. 그런 관점에서 요괴문화와 도깨비문화를 총체적으로 비교하여 문화적 차별성을 밝히는 노력이 오히려 유효한 결과를 가질 수 있다고 본다. 이것은 동시에 이면에 담겨진 문화를 밝히는 방식도 필요하다는 것이다.

유사성은 매우 지엽적이며 하나의 공통된 존재로 묶기에는 어려움이 많다. 그러한 단순비교는 말 그대로 단순한 비교에 그칠 뿐이지, 그것이 문화적 양태를 비교하고 밝히는 방법이라고 하기에는 적절하지 않다. 도깨비와 요괴를 둘러싼 한국과 일본문화의 특징을 밝히는 방식이 오히려 더 의미가 있다는 것을 뜻한다.

Ⅳ. 도깨비를 만들어 낸 사람들의 상상력, 혹은 그 자리매김

이 글은 시론적인 논의를 담고 있다. 그러나 한국과 일본의 문화에서 가장 흥미로운 존재라 할 수 있는 도깨비와 요괴를 어떤 방식으로 연결하거나, 혹은 그들의 변별성을 어떻게 제시할 것인가에 대한 일단의 의문을 던지는 것에 의미를 두고자 한다. 다른 나라의 문화를 어떤 방식으로 비교하거나, 혹은 그 비교를 하는 데 필요한 개념들이 두루 적용이 가능한 것인가에 대한 선험적인 논의가 없이 하나의 기준으로 살핀다는 것은 매우 위험하다. 이런 관점에서 본다면 이 글은 그런 논의를 위해 필요한 질

한국의 도깨비 일본의 요괴 ㅣ 김종대

선령과 악령.
선령은 조상신이나 수호신이 되
고, 악령은 산 사람을 괴롭히는 잡
귀가 된다. 떠나서 저주 한, 제의를
대한과 선령은 조상숭배로, 악령
은 시자의례를 치르게 한다.

선령과 악령. 선령은 제사의 대상이 되지만, 악령은 사람을 괴롭
히는 잡귀가 된다. (한재규 제공 『귀신이여 이제는 대로를 활보하
라』에서)

문들을 제기하는 것이기
도 하다.

요괴라는 용어는 일본
에서 전해지는 다양한 유
형과 형태의 인물들을 하
나로 묶는다. 여기에는
원래 신으로 있다가 전락
한 경우도 있으며, 제사
의 대상이 아니라는 기준
등을 통해 요괴를 구별해
내는 것은 매우 흥미로운
작업들이다. 하지만 그러
한 기준이나 구분은 일본
의 요괴문화에 적절한 것
이다. 그것이 한국에도
그대로 적용되기는 어렵
다.

도깨비는 그런 점에서
우리의 문화적 상징으로 뚜렷한 의미부여를 받을 수 있다. 도깨비는 선악
의 양면성을 갖는다. 이것은 도깨비로 등장하는 이야기의 구조와 달리 신
앙적인 속성을 띠고 있을 때 더욱 명확하게 나타난다. 도깨비불로 나타날
경우에도 이런 틀은 그대로 유지된다. 즉 도깨비불이 점세속에서는 풍요
를 알려주는 상징이지만, 경험담에서 등장하는 도깨비불의 경우는 사람
을 홀리는 존재로 표현된다.

그런 관점에서 도깨비의 양면성, 그리고 귀의 속성을 지니고 있으나 제
의의 대상이 된다는 점들을 어떤 방식으로 해명할 것인가의 문제 등은 앞
으로 풀어야 할 과제라 하겠다.

또한 이들 유형들의 유사한 속성을 근거로 비교하는 것이 과연 어떤 의

일본의 요괴문화 그 생성원리와 문화산업적 기능

미가 있는가에 대해서도 심각한 고민이 요구된다. 이들의 태생이 같은 뿌리라고 할 경우도 문제이지만, 태생이 다른 존재를 비교하는 이유는 무엇인가 하는 것이다.

이들의 존재는 각 나라의 민족들이 상상하고 있는, 혹은 경험을 통해서 만들어진 것이다. 그것은 자연지리적 배경이나 인문적 사회적 배경의 차이가 직접적인 영향을 끼친다. 그런 과정에서 그 존재들에게 자신들이 원하고 있는 소망을 이룰 수 있는 기능까지도 부여한다. 그런 차이를 밝히는 것이 오히려 이들을 연구하는 데 더 바람직하다는 판단이다.

〈참고문헌〉

김종대『도깨비를 둘러싼 민간신앙과 설화』인디북 2004

任晳宰 · 秦弘燮 · 任東權 · 李符永 집필『한국의 도깨비』열화당 1981

張籌根『韓國의 鄕土信仰』乙酉文化社 1975

최남선『조선의 신화와 설화』弘盛社 1983

崔仁鶴『韓國說話論』螢雪出版社 1982

宮田 登『都市空間の怪異』角川書店(東京) 2001

若尾五雄『鬼傳説の研究』大和書房(東京) 1981

小松和彦『異人論』青土社(東京) 1985

小松和彦 編『妖怪』河出書房新社(東京) 2000

依田千百子『朝鮮民俗文化の研究』琉璃書房(東京) 1985

村山智順『朝鮮の鬼神』朝鮮總督府 1929

김용의 「한 · 일 요괴설화 비교연구의 과제」『日本語文學』2집 한국일본어문학회 1996

朴晟義「古代人의 鬼神觀과 國文學」『人文論集』8輯 高麗大學校 1967

崔仁鶴「도깨비遡源考」『韓國 · 日本의 說話研究』仁荷大學校 出版部 1987

일본의 요괴문화 그 생성원리와 문화산업적 기능

요괴문화는 시간과 공간을 넘나드는데

중국적 상상력으로 보는
일본문화산업 속의 요괴 모티프

정재서

중국적 상상력으로 보는
일본문화산업 속의 요괴 모티프

정재서

일본의 요괴문화 그 생성원리와 문화산업적 기능

I. 들어가는 말

일본에 처음 발을 디딜 때 우리는 일말의 곤혹스러운 감정에 사로잡힌
다. 마치 낯익은 고향에 돌아온 듯한 느낌이 그것인데, 일본에 대한 뿌리
깊은 적의를 배반하는 그 느낌은 아마 탈식민주의자의 원조라 할 프란츠
파농(Frantz Fanon)의 심중에 내재하였다고 여겨지는 양가성
(ambivalance)과 같은 것이리라. 동아시아 근대의 고향이라는, 인정하지
않을 수 없는 일본의 지위 때문에 우리는 아이러니칼하게도 유년기에의
기억을 오늘 일본의 사물과 풍경으로부터 끄집어낸다.

모순된 심사는 이뿐만이 아니다. 백제로부터 이식된 문화, 모방만 있고
창조가 없는 문화라는 등, 우리의 일반화된, 심지어 근거가 애매하기까지
한 속견은 유서 깊고 독특한 그들의 문화유산을 접하면서 한동안 혼란스
러워진다.

한 가지 더 의외의 느낌을 불러 일으키는 일은, 가장 산업화가 잘 된 이
나라에 전통이 결코 훼손되지 않고 강력히 살아남아 있다는 사실이다.
"초가집도 없애고…", 한 때 우리는 이 노래 가사를 당연한 듯이 되뇌이
고 다니지 않았던가? 근대를 향한 도정에서 전통은 필연적으로 지위를

상실하기 마련이지만 일본의 경우는 양자가 조화롭게 공존하고 있어 부러움마저 느끼게 한다.

　물론 필자는 일본문화의 전공자도 아니고 현지에 체류한 기간도 길지 않다. 따라서 일본에 대한 인식에 근본적인 한계가 있을 것이다. 다만 필자는 중국신화와 도교 등 동아시아 상상력을 연구하는 입장에서 일본 문화를 관찰하였고 최근 유행했던 『센과 치히로의 행방불명』 및 『음양사(陰陽師)』와 관련하여 일본의 문화전통과 학술 그리고 문화산업간의 관련성에 대해 나름의 소감을 갖게 되었다. 일본의 문화산업에 대한 기존의 탐구는 작품에 대한 비평적 접근으로부터 문화산업의 통계적 현황, 제도 및 정책 등에 이르기까지 다방면에서 이루어져 왔다. 그러나 일본 문화산업의 흥성을 낳은 배경 중의 하나로써 문화전통 및 학술과의 관련성은 그다지 주목되지 않았던 듯하다.

　이 글에서는 먼저 일본의 문화전통과 문화산업간의 관련성에 대해 개괄한 다음 문화산업의 중요한 소재인 요괴 모티프를 대상으로 중국 상상력의 관점에서 그 공통점과 차이점을 살펴보고자 한다. 한 가지 양해를 구하고자 하는 것은 필자의 일본 요괴학(妖怪學)에 대한 소견과 지식이 척박하여 논의가 개괄적이고 피상적인 수준을 벗어나지 못할 것이라는 점이다.[1] 그러나 이번의 논의가 동아시아 제국의 상상력에 대한 비교, 검토를 통하여 지역적, 문화적 근사성 속에서의 차이를 확인하는 계기가 된다면 다행이겠다. 동아시아 지역 연대의 기운이 무르익어 가는 이 즈음에 차이의 확인이야말로 오히려 진정한 상호 이해의 선결 조건이기 때문이다.

Ⅱ. 신화의 나라, 이미지의 제국 - 일본

　오늘날 대중문화의 유력한 소재적 기반이 되고 있는 것은 다름 아닌 신

---

1) 일본의 문화원형 전반에 대해서는 박전열, 「일본의 문화원형」(한국문화콘텐츠진흥원 제출자료, 2003) 으로부터 많은 시사를 받았다.

화적 상상력이다. 일본은 소위 현인신(現人神)인 천황을 숭배하고 수많은 신사(神社)를 근거로 민간신앙이 살아 있는 신화의 나라이다. 현대 국가에서 이처럼 신화가 생동하는 나라도 드물 것이다. 일본의 이와 같은 신화의 힘은 한때 정치적으로 오용되어 전체주의의 광기로 변질된 적도 있었으나 오늘날에는 방향을 전환하여 문화산업의 이면에서 막강한 잠재력을 과시하고 있다.[2] 일본의 대중문화에서 만화와 애니메이션이 중요한 비중을 차지하고 있는 것은 일본이 신화적 성향이 강한 나라라는 표징이다.

아울러 일본의 전통문화 유산에는 이미지 자료가 풍부하다. 한국, 중국과 비교해 보았을 때 우리는 한눈에 그 차이를 실감할 수 있다. 이미지와 상상력을 억압했던 유교전통이 강한 한국에 비해 불교와 민간신앙의 전통이 강한 일본에는 이미지 자료가 차고 넘친다. 동아시아 이미지의 원천 자료로는 중국의 신화서인『산해경(山海經)』을 꼽을 수 있다.[3]

그러나 일본은 백제로부터 전래된 이 책을 단순히 계승함에 그치지 않고 이미지의 종류와 내용을 더욱 확장하여 자기류의 이미지의 제국을 이루었다.『포켓몬』을 비롯,『센과 치히로의 행방불명』과『음양사』등에 등장하는 수많은 캐릭터들이 일시적으로 고안된 것들이 아니라 에마키(繪卷), 판화, 설화집 등에 실린 전통 이미지에 근거한 것들이다.

가령 요괴 이미지 자료로는 중세에 성립된『大江山繪卷』,『土蜘蛛草紙』,『不動利益緣起』(『泣不動緣起』),『天狗草紙』,『是害坊繪卷』,『付喪神繪卷』,『百鬼夜行繪卷』,『融通念佛緣起』,『玉藻前草紙』,『賢學草紙』등이 있으며 유령 이미지 자료로는『松崎天神緣起』『松風春雨』등이 있다.[4]

268

2) 미야자키의 작품에서 제국주의의 냄새를 맡게 되는 것은 이런 연유에서일 것이다. 이와 관련된 논의는 김윤아,「제국주의자 미야자키 하야오?」『내러티브』(2003), 제7호, pp.229~249 참조.

3)『山海經』은 기원전 3~4세기 경 중국 동방 혹은 남방의 무당 계층에 의해 이루어진 신화집으로 東夷系 종족을 중심으로 당시 대륙에 거주하던 다양한 종족들의 신화를 담고 있다. 이 책의 내용, 의미, 가치 등에 대해서는 정재서 역주,『山海經』(서울 : 민음사, 1985) 참조.

4) 諏訪春雄,「幽靈妖怪の圖像學」『日本妖怪學大全』(東京: 小學館, 2003), 小松和彦 編, pp.211~217

일본의 요괴문화 그 생성원리와 문화산업적 기능

Ⅲ. 일본 문화산업의 학문적 배경-요괴학과 도교학

일본 문화산업의 성공의 이면에는 풍부한 전통자료의 유산 이외에 심후한 학문적 기반이라는 훌륭한 여건이 있었다. 옛부터 유교전통이 강한 한국과 중국에서는 이미지와 상상력 분야의 학문이 제대로 대접받지 못하였다. 이에 반해 일본에서는 일찍부터 이 분야의 학문이 발달하였다. 요괴 모티프와 관련된 대표적인 학문으로는 요괴학과 도교학을 들 수 있다.

요괴학은 메이지 시기부터 성립되어 근 100년의 역사를 지닌 학문으로 도깨비, 유령, 정령, 괴물 등을 민속학, 인류학, 사회학, 문학 등의 측면에서 전문적, 학제적으로 연구해 오고 있다. 이 분야에서는 민속학자 야나기타(柳田國男)로부터 인류학자 고마쓰(小松和彦)에 이르기까지 뛰어난 학자들이 많은 업적을 남기고 있다.[5] 최근 국제일본문화연구센터에서는 전국의 학자들이 참여하여 요괴학 다년차 프로젝트를 수행하였으며 공동연구의 결과물로 『일본요괴학대전(日本妖怪學大全)』(도쿄: 소학관, 2003)이 출간된 바 있다.

일본에 도교(道敎)가 전래된 역사는 유구하다. 고대 일본에는 6세기경 백제로부터 천문(天文), 역법(曆法), 방술(方術) 등의 학문이 전래되어 이후 음양오행설의 이론을 바탕으로 풍수(風水), 점복(占卜), 벽사(辟邪) 등의 도술을 행하는 음양도(陰陽道)가 성립되었다. 일본 도교라 할 음양도에 대해 도교학자들은 일찍이 주목하여 대표적 음양사인 아베노 세이메이(安部晴明)를 중심으로 음양도의 본질, 역사, 특징 등에 대해 연구를 축적시켜 왔다. 그 외에도 불교와 도교, 토착신앙이 결합한 수험도(修驗道)에도 도교적 성분이 농후하다. 1950년대에 성립된 일본의 도교학(道敎學)은 이러한 일본의 도교 현상뿐만 아니라 중국 도교에 대한 연구에서도 세계적으로 학문적 수준을 자랑한다.

5) 요괴학의 연구사에 대해서는 小松和彦, 『妖怪學新考』(東京: 小學館, 2000) pp.9~35 참조.

특기할 만한 일은 요괴학과 도교학의 연구가 단순히 고대 문화를 탐색하는 데에 그치지 않는다는 점이다. 반드시 이들 주제와 관련된 현대의 문화현상까지 함께 다루며 이 과정에서 산업화된 작품을 분석, 평가하고 만화가, 소설가, 감독 등도 참여하여 학자들과 함께 토론하는 등, 산학협동의 모범적인 사례를 보여주고 있다. 이러한 피드 백(feed back)의 작용을 거쳐 더 성공적인 다음의 산업화를 기약할 수 있다 할 것이다.[6]

Ⅳ. 중국 상상력의 시각에서 본 『센과 치히로의 행방불명』과 『음양사』 속의 요괴 모티프

1. 『센과 치히로의 행방불명』의 경우

미야자키 하야오(宮崎 駿) 감독의 2001년 작품. 소녀 치히로가 부모와 함께 이사가던 중 길을 잘못 들어 이상한 놀이 공원에 가서 겪게 되는 모험적인 이야기를 다루었다. 놀이 공원은 알고 보니 일본의 모든 신들의 온천 휴양소였고 이곳에서 치히로는 마녀 유바바의 하인이 되었으나 용 하쿠의 도움을 받아 오물 범벅이 된 강의 신을 깨끗이 목욕시키고 돼지로 변해 버린 부모를 구하여 탈출한다. 자아탐색, 생태주의적인 취지를 담은 작품으로 2002년 베를린 영화제에서 최우수 작품상(금곰상)을 수상하였고 상업적으로도 큰 성공을 거두었다

『센과 치히로의 행방불명』에는 많은 요괴들이 등장한다.(그림 1) 온천으로 몰려든 일본 전국에서 온 요괴들의 행렬은 마치 『백귀야행회권(百鬼夜行繪卷)』(그림 2)에서의 요괴들이 행진하는 모습을 재현한 듯하다. 그런데 이러한 요괴들의 행렬을 다룬 그림으로는 중국의 경우 일찍이 한대(漢代)에 기남(沂南)의 화상석(畵像石)(그림 3)이 있었고 남송대(南宋代)에 「중산출유도(中山出遊圖)」(그림 4)가 있었다. 중국과 일본의 요괴 행렬도를 비교해 보면 양자의 특색이 확연히 드러난다. 중국의 경우 인간

6) 한국의 경우 요괴학이라는 학문분과는 존재하지 않으며 도교학이 독자적인 학문분과로 성립된 것은 1980년대 말에 이르러서이다. 이는 단순히 문화의 차이만으로 설명할 수 없다.

(그림 1) 환호하는 온천의 요괴들. 『센과 치히로의 행방불명』에서

(그림 2) 한밤의 요괴들의 행진. 『백귀야행회권(百鬼夜行繪卷)』에서.

과 동물의 합체 즉 하이브리드(Hybrid)가 많은데 비해 일본은 인간 혹은 사물의 변종 형태 즉 뮤턴트(Mutant)가 많은 것이 특징이다.

동아시아의 요괴 이미지의 근원은 중국신화의 고전 『산해경(山海經)』에 있다는 것이 정론이다. 『산해경』에는 요괴들에 대한 그림이 있는데 일본에는 이들 그림을 모사한 별도의 『산해경』 그림책이 있다. 에도 시대에 명대(明代) 사람 호문환(胡文煥)의 『산해경도(山海經圖)』에 바탕해 그려진 것으로 추정되는 『괴기조수도권(怪奇鳥獸圖卷)』(文唱堂, 2001)이 그것이다. 그러나 모사임에도 불구하고 양자간에는 현격한 차이가 있다. 우선 일본의 『산해경』 그림은 독자적으로 채색을 하였다. 그리고 중국의 원본대로 그리지 않고 변형을 가하였다. 예컨대 혼돈의 신인 제강

272

일본의 요괴문화 그 생성원리와 문화산업적 기능

(그림 3) 천지 사방의 요괴들. 기남(沂南)의 한대(漢代) 화상석(畵像石)에서.

(그림 4) 요괴의 우두머리 종규(鍾馗)의 행차. 남송(南宋) 공개(龔開)의 「중산출유도(中山出遊圖)」

(帝江)의 그림을 보면 일본 것은 날개의 선을 동적으로 처리해 생동적인 느낌을 준다.(그림 5, 그림 6) 아홉 개의 머리를 지닌 괴물 상류(相柳)의 경우 얼굴 하나하나의 표정을 다르게 해 이 괴물의 다중적인 성격을 표현하고자 했다.(그림 7, 그림 8, 그림 9) 이 괴물은 성질이 탐욕스러워 아홉 개의 머리가 제각기 아홉 개의 산에서 나는 음식물을 먹어치운다고 하였다.[7]

이러한 사례들로 미루어 일본인들은 중국의 요괴를 그대로 받아들이지 않고 일단 충실한 이해 위에서 자신들의 정서와 풍토에 맞게 적절히 변형시켜 수용하였음을 알 수 있다.

(그림 5) 혼돈의 신 제강. 명(明) 호문환(胡文煥)의 『산해경도(山海經圖)』에서.

2. 『음양사』의 경우

다키타 요지로(瀧田 洋二郎) 감독의 2001년 작품. 헤이안 시대의 저명한 도술사였던 아베노 세이메이가 황실을 수호하기 위해 요괴, 원령(怨靈) 등과 투쟁하는 이야기를 다루었다. 영화가

(그림 6) 혼돈의 신 제강. 『괴기조수도권(怪奇鳥獸圖卷)』에서.

---

7) 『山海經』, 「海外北經」: "共工之臣曰相柳氏, 九首, 以食于九山."

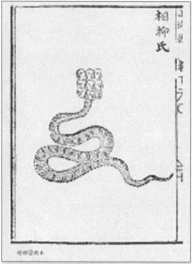

(그림 7) 괴물 상류 명(明) 호문환(胡文煥)의『산해경도(山海經卷)』에서.

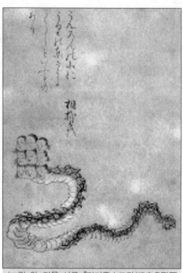

(그림 8) 괴물 상류 『괴기조수도권(怪奇鳥獸圖圖)』에서.

(그림 9) 괴물 상류의 머리 부분 세부도. 『괴기조수도권(怪奇鳥獸圖卷)』에서.

있기 전에 원래 유메마쿠라 바쿠의 베스트셀러 소설『음양사』(東京 : 文藝春秋, 1988)가 있었고 다시 이를 저본으로 삼은 오카노 레이코의 만화『음양사』(東京: 白泉社, 2002)가 있었으며 TV 드라마로도 인기리에 연속 방영된 바 있었다. 소설, 만화, TV 드라마, 영화 등 모든 방면에서 성공을 거둔 일본 최고의 판타지물이라 할 만하다.

『음양사』에서는 변신, 점술, 부적, 축귀, 환혼 등의 갖가지 도교 방술(方術)이 등장하고 있다. 요괴와 관련해서는 나비가 시녀로 둔갑하는 장면이 눈에 띈다.(그림 10)

이러한 모티프는 오카와 미메이(小川未明)의 동화 작품에서도 엿보인다. 「달밤」이라는 작품의 줄거리는 다음과 같다.

> 어느 달 밝은 봄밤 홀로 된 할머니가 바느질을 하고 있었다. 그 때 안경 파는 사람이 찾아와 돋보기안경을 살 것을 권유했다. 할머니는 그러잖아도 눈이 침침하던 차라 안경을 사서 옆에다 두었다. 얼마 후 낯모르는 예쁜 소녀가 울면서 다가왔다. 할머니가 보니 손가락을 다쳐서 피가 나오고 있었다. 할머니가 치료를 해주려고 자세히 살피기 위해 안경을 쓰고 보니 소녀가 아니라 발을 다친 나비였다. 할머니는 나비를 고이 들어 꽃밭에 데려다 주었다. 바야흐로 달빛이 흐드러진 봄밤이었다.

『음양사』와 마찬가지로 이 작품에는 중국 도교 설화에서의 두 가지 흥미로운 모티프가 출현한다.

한 가지는 동물의 인간으로의 변형 즉 정괴(精怪) 변화 모티프로서 특히 위진(魏晋) 남북조(南北朝) 지괴(志怪) 소설에서 자주 보이는 것이다.

또 한 가지는 소위 마법의 거울 모티프로서 청동 거울을 비춰 변신한 요괴의 정체를 파악, 퇴치한다는 내용이다. 도교 방술에서 거울은 주구(呪具)로서 벽사축귀(辟邪逐鬼)의 힘을 지닌 것으로 간주되어졌다.(그림 11)

당대(唐代) 전기(傳奇) 소설인 「고경기(古鏡記)」는 거울의 이러한 능력

(그림 10) 시녀로 변신한 나비들과 노는 아베노 세이메이. 영화『음양사(陰陽師)』에서.

과 관련된 모험담이다.[8]

「달밤」에서는 거울이 안경으로 대체되었을 뿐 도교의 방술적 취지는 동일하다.

그러나 양자간에 차이는 있다. 중국의 정괴 변화 이야기에서는 여우, 사슴, 호랑이 등 야생 동물이 변화의 주역이지만 나비와 같은 곤충은 발견하기 어렵다.

그리고 『백귀야행회권』등의 이미지 자료에서 보여지듯이 중국에 비해 사물이

(그림 11) 한대(漢代)의 사령삼서경(四靈三瑞鏡)

요괴로 변화한 것 즉 물괴(物怪)가 많은 것도 차이라고 할 수 있다.

---

8) 청동 거울의 주술적 기능과 문학 작품에서의 수용에 대해서는 정재서, 『도교와 문학 그리고 상상력』(서울 : 푸른 숲, 2000), pp.209~239 참조.

V. 맺는 말

　지금까지 일본의 문화산업과 전통문화 및 학문과의 관련성에 대해 개
괄하고『센과 치히로의 행방불명』과『음양사』두 작품을 중심으로 중국의
시각에서 요괴 모티프를 비교 검토해 보았다.
　먼저 전자의 경우 잘 보존된 전통문화, 그리고 이에 대한 진지한 학문
적 정리와 평가 작업, 그리고 그 결과를 기술적으로 잘 활용하여 상업적
인 성공을 거둔 일본의 문화산업은 우리에게 많은 시사를 준다. 결국 전
통문화와 산업화의 중간에서 매개적인 중요한 역할을 담당하는 것은 학
술이다. 한국 학계에서 전통의 문헌 자료를 장악하고 있는 것은 주로 인
문학 분야에서인데 이 분야의 성향은 보수적이어서 이미지와 상상력에
대한 학문적 편견이 여전히 강하게 존재하고 있다. 따라서 한국의 경우
인문학 분야에서의 학문인식이 새로워지고 이와 함께 인문콘텐츠에 대한
인식이 제고될 때 이미지와 상상력 자료에 대한 발굴과 정리, 평가 작업
이 활발해질 것이며 이를 바탕으로 내실 있는 문화산업을 추동할 수 있을
것이다.
　다음으로 후자의 경우 중국의 시각에서 일본의 요괴 모티프를 살펴보
았을 때 몇 가지 차이점이 눈에 띈다. 우선 전반적으로 일본은 중국의 요
괴 설화나 이미지를 수용함에 있어서 그대로 답습하는 것이 아니라 풍토
성, 민족성 등 일본적인 특색을 충분히 가미하고 있다는 점이다. 물론 개
중에는 중국과 관계없이 일본의 독특한 자연환경과 문화환경에 의해 독
자적으로 성립된 요괴 모티프도 있다.[9]
　또 한 가지 차이로 들 수 있는 것은 일본의 요괴는 중국의 요괴에 비해
물괴(物怪)의 요소가 풍부하다는 점이다. 이는 본래 자연의 소산으로 인
식되었던 중국의 전통적인 요괴관으로부터 벗어나 일본의 요괴에 대한
인식이 일상적이고 생활적인 방면에까지 미치고 있음을 의미한다. 다시

---

9) 河童, 天狗, 雪女 등은 일본적인 풍토에서 생겨난 고유한 요괴들이다.

말해 일본의 요괴관은 보다 일반화되고 광범위하다고 할 수 있다. 이는 신, 인간, 요괴와의 관계가 중국보다 상대적으로 덜 엄정하고 느슨하다는 것을 의미할 수도 있다. 신화의 나라 일본이 지닌 독특한 요괴관이라고나 할까?

그러나 이 글에서의 이러한 견해들은 지극히 단편적인 사례들로 추찰해본 성급한 논단에 불과하다. 따라서 일반화를 위해서는 앞으로 보다 많은 사례들에 대한 심도 있는 연구를 통한 논증이 필요할 것이다. 이는 후일의 과제로 삼기로 한다.

〈참고문헌〉

馬昌儀 『全像山海經圖比較』 學苑出版社(北京) 2003

『百鬼夜行繪卷』

『怪奇鳥獸圖卷』

小松和彦 編 『日本妖怪學大全』 小學館(東京) 2003

小松和彦 『妖怪學新考』 小學館(東京) 2000

窪德忠 『道教史』 山川出版社(東京) 1971

夢枕獏 『陰陽師』 文藝春秋(東京) 1988

岡野玲子 『陰陽師』 白泉社(東京) 2002

정재서 역주 『山海經』 민음사 1995

정재서 『도교와 문학 그리고 상상력』 푸른 숲. 2000

김윤아 「제국주의자 미야자키 하야오?」 『내러티브』 제7호 2003

박전열 「일본의 문화원형」 한국문화콘텐츠진흥원 제출자료 2003

일본의 요괴문화 그 생성원리와 문화산업적 기능

일본의 요괴문화 그 생성원리와 문화산업적 기능

요괴문화는 시간과 공간을 넘나드는데

일본 대중문화에 나타난
요괴 이미지

이재성

일본 대중문화에 나타난 요괴 이미지

이재성

일본의 요괴문화 그 생성원리와 문화산업적 기능

I. 요괴의 정의

요괴란 무엇인가? 이 질문은 간단해 보이면서도 기실 요괴에 대한 총체적 정의를 명쾌하게 내리기는 불가능에 가깝다고 해도 과언이 아닐 만큼 다양한 대답이 나올 수 있을 것이다.

이는 요괴란 그 본질에 있어서 인간이 알지 못하는 영역에 속하는 미지의 존재로, 해명하기 어려운 자연현상에서 비롯된 것과 특정한 종교관에서 비롯된 것, 민속적 금기(禁忌)에서 비롯된 것, 중앙집권적 입장에서 자신들에게 순응하지 않는 무리에 대한 이인화(異人化)에서 비롯된 것, 사회집단 내에서 특정 부류의 사람들에 대한 차별관에서 비롯된 것 등등, 갖가지 계열의 요괴관념 생성 메커니즘과 다양한 개별적 속성 및 형상들이 존재하고, 시대나 환경, 발생원인, 자료 등에 따라 정의개념이 천차만별이어서 하나의 계통으로 파악하기에는 무리가 따르기 때문이다.

일본에서 요괴연구의 대표적 인물로 꼽히는 민속학자 고마쓰 가즈히코(小松和彦)는, "사람들의 생활세계에는 불가사의하게 생각되는 현상이 존재하게 마련이고, 그것이 초월적인 힘으로 설명될 때 신이나 요괴가 발생한다. 그리고 신과 요괴의 구별에 있어서, 신은 사람들이 받들어 제사지내는 초월적 존재이며 요괴는 그렇지 못한 초월적 존재를 가리키는 것"

덴구 얼굴의 요괴를 태운 우차를 기괴한 모습의 요괴들이 끌고 가고 있는 「백귀야행」 두루마리의 한 부분. 터무니없이 큰 얼굴, 입이 큰 여자도 보인다.

[1)]이라고 했다.

이 구분은 유동적인 것이어서 사람들과 초월적인 대상의 관계성에 따라 신이나 요괴의 위치는 뒤바뀔 수도 있다. 예컨대 서로 다른 신을 제사 지내는 두 집단이 있다고 한다면, 한 집단에서 제사지내며 받드는 신이 다른 집단에게는 요괴로 간주될 수도 있다. 이러한 시각에서 본다면, 마찬가지로 초월적 존재인 신과 요괴는 본질에 있어서 차이가 있다기보다 인간들과의 상대적 관계성에 따라 그 위치가 결정되는 것에 불과하다.

그리고 인간이나 동물뿐만 아니라 산천초목 모든 것에 영적(靈的) 존재를 인정하는 경향의 애니미즘적 신앙을 가진 일본에서는, 버려진 기물이 요괴로 둔갑한 쓰쿠모가미(付喪神)[2)]의 예에서 보듯이, 극단적으로 말하면 존재하는 모든 것이 요괴나 신이 될 수 있는 가능성을 지닌다. 이 쓰쿠모가미와 관련하여 고마쓰(小松) 씨는 요괴를 자연에 기원을 둔 요괴군과

---

1) 小松和彦『妖怪學新考』小學館, 1994年
2) '九十九神'으로도 표기하는데, 인간에게 버림받은 낡은 세간 도구가 둔갑한 것을 말한다. 오래 된 기물이 여우나 고양이처럼 99년 혹은 백년을 묵으면 둔갑할 수 있다는 俗信은 오랜 옛날부터 있어 왔으며, 특히 무로마치 시대(室町時代, 1392~1573)에 그려진 쓰쿠모가미의 에마키(繪卷), 즉 두루마리 그림에 많이 나타난다.

인간이 만든 도구의 요괴군, 그리고 요괴화한 인간군으로 분류한다.[3]

이 같은 내용을 종합하여 필자 나름대로 요괴의 존재를 정의해 보면 다음과 같다. 인간들은 이성적 판단으로는 이해하기 어려운 불가사의한 현상이나 자신들의 힘이 미치지 못하는 미지의 암흑세계에 적지 않은 공포와 불안을 느낀다. 그 불안의 한 대상이 여러 사람들의 공통인식으로 자리 잡아 입에서 입으로 전해지고, 그러한 과정에서 사람들의 '불길한 상상'이 다양하게 작용하고, 특정한 대상에 대한 의인화(擬人化) 및 인격화(人格化)가 이루어지면서 일정한 성격과 형상을 가진 이미지로 정착되어 간다. 혹은 차별의식이나 정치적 이해관계로 인해 특정한 부락이나 부류의 사람들을 배척하기 위해 요괴시하기도 했을 것이다.

요괴는 이렇게 탄생하는 것이며, 그 본질에 있어서는 특정한 현상이나 대상에 붙여진 상징적인 이름이자 인간의 상상력이 만들어낸 일종의 캐릭터인 셈이다.

일본의 요괴문화 그 생성원리와 문화산업적 기능

억울하게 죽은 오이와의 얼굴이 불타는 제등 한가운데 나타난다는 장면. 가부키 「도카이도요쓰야피담」의 비극적인 장면을 그린 우키요에에는 제등 주변에 매달려 있는 호박에도 오이와의 원망에 찬 얼굴이 그려져 있다.

3)『妖怪図鑑』安城市歴史博物館, 1998年.
4) 柳田國男『妖怪談義』講談社, 1977年. 요괴라는 용어는 근대에 들어 사용하기 시작했으며, 당시의 야나기타는 요괴 대신 오바케(おばけ=化け物=妖怪)라는 용어를 사용했다.
5) 諏訪春雄『日本の幽靈』岩波新書, 1988年.

II. 요괴와 유령의 차이

　근대 초 일본 민속학의 창시자인 야나기타 구니오(柳田國男)는 유령과 요괴의 정의 및 구분법을 다음과 같이 세 가지로 제시했다.

　첫째, 요괴는 출현하는 장소가 정해져 있는데 반해 유령은 어디에라도 나타난다.

　둘째, 요괴는 상대를 고르지 않고 누구에게나 나타나는데 반해 유령이 나타나는 상대는 정해져 있다. 유령은 생전의 원한, 집착, 미련 등 극히 사적(私的)인 동기로 인해 특정인에게만 출현하지만, 요괴의 출현은 사적인 동기와는 무관하다.

　셋째, 요괴가 출현하는 시각은 낮과 밤이 교차하는 해질 녘과 동틀 녘인데 반해 유령은 한밤중에 출현한다.[4]

　이 구분법은 자주 인용되면서 근대 이후 일본인들의 유령관(幽靈觀)·요괴관(妖怪觀)에 적지 않은 영향을 주었으나, 세 가지 구분 모두 예외의 경우를 배제할 수가 없다는 맹점을 지니고 있다.

　그런 점에서 필자는 야나기타의 고정적인 요괴·유령 구분방식보다는 스와 하루오(諏訪春雄) 씨가 제시하는 기준이 보다 합리적이라고 본다.

　그의 기준에 따르면 ① 본래 사람일 것 ② 죽은 사람일 것 ③ 생전의 모습일 것, 이 세 가지 조건을 모두 갖추었으면 유령이고 그렇지 않은 것은 요괴이다. 인간이 죽은 후 인간의 형상을 하고 출현하는 것은 유령이고, 인간 이외의 것 혹은 본래 인간이었더라도 인간 이외의 형상으로 출현하는 것은 요괴라는 것이다.[5] 그리고 이 기준에 따르면 유령은 자연히 요괴의 하위개념에 속하는 존재로 규정지어진다.

　이 기준 역시 완전무결한 것은 아니어서 유령을 요괴현상의 하나로 보는 것이 과연 타당한가 하는 문제와 생령(生靈)[6]의 존재는 어디에 위치시킬 것인가 하는 문제, 근세 중기의 일본화가 마루야마 오쿄(圓山應擧;

6) 살아있는 사람의 원령(怨靈)을 지칭하며, 재앙을 가져온다는 속신(俗信)이 널리 퍼져 있다.

1733~95)가 그린 유령화(幽靈畫)의 영향 이후 유령은 발이 달려 있지 않다는 것이 상식처럼 되어 있는 지금, 엄격한 의미에서 보면 생전의 온전한 인간의 모습이 아닌 발 없는 유령을 어떻게 설명해야 하는가 하는 문제 등, 몇 가지 지엽적인 문제가 제기될 수는 있겠지만, 그나마 현재까지 제시된 기준 중에서 가장 예외가 적고 혼란을 줄일 수 있는 구분방법이 아닐까 생각된다.

Ⅲ. 일본의 전통적인 요괴 이미지

일본에서는 역사상의 사건 기록이 많이 남아있는 나라시대(奈良時代 ; 710~784) 이래 요괴 이야기는 갖가지 문헌에 기록되어 있다. 오니(鬼 ; 도깨비)나 덴구(天狗)[7]는 나라시대에 편찬된『일본서기(日本書紀)』(720년)에도 등장할 만큼 오랜 옛날부터 전승(傳承)되어 왔는데, 이와이 히로사네(岩井宏實) 데즈카야마(帝塚山)대학 교수의 지적에 의하면 나라시대에는 모노노케(もののけ)[8], 이매망량(魑魅魍魎)[9]과 같은, 그다지 형체가 뚜렷하지 않은 존재로서 요괴가 기록되고 있었던 듯하다.

그렇다면 지금의 일본인들이 알고 있는 것처럼 '요괴'의 형상이 뚜렷해지기 시작한 것은 언제쯤일까. 이와이 교수는 일본 역사상 최초로 요괴가 발호(跋扈)한 헤이안 시대(平安時代 ; 794~1191) 말기부터라고 추정한다.

1. 중세시대의 요괴 – 오니(鬼)의 시대

7세기 초 일본에 유입된 음양도(陰陽道)는 헤이안 시대 중무성(中務省)에 음양료(陰陽療)[10]라는 부서가 설치되면서 정치에도 영향을 미치기

---

7) 깊은 산속에 산다는 상상의 괴물. 사람 형상을 하고, 얼굴이 붉고, 신통력이 있으며, 날개가 있어 자유로이 날 수 있다고 함.
8) 死靈이나 生靈이 재앙을 가져오는 것, 혹은 그 사령이나 생령을 일컫는 말.
9) 산의 괴물이나 강의 괴물. 갖가지 요괴를 지칭하는 말.
10) 律令制로 규정한 중앙관청 8省의 하나인 中務省에 설치된 부서로, 온묘노가미(陰陽頭) 밑에 온묘지(陰陽師), 陰陽博士, 天文博士, 曆博士 등이 배치되고, 陰陽生, 天文生, 曆生 등의 학생 養成도 행해졌다. 陰陽道의 學問的 分科는 陰陽道, 天文道, 曆道의 세 部門이다.

시작했는데, 순수한 학문이라기보다는 오히려 현실적인 생활의 지침으로써 중시되었으며 아베노 세이메이(安倍晴明 ; 921~1005)[11] 등의 음양사(陰陽師)의 활약이 기록으로 전해지고 있다. 수도 헤이안쿄(平安京)의 귀족들은 음양도의 영향으로 갖가지 재액(災厄)을 요괴나 원령(怨靈)의 저주라고 생각하여, 전염병의 신(疫神)과 사악한 신(邪神)이 침입하는 귀문(鬼門)[12]을 꺼리고, 흉한 방향을 피하고자[13] 했으며, 원령을 물리치기 위해 열심히 기도를 하며 지냈다. 그리고 그러한 생활 속에서 요괴를 대표하는 것은 단연 오니(鬼)[14]였다.

오니는 일반적으로는 붉은 오니(赤鬼), 파란 오니(菁鬼), 검은 오니(黑鬼) 등 색깔이 선명하고 머리에 하나 혹은 두 개의 뿔이 달렸으며, 호랑이 이빨 같은 송곳니가 나 있고, 허리에 호랑이 가죽으로 만든 기저귀처럼 생긴 훈도시(褌)를 두르고 있다고 생각되었다. 성격이 난폭하다고 전해지지만 아이들을 대상으로 한 설화 등에는 매우 친근한 이미지로도 등장한다. 또한 중세의 가무극(歌舞劇)인 노(能)에서는 원령(怨靈)이나 여자 오니(鬼女)를 테마로 한 작품이 많은

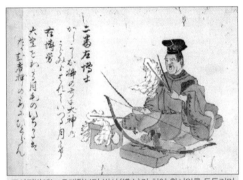

도사지방에는 오래전부터 박사(博士)라 하여 활시위를 두들기며 점을 치고, 액을 푸는 종교인이 있는데, 헤이안시대의 음양사의 전통을 이어받은 존재로, 오늘날에도 활동하고 있다.

---

11) 헤이안(平安) 시대 中期의 陰陽家(921~1005), 陰陽道의 달인으로 명성이 높았으며, 곧잘 시키가미(識神 : 陰陽道에서 陰陽師의 명령에 따라 변화무쌍하고 불가사의한 일을 한다는 精靈)를 부려 모든 것을 미리 알았다고 전한다. 그에 관한 傳說이 많이 전해 오고 있다.

12) 축인(丑寅) 즉 북동쪽 구석에 해당하는 方角을 말한다. 陰陽師들이 처음 언급하기 시작한 것으로, 이 方角은 도깨비가 출입하고 모이는 곳이라 하여 침범하기를 꺼렸다.

13) 陰陽道의 方位에 따른 吉凶說에서 생겨난 풍습.

14) 문헌에 남아있는 오니는 물론이고 전통예능이나 지명에 남아있는 오니 등, 수도 없이 많다. 유명한 것을 예로 들면, 아다치가하라(安達が源)의 오니할멈(鬼婆), 오에야마(大江山)의 슈텐동자(酒呑童子), 스가와라노 미치자네(菅原道眞) 등.

15) 『紅葉狩』『鐵輪』『葵上』『道成寺』 등.

데[15], 그 중에서도 오니는 빼놓을 수 없는 존재였다.

오니에도 여러 유형이 있는데, 크게 나누면 대략 다음과 같다.

첫째, 사람을 잡아먹는 오니

가마쿠라 시대(鎌倉時代)의 불교는, 나쁜 짓을 하면 지옥에 떨어져 이런 무서운 벌을 받게 되지만 부처님의 가르침을 지키면 괜찮다고 하여 서민층으로 신자를 늘려갔다. 그때 두루마리 그림(繪卷物)이 많이 그려졌는데, 거기에는 염라대왕의 명을 따라 죽은 자들을 고문하는 무서운 오니가 그려져 있다.

둘째, 불법을 수호하는 신으로서의 오니

그런가 하면 오니 중에는 불교를 수호하는 신의 하나로서 인정되는 것들이 있다. 이름 높은 스님이 절을 지을 때, 그 덕(德)에 감복한 오니의 안내를 받았다고 하는 전설이 많다. 일본의 절에는 오니 기와(鬼瓦)나 탑의 네 귀퉁이를 지키는 오니 등, 불법을 수호하는 신(護法神)으로서의 오니가 다수 보인다.

셋째, 사람이 변해서 되는 오니

노(能)의 가면에 한냐멘(般若面)이라는 것이 있다. 이것은 여자가 심한

노 「구로쓰카」 중에서 여자 오니는 한냐 가면을 쓴다. 돌아온다던 남자가 약속을 어기고 도망가 버리자 분노에 찬 여인은 오니가 되어 지나가던 엉뚱한 스님에게 달려든다.

질투심으로 인해 여자 오니(鬼女)로 변신하려 할 때의 얼굴이다. 또, 나그네를 잡아먹는 오니할멈(鬼婆)의 전설이 있는데, 처음에는 어쩔 수 없이 했던 것이 하다 보니 재미있어져서, 이윽고 진짜 오니가 되어버렸다고 하는 패턴이 있다. 그리고 간토(關東) 지방에는 물건을 훔치는 것을 경계하는 그림이 많이 남아 있는데, 물건을 훔치는 여자가 거울을 보면 오니의 모습이 보인다는 것이다.

중세 헤이안 시대에는 여류문학이 등장하고 화려한 왕조문화가 꽃피기도 했

일본의 요괴문화 그 생성원리와 문화산업적 기능

지만, 말기가 되어서는 귀족이 실권을 쥐고 있던 세상에서 다이라씨(平氏)나 미나모토씨(源氏) 등의 무사계급이 패권을 다투는 시대로 바뀌어, 사회적으로나 경제적으로 불안한 말기적 증상을 보이게 된다. 유명한『겐지모노가타리(源氏物語)』에도 요괴나 모노노케가 등장하는데, 안정된 시대로부터 앞날이 불투명한 불안정한 시대로 옮겨가는 가운데, 그때까지 형체가 불분명한 애매한 존재였던 요괴가 급격히 구체적인 형상, 예컨대 덴구(天狗)나 오니(鬼)와 같은 모습으로 정착되어 발호하기 시작했다. 그 결과, 헤이안 시대 말기에 편찬된『니혼료이키(日本靈異記)』나『곤쟈쿠모노가타리슈(今昔物語集)』등에는 이전 시대보다 요괴에 관한 기술이 많이 나타나게 된다.

왜 헤이안 시대에 요괴에 관한 기록이 많아졌는가에 대해, 이와이 교수는, 여러 가지로 어려운 상황 속에서 뭔가 스케일 크게 부조리한 사건들을 설명해 주는 존재로서, 혹은 자신들의 바람을 들어줄 존재로서의 요괴를 만들어내고 마음의 위안으로 삼아 괴로운 시대를 버티어 나가려고 했을 것이라고 설명한다. 그리고 이 헤이안 시대에는 사람들의 '바람을 들어줄' 또 다른 존재가 등장했는데, 에마(繪馬)[16]나 복신신앙(福神信仰)이 그것이다.

『하세오조시(長谷雄草紙)』[17]

어느 날 해질 녘, 기노 하세오(紀長谷雄)가 입궐하던 도중, 한 남자로부터 주사위 놀이를 제의받고 주작문(朱雀門) 누각 위로 따라가 주사위 놀이를 시작했는데, 남자는 열세에 몰리자 오니(鬼) 형상으로 변했다. 승부는 하세오(長谷雄)의 승리로 끝나고 오니로부터 절세의 미인을 넘겨받지만, 오니는 100일이 지나기 전에 여자를 품어서는 안 된다고 말한다.

---

16) 福을 빌거나 입은 은혜에 보답하기 위해 신사나 절에 바치는 그림액자. 말이나 목마를 바치는 대신 말 그림을 그려 바친 것에서 유래되었는데, 나중에는 말 이외의 그림도 취급되게 되었다.

17) 가마쿠라(鎌倉) 시대 말기인 14세기 전반에 제작된 에마키(繪卷 : 설명의 글을 곁들인 두루마리 그림).『長谷雄卿草紙』라고도 하며, 9세기에 활동한 文人 기노하세오(紀長谷雄)가 도깨비로부터 美女를 얻은 괴이한 說話를 題材로 하여 歌詞와 그림 각 다섯 段으로 이루어져 있다.

그러나 100일을 채 기다리지 못하고 80일쯤 지나 여자를 품었더니 여자는 물로 변해 녹아 없어졌다. 그로부터 얼마 후 하세오가 궁궐에서 돌아오는 길에 오니가 약속을 어긴 것을 탓하며 습격해 왔는데, 기타노 텐진(北野天神)[18] 신에게 기도하자 오니는 사라져 버렸다. 이 오니는 주작문의 오니로, 그가 데리고 온 여자는 죽은 사람

장기를 두는 하세오. 하세오는 문장가로 이름을 날리던 실존 인물로 명석한 사람이었는데, 어느 날 오니와 내기장기를 두게 되었다. 오니는 자기가 지면 미인을 바치겠다고 하기에 내기에 응하였다.(『하세오조시』에서)

의 뼈 중 좋은 것을 모아 만든 것이며, 100일을 무사히 넘기면 여자는 인간이 되었을 터인데 약속을 어긴 바람에 녹아버린 것이었다고 한다.

내기장기에 이긴 하세오는 약속대로 미인을 받았지만, 100일간은 보기만 하고 만지지 말라는 약속을 지키지 못하여, 그만 미인은 물이 되어 흘러가 없어지고 말았다고 한다.

「슈텐 동자(酒呑童子)」[19]

딸을 오니에게 납치당한 이케다 쥬나곤(池田中納言)[20]이 슬퍼하며 천황(天皇)에게 아뢰었더니, 천황은 미나모토노 요리미쓰(源賴光)[21]에게 오니 퇴치를 명했다. 그는 가신(家臣) 사천왕(四天王) 격인 4명의 부하와 후지와라노 야스마

18) 京都 소재 기타노텐만구(北野天滿宮)의 祭神인 스가와라노미치자네(菅原道眞).
19) 헤이안 시대(平安時代) 후기의 설화집인 『곤쟈쿠모노가타리슈(今昔物語集)』.
20) 中納言 : 太政官의 次官으로 從三品에 해당. 政務의 機密을 기획하는 역할을 담당한다.
21) 源賴光(948~1021) : 平安 시대 중기의 武将으로 備前, 美濃, 但馬, 摂津 지방의 치안과 경비를 담당하는 책임자 구니모리(國守)를 역임. 자신의 家臣 四天王 격인 와타나베노 쓰나(渡辺綱), 우스이 사다미쓰(碓井定光), 우라베 스에타케(卜部季武), 사카다노 긴토키(坂田公時) 등을 이끌고 펼친 武勇談으로 유명하다.

전설상의 대도적이었던 슈텐동자는 요리미쓰에게 퇴치당하는 데 몸뚱이가 붉고 거대한 요괴였다고 한다.

사(藤原保昌)의 무리 등을 이끌고 야마부시(山伏)[22] 차림으로 오오에(大江)산에 올라가 오니인 슈텐 동자(酒呑童子)를 퇴치하고 아가씨를 구해낸다.

『곤자쿠모노가타리슈(今昔物語集)』

재상(宰相)인 미요시 기요유키(三善淸行)는 교토(京都) 시가를 흐르는 호리카와(堀川) 근처에 낡은 집을 사서, 길일(吉日)을 골라 다다미 한 장을 들고 이 집에 온다. 밤중이 되자 갖가지 요괴가 출몰하고, "이 집은 오랫동안 우리들이 살고 있는 곳이라서 당신이 이 집에 살게 되면 곤란합니다"라며 불평을 했다. 기요유키는 "정당한 수속을 밟아 내가 손에 넣은 집이다"하고 상대하지 않았더니, 요괴들은 다른 곳으로 옮겨갈 수 있도록 허락해 주기를 청하고 45명 정도의 일행을 이끌고 옮겨갔다.

이 요괴들은 일족(一族)을 이끌고 빈집이나 공터를 이동하며 그곳을 점거하는 '백귀야행(百鬼夜行)'이라 불리는 것이다. 16세기 무로마치(室町) 시대 후기에 그려진 『백귀야행 두루마리그림(百鬼夜行繪卷)』에는 갖가지 요괴가 밤길을 거니는 모습이 그려져 있다.

푸른 오니(靑鬼), 붉은 오니(赤鬼) 외에 거문고, 비파, 피리, 신발, 부채, 냄비, 솥, 화덕 등의 기물(器物) 또는 세간류의 요괴를 모아서 연속적으로 그려내고 있다. 설명 글귀는 없고 정확한 내용은 알 수 없으나, 이와

---

22) 산야에 기거하며 修行하는 승려, 혹은 슈겐도(修驗道)의 修道者.

유사한 『쓰쿠모가미 에마키(付喪神繪卷)』에 "기물이나 도구를 소홀히 다루면 훗날 그것들의 요괴가 온 장안 바닥을 떼지어 돌아다닌다"고 하는 의미의 내용이 적혀 있어서, 이와 유사한 내용이 그려져 있는 것으로 추측된다.

『쓰치구모조시 에마키(土蜘蛛草子繪卷)』[23]

미나모토노 요리미쓰(源賴光) 일행이 해골이 하늘을 나는 것을 목격하고, 그 뒤를 쫓아 폐가에 들어갔다. 급습해 온 미녀(美女)를 칼로 베고, 그 흰 핏자국을 따라가자 동굴이 나타났다. 그곳에서 요리미쓰는 땅거미(土蜘蛛) 요괴를 발견해 퇴치한다는 줄거리이다.

일본의 요괴문화 그 생성원리와 문화산업적 기능

중세시대의 요괴들이 자주 출몰하는 곳은 인적이 드문 산중이나 폐허화된 공간, 네거리, 다리, 문 등이 주류를 이루는데, 일본의 국문학자 다나카 다카코(田中貴子) 씨의 설에 의하면, 수도 헤이안쿄(平安京)의 오니에는 폐가(廢家) 상주형(常住型)과 배회형(徘徊型)의 두 가지 타입이 있고, 배회형 오니들의 출현 장소는 이치조오미야(一條大宮)의 모도리바시(戻り橋) 부근, 니조오미야(二條大宮) 사거리, 스자쿠몬(朱雀門), 신젠엔(神泉苑) 부근에 집중되고 있다고 한다.[24] 그리고 이런 곳은 앞서 언급한 음양사(陰陽師)들이 피해야 할 곳으로 꼽는 '귀문(鬼門)'과 대부분 일치하고 있으며, 위

기괴하고 엄청난 힘을 지닌, 사람보다 몇 배나 큰 거미 모양의 요괴는 결국 요시미쓰의 칼에 찔려 피를 흘리며 도망을 간다. 거미가 남긴 흰 핏자국을 따라가 숨어 있던 동굴에서 거미를 찾아내어 퇴치한다는 영웅담은 대표적인 요괴퇴치담이다.

23) 여기 적힌 이야기는 鎌倉 시대에 성립된 것으로 보이지만, 현존하는 에마키(繪卷)는 14세기 南北朝 시대의 작품으로 추정된다.

24) 田中貴子 『百鬼夜行の見える都市』 新曜社, 1994.

에서 소개한 사례의 무대와도 일치한다.

2. 황금기를 맞이한 근세시대의 요괴 - 유령과 둔갑한 요괴의 시대

사람들 몰래 어둠 속을 갖가지 요괴 헨게(変化 : 동물이나 도구가 둔갑한 요괴)들이 떼지어 지나가는 모습을 그린 '백귀야행(百鬼夜行)'이라는 두루마리 그림이 무로마치 시대(室町時代 ; 1392~1573)에 등장해 많이 그려졌다. 그 중에서도 무로마치 시대의 화가 도사 미쓰노부가 그렸다는 교토(京都) 다이토쿠지(大德寺) 신주안(眞珠庵)의 그림은 유명한데, 여기에 그려진 많은 요괴들은 주로 쓰쿠모가미(付喪神)라는 낡은 도구가 둔갑한 요괴이다. 전란(戰亂)의 가마쿠라 시대(鎌倉時代 ; 1185~1333)부터 무로마치 시대에 걸쳐 요괴 전설은 서서히 전국으로 확산되어 갔으며, 시대가 경과해 마침내 에도 시대(江戸時代 ; 1603~1867)가 되자 요괴들이 그 황금기를 맞이한다.

특히 서민문화의 난숙기(爛熟期)인 에도 시대 중기에 요괴의 종류가 급격히 불어났는데, 당시 에도(江戸)에 거주하는 일반 서민의 지식 정도는 매우 높았고 지적 유희를 즐기려는 경향이 강했다.

이 시기에는 도리야마 세키엔(鳥山石燕 ; 1712~1788)이 그린 「백귀야행(百鬼夜行)」「속 백귀(續百鬼)」 등의 요괴 그림책이 인기를 얻었고, 정교한 컬러 판화인 우키요에(浮世繪)도 대량으로 제작 유포되었다. 그림뿐만 아니라 '햐쿠모노가타리(百物語)' 등의 괴담(怪談)이 유행하고 그러한 소재를 다룬 가부키(歌舞伎)가 서민들의 인기를 끌었다.

'햐쿠모노가타리'란, 어두운 곳에 몇 사람이 모여 10자루의 초에 불을 붙이고 한 사람씩 순서대로 괴담을 소개해 가는 일종의 '간담 시험(肝試し)' 놀이인데, 이야기 하나가 끝날 때마다 촛불을 하나씩 꺼가다가 마지막 촛불을 끄면 이야기 중에 나왔던 요괴들이 실제로 출현한다는 것이 그 기본설정이다. 이러한 '햐쿠모노가타리' 놀이의 유행은 괴담(怪談)과 병행해서 요괴 이야기를 널리 유포시키는 결과를 가져 왔으며, 이 시대의 아카혼(赤本)이라 불리는 염가의 이야기책에는 괴담 같은 것보다 여우나

일본의 요괴문화 그 생성원리와 문화산업적 기능

이나리는 벼농사를 잘 되게 해주는 신으로, 여우가 시중을 들어
주는데, 때로는 여우가 이나리 신처럼 대우받는 경우도 있다.

너구리, 고양이 등이 요사
스러운 모습으로 둔갑한 바
케모노(化物)나 기타 요괴
의 이야기를 다룬 것이 더
많을 정도이다.

뿐만 아니라 서민의 놀이
도구에도 요괴가 등장하기
시작하여 요괴 그림이 들
어간 주사위나 요괴 화투
(カルタ) 등, 지금의 시대
와 다를 바 없이 다종 다양
한 요괴 완구가 팔리고 있
었다.

말하자면 에도 시대에 이
미 요괴의 리얼리티는 후
퇴하고 대신 그것을 픽션
으로 즐기려는 경향이 나타나 있었던 것이다. 『겐지모노가타리(源氏物
語)』에서 보듯이, 에도 시대 이전의 요괴가 단지 두려운 퇴치의 대상이었
다고 한다면, 에도 시대 서민문화 속에서의 요괴는 두려운 존재이면서 동
시에 오락적 캐릭터화의 경향을 띠기 시작했다고 볼 수 있는 것이다.

공포와 외경(畏敬)의 대상이었던 요괴가 에도 시대에 들어 친근한 존재
가 되어간 커다란 요인은, 목판(木版) 기술의 발달에 따른 출판문화의 비
약적 발전으로 많은 사람들이 정보를 공유할 수 있게 된 때문일 것이다.
현대 일본인들이 마음 속에 갖고 있는 오니(鬼)나 갓파(河童)나 덴구(天
狗)의 이미지는 거의 비슷한데, 이러한 이미지의 고정화도 정보의 공유에
의해 생겨난 결과라고 할 수 있을 것이다.

한편, 에도 시대의 요괴를 이전의 요괴와 비교했을 때 현저한 특징으로
지적할 수 있는 것은 오니(鬼) 신앙의 쇠퇴이다. 헤이안 시대에 정착된

오니 신앙은 음양도(陰陽道)나 수험도(修驗道) 종교가들이 확산시켰고, 귀족을 중심으로 한 지식인들이 지지했다.

그러나 귀족의 몰락에 따른 종교가의 몰락, 과학적 합리적 사고의 확산과 물질문명의 발달 등으로 인해 지배층과 지식인층은 차츰 오니 신앙의 시스템으로 괴이현상(怪異現象)을 설명하지 않게 되었다.[25]

대신 등장한 요괴의 대표격의 하나가 오니(鬼)의 형상을 취하지 않은 원령(怨靈) 즉 유령이며, 또 다른 하나는 여우나 너구리 등이 둔갑한 동물요괴였다. 일본에서는 고대로부터 여우 요괴에 의한 것이라고 이야기되던 괴이 현상이 많이 전해 오는데, 특히 에도 시대의 여우괴담 융성의 배경에는 농업이나 상업의 신인 이나리(稲荷)[26] 신앙이 자리하고 있었다.

『오모이데조시(思出草紙)』

어떤 목공이 자주 찾아갔던 매춘부로부터 "저는 늙은 여우입니다. 당신 모습을 보고 잊을 수가 없어서 이렇게 매춘부의 몸을 빌어 오랜 소망을 풀 수가 있었습니다"라는 고백을 듣고 아내로 맞이했다.

아내는 가사 일이 아주 능숙했으며, 남자의 일도 순조로워 행복한 결혼생활이었지만, 남자는 다시 다른 매춘부와 가까워져 집으로 들이려 했다.

그러자 아내가

음양사는 직업적인 주술사로서 특히 재액을 물리치는 능력이 있다고 여겼다. 실존인물인 아베노 세메이는 특히 요괴를 불러 모아 다스리면서 재액을 일으키지 않도록 타이르기도 하는 능력이 있었다고 한다.

일본 대중문화에 나타난 요괴 이미지 ― 이재성

---

25) 小松和彦, 前揭書.

26) 이나리 신(稲荷神)의 始原은 벼농사, 양잠, 食物의 神이지만, 중세부터 근세에 걸쳐 상공업이 발달하자 시중의 商街로 확대되어, 생산이나 상업의 신으로도 되었다. 특히, 江戸 시대 중기부터 總本寺인 후시미 이나리대사(伏見稲荷大社)의 分靈을 각지에 勸請한다고 하는 '稲荷勸請'이 한층 성행하고, 비약적으로 발전을 했다.

소름끼칠 정도로 무서운 형상을 하고 미친 듯이 화를 내며 "한 번도 아니고 두 번이나 나를 버릴 셈이냐?"며 울부짖었고, 남자는 일찍이 버렸던 여우가 아내의 몸속으로 옮겨 들어와 있었던 것을 알게 되었다. 얼마 후 남자는 미쳐 죽어 버렸다고 한다.

이 이야기에는 여우 아내(여우와의 혼인), 여우에 씌기 즉 인간에의 빙의(憑依), 집안을 번창하게 하는 여우, 미쳐 죽게 하는 원인으로서의 여우 등, 여우 속신(俗信)의 제 요소가 교묘하게 짜 넣어져 있으며, 이 시대 여우의 요괴성이 잘 표현되어 있다.

「여우 시집가기(キツネの嫁入り)」(柳亭種彦作『江戸塵拾』)

어떤 무장(武將)의 집에 오늘밤 혼례가 있다는 소문이 일대에 퍼졌다. 소문대로 저녁이 되자 도구를 나르는 사람들이 많이 드나들더니, 밤이 되어 수십 명의 수행자를 거느린 가마가 문 안으로 들어왔다. 이처럼 멋진 혼례 행차는 어디 사는 누구일

에도시대의 화가 우타가와 히로시게는 목판화로 섣달 그믐날 밤 여우들의 모임장면을 그려내었다. 수많은 여우의 입에서는 불빛이 타오르고 있다.

까 하여 물어보았더니, 그 집에서는 전혀 모르는 얘기라는 것이다. 항간에 소문으로 떠돈 멋진 혼례행렬은 가공(架空)의 행렬, 즉 '여우 시집가기'였던 것이다.

고대나 중세에 도시의 거리를 행진하던 백귀야행(百鬼夜行) 대신에, 근세의 에도(江戸) 거리에서는 야행(夜行)하는 행렬도 여우들에 의해 이루어졌다. 그것이 바로 '여우 시집가기'이다. 에도 거리에서 이러한 여우의 요괴성(妖怪性)을 전하는 많은 소문이 그럴 듯하

일본의 요괴문화 그 생성원리와 문화산업적 기능

게 이야기되는 한편, 지역에 따라 너구리 요괴, 갓파(河童), 덴구(天狗) 등의 요괴담도 심심찮게 떠돌았다. 그러나 그러한 가운데에서도 여우의 세력은 압도적이었다.

한편, 이 시대에 여우 못지 않게 세력을 떨친 것이 유령 이야기였는데, 그 중에서도 「도카이도요쓰야 괴담(東海道四谷怪談)」이나 「반초사라 야시키(番町皿屋敷)」 등이 특히 유명했다.

독약으로 일그러진 끔찍한 얼굴이 된 오이와의 원혼은 유령이 되어 복수에 나선다.

「도카이도요쓰야 괴담(東海道四谷怪談)」

오이와(お岩)의 남편 다미야 이우에몬(民谷伊右衛門)은 이웃집 이토 기베(伊藤喜兵衛)의 재산을 탐내서 그의 손녀 오우메(お梅)와 연을 맺으려고 아내인 오이와를 내쫓을 계획을 세운다. 한편, 기베는 이우에몬을 사랑하는 손녀 오우메를 위해 오이와에게 얼굴 피부가 문드러지는 독약을 건넨다. 예뻤던 얼굴이 추하게 변한 오이와는 남편과 이토 기베 일가를 원망하며 괴로워하다 죽는다. 이윽고 오이와의 원혼에 의한 맹렬한 복수가 시작된다.

「반초사라 야시키(番町皿屋敷)」

어떤 번(藩)의 영주(領主)의 별저(別邸)에서 일하던 아름다운 몸종 오기쿠(お菊)는 같은 저택에 기거하는 젊은 무사와 사랑하는 사이가 되었다. 그런 오기쿠를 은근히 마음에 두고 있던 영주는 어느 날 그녀를 품으려다 반항으로 뜻을 이루지 못한다. 그렇게 어색한 하루 하루를 보내던 어느 날, 오기쿠는 쇼군(將軍)에게서 하사받은 귀중한 열 장 세트의 접시 중 하나를 실수로 깨뜨리고 말았다. 얼마 전의 일을 괘씸하게 생각하고 있던 영주는 자신이 무시당한 앙갚음으로 오기쿠를 때려 죽이고 그 시체를 사용하지 않는 오래 된 우물 속에 던져 넣었다.

이후, 밤마다 우물가에서 구슬프게 "하나아, 두울, ……" 하고 접시를

세는 오기쿠의 목소리가 들렸다.

「아이 기르는 유령(子育て幽靈)」

매일 밤 한 푼의 엽전을 들고 엿을 사러 오는 여자가 있었다.

이상하게 생각한 가게 주인이 어느 날 뒤를 밟았더니 여자는 무덤 근처에서 사라졌다. 이상하게 생각하고 있던 참에 무덤 속에서 갓난아이 우는 소리가 들리고 "관 속에 넣어준 육도전(六道錢)으로 아기를 길러 왔는데 이젠 그것마저 다 떨어났습니다"라며 탄식하는 여자의 목소리가 들렸다. 놀란 엿가게 주인이 무덤의 연고자에게 그 사실을 알려 파헤쳐 보니, 모친의 시체 옆에 갓난아기가 살아있었던 것이다.

지금은 유령이라면 발이 없는 유령을 상상하기 쉬운데, 유령담에 등장하는 거의 대부분은 생전의 보통 모습 그대로 출현하며, '우라메시야(원통해라)'라고 하면서 상복(喪服) 차림으로 나타나는 획일적인 이미지는 후세의 그림이나 연극에 의해 만들어진 것이다.[27]

Ⅳ. 근대의 요괴 - 요괴의 몰락

메이지 시대(明治時代 : 1868~1912)에 들어 과학적 사고에 기초한 합리주의가 확산되면서 요괴담 등은 비과학적 상상의 산물로써 배척되기에 이르렀는데, 그러한 가운데서도 고이즈미 야쿠모(小泉八雲 : 1850~1904)나 이즈미 교카(泉鏡花 : 1873~1939) 같은 근대작가들의 괴담은 꾸준히 많은 독자들의 사랑을 받았다. 근대 초기의 문호(文豪)로 추앙받는 고이즈미 야쿠모가 일본 각지에 전해 내려오던 민담을 바탕으로 지어 낸 『괴담(怪談)』은 근대로부터 현대에 이르기까지 일본인들의 마음 속에 다양하고도 선명하며 강렬한 요괴 이미지를 아로새긴 고전으로 평가되는

---

27) 발이 없는 유령을 처음 그린 것은, 일반적으로 에도 시대 중기의 일본 화가 마루야마 오쿄 (1733~95)라고 알려져 있으며, 마루야마 이후 그의 제자들을 중심으로 한 많은 화가가 마루야마 스타일의 유령화를 그려 발 없는 유령이 일반화 되었다.

일본의 요괴문화 그 생성원리와 문화산업적 기능

데, 그 중에서도 「유키온나(雪女)」와 「귀 없는 호이치(耳なし芳一)」는 일본인이라면 모르는 사람이 없을 정도로 유명하다.

「유키온나」

아주 먼 옛날, 추운 북쪽 지방 어느 마을에 모사쿠(茂作)라는 노인과 미노키치(巳之吉)라는 젊은 사냥꾼이 살고 있었다.

두 사람은 매일 사냥을 하며 돌아다녔는데, 어느 추운 날 함께 사냥하러 나갔다가 세찬 눈보라로 산속 오두막에 갇혀 눈이 그치기를 기다리며 밤을 보내게 되었다. 나이든 모사쿠는 눕자마자 잠이 들어버렸으나, 아직 젊은 미노키치는 문짝을 흔드는 바람소리와 천둥치는 소리에 잠을 이루지 못하고 엎치락뒤치락하다가 새벽에야 깊은 잠에 빠져들 수 있었다.

얼마 후 얼굴에 차가운 눈가루가 떨어지는 느낌에 놀라 잠에서 깬 미노키치의 눈에 눈처럼 새하얀 옷을 입은 여자가 서있는 것이 보였다. 그 여자는 자고 있던 모사쿠 위에 올라타 흰 연기와도 같은 숨을 "후웃"하고 내뿜고 이어서 누워 있는 미노키치 위로 몸을 굽혀 왔다. 여자는 한참동안 미노키치의 얼굴을 내려다보다가 "너를 보고 있자니 너무 가엾어졌다. 아직 젊으니 살려 주마. 그렇지만 오늘밤 네가 본 것을 아무에게도 말해선 안 된다. 만일 입 밖에 내면 살려두지 않을 테니까"라고 말하고는 스르륵 문밖으로 나가 사라졌다.

미노키치는 아무래도 자신이 꿈을 꾸다가 문밖에서 날아 들어온 눈가루를 흰 여자의 모습으로 착각한 것이 아닐까 하고 생각했지만, 옆에 누워 있던 모사쿠가 이미 얼어 죽은 것을 알고 경악한다.

날이 밝고 눈보라가 멎은 뒤 오두막을 찾아온 마을 사람이 모사쿠의 주검 옆에 실신해 있는 미노키치를 발견했다. 간호를 받아 정신이 돌아온 미노키치는 아무에게도 하얀 여자 일은 발설하지 않았다.

이듬해 겨울 어느 해질 녘, 미노키치는 집으로 돌아가는 길에 양친과 사별하고 에도(江戶)로 가는 중이라는 한 아가씨를 만난다. 오유키(お雪)라는 이름의 그 아가씨는 얼굴이 눈처럼 희고 그 부근에서는 좀처럼 찾아보기 어려울 만큼 용모가 빼어나 단번에 미노키치의 마음을 사로잡았다.

일본 대중문화에 나타난 요피 이미지 ─ 이재성

둘이서 걸어가며 이야기를 나누는 사이 서로의 마음이 잘 통하는 것 같다고 느낀 미노키치는 오유키에게 한동안 자신의 집에서 쉬다 가는 것이 어떻겠느냐고 권했다. 이렇게 해서 미노키치의 집에 묵게 된 오유키는 미노키치의 홀어머니 마음에도 들어 마침내 며느리가 되고 미노키치와 그의 어머니를 극진하게 모셨다.

5년 후 미노키치의 모친이 세상을 떴을 때는 이미 아이가 여럿 태어났고 한결같이 살결이 희고 용모가 출중했다. 오유키는 아이들을 낳고도 마을에 처음 왔을 때와 조금도 다름없이 젊고 싱싱했다. 그런 어느 날 아이들이 곤히 잠든 밤에, 등잔 밑에서 바느질을 하고 있는 오유키의 모습을

설녀 즉 유키온나는 다양한 모습으로 여러 지역에 전승되었는데, 미인 혹은 아기를 낳다가 죽은 여인, 약속을 어기고 버림받은 여인 등의 이미지가 중첩되어 형성된 설화적 인물유형이라 할 수 있다.

물끄러미 바라보던 미노키치가 문득 한 마디 던졌다.

"오유키, 아무한테도 말하지 않았지만 당신이 그렇게 얼굴에 불빛을 받으며 일을 하고 있는 것을 보면, 지금까지 비밀로 하고 있던 이상한 일이 떠올라. 내가 18살 때 당신과 흡사한 곱고 눈부시게 하얀 여자를 본 적이 있어. 그 여자는 정말 당신이랑 쏙 빼닮았어."

그러자 오유키가 말했다.

"그런 일이 있었어요? 어디서 그분을 보셨는데요?"

미노키치는 그날 밤 있었던 일들을 말해 주었다.

"그랬어요? 무서운 밤이었군요."

"그렇게 예쁜 여자는 처음 봤어. 그렇지만 그 여자는 인간이 아니었어. 난 그때 그 여자가 무서웠어. 그때 본 것이 유키온나(雪女)라는 것인지도

일본의 요괴문화 그 생성원리와 문화산업적 기능

몰라."

그 말을 들은 오유키의 눈초리가 확 바뀌었다.

미노키치는 순간 흠칫했다.

그것은 지금까지 본 적이 없는 무서운 눈이었다.

"그건… 바로 나야! 그때 한 마디라도 지껄이면 목숨을 부지하지 못할 거라고 분명히 말해 두었잖아! 하지만 저렇게 귀여운 얼굴로 자고 있는 아이들을 생각하면 당신의 목숨을 거둘 수가 없군…. 부디 아이들을 잘 키워 줘요. 부탁해요."

오유키의 목소리는 점점 가늘어져 가고 이윽고 그 모습은 하얗게 빛나는 안개가 되어 창문으로 휘익 하고 나가 버렸다.

그 뒤로 오유키는 돌아오지 않았다.

「귀 없는 호이치」

몇 백 년 전의 이야기. 호이치(芳一)라는 소경 남자가 친절한 주지스님의 배려로 절에서 지내고 있었다. 호이치는 비파를 켜며 낭창하는 재주가 뛰어나 겐페이의 전투(源平合戰)[28]에 관한 내용의 노래를 잘 부르기로 유명했다.

어느 날, 호이치가 주지스님에게서 절을 봐달라는 부탁을 받고 혼자서 툇마루에 앉아 있던 중, 어딘가의 귀인의 심부름꾼인 듯한 남자가 찾아와 청하는 바람에 거절도 못하고 이끌려갔다. 꽤 먼 곳까지 갔을 때, 어르신께 비파 연주를 들려드리라는 소리가 들리기에 비파를 연주하며 노래를 불렀더니 사람들이 눈물을 흘리며 칭찬을 아끼지 않아 호이치는 기분이 좋았다. 그날부터 매일 밤 넋 나간 사람처럼 휘청거리며 외출하는 호이치를 이상하게 여긴 주지스님이 사람을 시켜 뒤를 밟게 해보았더니, 실제로

---

28) 헤이안 시대(平安時代) 귀족의 대표적 가문인 미나모토씨(源氏)와 다이라씨(平氏) 두 씨족이 서로 패권을 차지하기 위해 벌인 치열한 전투.

29) 安德天皇(1178~1185, 在位 기간은 1180~1185). 겐페이전투(源平合戰) 때 다이라노 무네모리(平宗盛)에게 옹립되었다가 두 세력이 마지막으로 격돌한 단노우라(壇ノ浦) 전투에서 미나모토노 요시쓰네(源義經)가 이끄는 미나모토씨(源氏)에게 다이라씨(平氏)가 전멸하면서 다이라씨 일족과 함께 바닷물 속에 몸을 던져 죽음.

는 귀인 따위는 없고 안토쿠천황(安德天皇)[29]의 묘지에서 혼자 노래를 부르고 있는 것이었다. 이제 미나모토씨(源氏)의 세상이 된 마당에 그대로 두었다가는 얼마 못가서 사람들에게 죽임을 당할 것이라고 걱정한 주지스님은 호이치의 온몸에 경문(經文)을 적어 지켜주려고 했다. 그러나 깜빡 잊고 단 한 곳, 귀에다 경문을 적어 넣는 것을 빠뜨려, 호이치는 잡으러 온 사람들에게 죽임을 당하지는 않지만 귀가 잘리는 수난을 당한다.

호이치는 낙담했지만 그 이야기를 전해 들은 주변 사람들 사이에서 유명해지고 훌륭한 의사의 치료를 받게 되어 상처도 완치되었으며 부자가 될 수 있었다. 그 후 호이치는 '귀 없는 호이치'라고 불리게 되었다고 한다.

V. 현대의 요괴 - 캐릭터로 되살아나는 요괴

1. 1970년 전후의 요괴 붐과 최근의 요괴 붐

현대에 들어 일본에서는 1970년을 전후한 시기에 미즈키 시게루(水木しげる)의 만화 『낄낄낄 기타로(ゲゲゲ鬼太郞)』와 각켄(學硏)출판사의 잡지 『무(ム一)』 등을 통해 소개된 사이토 모리히로(齋藤守弘)의 괴기 실화가 인기를 얻고, 다이에이(大映) 영화사가 『요괴 햐쿠모노가타리(妖怪百物語)』(1968), 『요괴 대전쟁(妖怪大戰爭)』(1968), 『도카이도 오바케도주(東海道お化け道中)』(1969) 등의 요괴 시리즈 영화를 선보이는 등, 한 차례 요괴 붐이 일어 만화, 영화, TV 애니메이션 등으로 확산되었다가, 세기말인 1990년대 후반부터 또다시 큰 붐을 맞이하고 있다.

현재의 요괴 붐의 직접적인 계기가 된 것은 1995년에 『우부메의 여름(姑獲鳥の夏)』[30]으로 데뷔한 작가 교고쿠 나쓰히코(京極夏彥)가 발표한 요괴소설 시리즈(京極堂シリーズ)의 폭발적인 대히트가 원인이었다.

그러나 그 직전부터 『낄낄낄 기타로』로 친숙한 미즈키 시게루(水木し

---

30) 우부메(産女, 姑獲鳥): 출산으로 인해 죽은 여자가 변해서 된다는 상상의 새, 혹은 유령. 그 목소리는 아이가 우는 소리와 비슷하고, 밤중에 날아다니며 아이들에게 해를 입힌다고 함.

먼저 만화로 인기를 모은 뒤에 애니메이션으로 제작되어 1968년부터 텔레비전으로 방영된 「낄낄낄 기타로」는 미즈키 시게루의 대표작으로 요괴만화의 전성기를 열었다. 요괴 소년 기타로는 인류가 번영하기 이전에 고도의 문명사회를 이루었다는 요괴족의 유일한 생존자이다. 정의감에 불타올라 요괴나 인간을 해치려는 존재를 무찌르는 정의의 사도로 설정된다.

げる)의 구작(舊作)이 잇따라 복간(復刊)되거나 헌책방에서 가격이 급등하는 등, 그 징조는 이미 가시화 되고 있었다.

이러한 요괴 붐을 타고 1996년 8월 '제1회 세계요괴회의'가 미즈키 시게루의 고향인 돗토리현(鳥取縣) 사카이미나토시(境港市)에서 열렸고, 그 회의에서 미즈키, 교고쿠, 그리고 작가이자 박물학자인 아라마타 히로시(荒俣宏) 등에 의해 '세계요괴협회'가 설립되었다.

인구 약 3만 7천 정도의 어업기지였던 사카이미나토시(境港市)는 80개 정도의 요괴 동상이 늘어선 전장 800미터의 '기타로 거리(鬼太郎ロード)'가 생겨나고 요괴신사(妖怪神社)를 건립하는 등, 요괴를 이용한 지역발전 프로젝트를 통해 연간 40여만 명의 관광객을 불러 모으고 있다.

그리고 요괴협회의 공인잡지인 계간(季刊) 『怪』(角川書店)가 1997년 12월에 월간 베스트셀러 상위에 랭크되기도 했으며, 이제는 큰 서점에 가면 요괴코너가 별도로 설치되어 민속담(民俗譚) 등과 함께 요괴관련 서적이 곧잘 팔려 나가고 있다. 바야흐로 일본의 요괴 붐은 만화, 소설, 영화, 애니메이션에 국한되지 않고 게임, 장난감, 인형, 패션, 관광산업에까지 확산되고 있는 것이다.

또한 국제일본문화연구센터의 고마쓰 가즈히코(小松和彦) 교수 등이 전국 각지에 구전되어 오는 13,360건의 방대한 자료를 수집 정리해서 2002년 6월에 공개한 '괴이·요괴전승 데이터베이스(怪異·妖怪伝承デ―タベ―ス)'는, 당초 연간 조회 건수 1만회면 대성공이라고 생각했는데, 공개 첫날에 1만회 액세스를 달성하고 서버가 다운되는 사태가 벌어져

고마쓰 교수 자신도 "마치 홀린 듯하다"고 실토했을 정도로 인기를 모은 바 있다. 이 데이터베이스는 이후에도 다양한 요괴자료를 간단히 검색할 수 있도록 계속 수정과 확충을 거듭하고 있다.

그리고 이 요괴 붐과 밀접한 관련을 갖는 것이 아라마타 히로시(荒俣宏)의 『제도이야기(帝都物語)』(1988), 유메마쿠라 바쿠(夢枕貘)의 『음양사(陰陽師)』(1994), 오카노 레이코의 『음양사』(1999) 등의 소설을 통해 일반에 널리 알려지기 시작한 음양도[31] 붐이다.

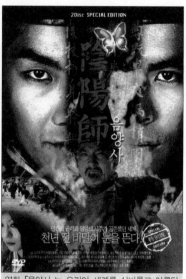

영화 「음양사」는 요괴의 세계를 신비롭고 아름다운 세계로 묘사하여 인간의 사랑과 미움을 잘 표현한 영화로 많은 관객을 모아 속편까지 제작되었다.

불과 십 수년 전『제도 이야기』가 나왔을 즈음만 해도 음양도 관련 서적은 손꼽을 정도밖에 없었으나 요괴 붐과 맞물려 음양도를 다룬 만화나 소설이 인기를 얻고 헤이안 시대에 요괴나 원령을 퇴치했다고 전해지는 아베노 세이메이(安倍晴明)를 주인공으로 한 영화 「음양사」가 제작되어 크게 히트했다. 최근에는 음양도 코너를 설치하고 있는 서점도 있을 정도이며, RPG 게임의 캐릭터도 다수 등장하여 이제 음양도는 일본풍 판타지에서 빼놓을 수 없는 존재가 되었다.

2. 생활 속의 요괴문화 – 요괴의 캐릭터화

많은 일본인들은 머릿속에 떠오르는 요괴의 이미지로 미즈키 시게루의 만화에 나오는 요괴들의 모습을 떠올린다. 미즈키는 예로부터 민간에 전해져 내려오는 각지의 요괴담을 수집하는 민속학자이면서 또한 그것을

31) 음양오행의 이치로 길흉을 판단해 재액을 물리치는 학문.

바탕으로 요괴의 모습을 그리는 요괴화가이기도 한데, 그가 『낄낄낄 기타로』 등에서 그린 다양한 캐릭터의 요괴 모습이 현대 일본의 요괴 이미지로 굳어지는 추세이다.

미즈키에 의해 40여 년 전에 탄생한 기타로는 이제까지 세 차례 TV 애니메이션화 되고 요괴 붐을 불러 일으키면서 많은 애독자를 확보하였으며, 지금도 식을 줄 모르는 인기를 누리고 있다. 그의 요괴 만화는 무섭기만 한 것이 아니라 재미있기도 하다. 그리고 그것이 인기 있는 이유는 다분히 판타지의 세계이기 때문이다. 기타로(鬼太郎)는 요괴지만 악한은 아니다. 어디 그뿐인가, 기타로는 악에 대항해 '응징'을 한다. 게다가 간간이 현대사회의 왜곡이나 모순에 대한 풍자도 들어가, 그 통쾌함은 실로 판타지라 아니할 수 없다.

요괴는 본래 인간의 두려움과 공포와 관련된 상상력의 산물로 옛날에는 인간들 혹은 사회의 적으로서 퇴치의 대상이거나 혹은 외경(畏敬)의 대상이었다. 따라서 전통적인 요괴 이미지는 비교적 어둡고 공포스런 이미지가 강했다.

그러나 이 두려운 요괴들은 과학문명의 발달과 도시화로 점차 사라져가는 운명에 놓이게 되었다. 형광등이 보급되고 재래식 변소가 사라지면서 집안 곳곳에서 어둠이 사라졌다. 산의 능선에서 바라보아도 어딘가에는 반드시 인공의 불빛이 보이게 되었다. 어둠의 존재인 요괴가 발붙일 곳이 하나 둘씩 사라져가고, 요괴의 존재감도, 요괴에 대한 사람들의 공포심마저도 점점 옅어져 갔다. 자연에서 어둠 속의 존재였던 '진짜' 요괴는 이미 절멸(絶滅)의 위기에 처해 있는지도 모른다.

그러한 요괴가 원래의 어둠 속에서 밝은 곳으로 나와 다시금 현대의 일본인들 앞에 모습을 드러내기 시작했다. 소설로, 만화로, 영화로, 애니메이션으로, 심지어는 게임이나 장난감, 인형, 스티커 등으로 등장했다.

이미 어둠 속에서 밝은 곳으로 나온 만큼, 현대 일본인들의 마음 속의 요괴 이미지는 무섭기만 한 것이 아니라 포케몬이나 도라에몬처럼 캐릭터성이 있어서 어딘지 우스꽝스럽거나 친근하고 귀엽기까지 하다. TV 속

일본 대중문화에 나타난 요괴 이미지 — 이재성

에서 요괴가 손을 흔들고 있는 오늘날, 요괴는 이미 인간의 친구 같은 존재가 되어버린 것이다.

Ⅵ. 문화산업적 측면에서 본 일본의 요괴문화

일본의 요괴 붐이 가져온 산업적 파급효과는 실로 막대하다.

게임, 애니메이션, 만화, 판타지 영화, 관광, 그리고 키홀더나 머그컵 등의 소품에서 정종, 전병에 이르기까지, 수백 종의 요괴 캐릭터가 들어간 상품이 등장하고, 요괴 스티커나 피겨가 동봉된 과자가 날개 돋친 듯이 팔려 나간다.

다양한 요괴 관련 상품이 엄청난 고부가가치를 창출하며 매출액이 급신장세를 보이는 가운데, 요괴 전문 잡지가 발행되고, 요괴 코스프레(코스튬 플레이)를 하고 노래하는 '요괴프로젝트(妖怪プロジェクト)' 밴드가 '갓파 고고고(カッパゴ―ゴ―ゴ―)'를 불러 관심을 모으고 있다. 이제 일본의 요괴문화는 커다란 시장을 바탕으로 현대 일본문화의 독특한 한 축을 형성하기에 이르렀으며, 문화대국으로서의 국가적 이미지 제고에도 긍정적인 효과를 낳고 있다.

2001년의 「The Economist」 자료에 의하면, 1785년 산업혁명 직후에는 수력발전과 섬유산업이 세계 경제성장의 동력원이었던 것이, 1845년 이후에는 증기기관과 철도, 철강산업으로 바뀌고, 1900년 이후에는 전기, 내연기관, 화학산업, 1950년 이후에는 석유,

도라에몬은 만화 속에 머물지 않고 각종 캐릭터 상품으로 어린이들의 사랑을 받더니, 어른이 이용하는 관광열차의 캐릭터가 되기도 하였다.

김수정의 만화 「둘리」는 영화와 캐릭터 상품으로 발전되어 오랜 동안 관심과 사랑의 대상이 되고 있다.

전자, 항공산업으로 바뀌었다가, 1990년 이후에는 문화콘텐츠, 소프트웨어, 인터넷 산업이 새로운 경제성장의 동력원으로 부상하고 있다고 분석하고 있다.

이병욱 전경련 경쟁력강화 T/F팀장의 「문화산업 강국 실현을 위한 정책개선 과제」에 의하면, 일본

애니메이션의 2002년 대미 수출은 43.5억 달러로 같은 해 일본의 대미 철강수출액의 4배를 넘어섰고, 영국 영화 「오페라의 유령」은 약 30조원의 수익을 발생시켰으며, 2005년 세계 문화산업의 예상 성장률 5.2%는 세계 경제성장률 3.2%를 크게 앞지르고, 시장규모에 있어서도 2005년에 약 1조 4천억 달러를 기록해 IT 하드웨어 시장규모 약 1조 천 6백억 달러를 추월할 전망[32]이라고 한다.

또한 같은 자료에 의하면, 한국의 문화콘텐츠산업의 세계시장 점유율은 아직 1% 미만에 불과하지만, 만화로 출발해 애니메이션, 게임, 교육교재로 개발된 「둘리」나 「리니지」게임이 성공적인 해외 로열티 수익을 창출하고, 한류열풍에 힘입어 영화, 음반, 드라마의 수출이 급신장세를 보이고 있다. 뿐만 아니라 이러한 문화산업의 수출을 통해 우리 문화에 대한 세계인들의 관심이 증대되고 국가 이미지가 상승하며 그것이 다시 액세서리, 의류, 가전제품 등 한국 상품의 구매력 증가나 한국 관광을 증가시키는 등의 파급효과로 나타나고 있다.

다양한 지표들이 말해 주듯이 21세기는 바야흐로 문화전쟁의 시대로

---

32) 2003년 12월 22일에 개최된 영화인대책위 세미나 '문화콘텐츠가 21세기 국가경쟁력이다' 자료집.

돌입해 있다. 선진 각국은 문화진흥을 국가 아젠다로 삼아 자국의 이미지를 높이고 국가 역량을 결집하여 경제 재도약의 발판으로 활용하려 하고 있다.

우리가 캐릭터화 된 일본의 요괴문화에 관심을 가져야 하는 이유가 바로 여기에 있다. 전 세계 캐릭터산업의 규모는 이미 천문학적인 수치를 기록하고 있으며, 앞으로도 성장 잠재력이 무궁무진하다.

게다가 자동차나 철강, 선박 같은 하드웨어 산업과는 비교도 할 수 없을 정도로 엄청난 고부가가치 산업이 바로 캐릭터산업인 것이다.

그럼에도 불구하고 세계적으로 널리 알려진 우리만의 독특한 캐릭터는 과연 얼마나 될까? 캐릭터시장 규모 넘버원[33]인 일본의 경우와 비교한다는 것 자체가 무색할 만큼 극히 적은 것이 아닐까?

그렇다면 한국의 캐릭터들이 갖추지 못한, 일본의 캐릭터들이 세계 시장에서 어필할 수 있었던 요인은 무엇일까?

필자는 이에 대한 해답을 미야시타 마코토(宮下眞)『캐릭터 비즈니스, 감성체험을 팔아라』(넥서스 BOOKS)에서 찾아볼 수 있지 않을까 생각한다.

미야시타는 아무런 고심도 하지 않고 캐릭터를 세상에 내놓는 것은 성공을 거둘 확률이 낮다고 말한다. "캐릭터 상품을 통해 고객들에게 무엇을 줄 수 있는지를 생각하라. 그래서 당신이 무엇을 얼마나 얻을 수 있는지를 생각하라. 그것이 캐릭터 비즈니스의 시작이요 끝"이라는 것이다. 그리고 그는 왜 1990년대의 버블붕괴와 10년 대불황 속에서 캐릭터 비즈니스가 융성했는지를 생각해 볼 것을 권한다.

1990년대는 일본 사람들에게 2차 대전 종전을 전후한 시기보다 더 참혹한 시절이었다. 그래서 많은 어른들은 좋았던 어린 시절의 꿈과 모험을 생각하게 하는 캐릭터를 찾았다.

감수성이 예민한 젊은이들은 자기 삶의 공간으로 파고드는 침울한 사

일본의 요괴문화 그 생성원리와 문화산업적 기능

---

33) http://homepage2.nifty.com/c-work/jieigaku/report3-1.htm 참조.

회 분위기에서 벗어나고 싶어 밝고 활기찬 캐릭터를 찾았다는 것이다. 아직 충분히 성숙되지 않은 10대의 여자들은 어떠한 형태로든 '자기 확인을 위해' 다양한 도구들을 사용하는데 그것이 캐릭터이다. 귀여운 자신, 혹은 그것을 귀엽다고 느낄 수 있는 자신을 강조하는 데 있어 무엇보다 이해하기 쉬운 기호가 캐릭터인 것이다.

일본 캐릭터는 자국의 전통과 밀접한 불상(佛像)[34]이나 네쓰케(寢付)[35], 부적, 요괴전설, 마네키 네코(招き猫)[36] 등등에서 유래된 것들이 많은데, 이 또한 주목할 만한 사실이다.

1990년대 들어 일본은 거품붕괴와 함께 철저히 무너졌다. 불황은 지금도 끝이 안 보이고 종신고용도 없어지고 철도사고, 옴진리교 사건, 고베지진 등으로 우울한 세월을 보냈다. 다른 나라 같았으면 종교에 귀의하는 사람들이 많았겠지만 일본은 캐릭터라는 독특한 문화적 기호를 확산시킴으로써 이런 혼란을 완화시켰다고 미야시타는 분석한다.

성공하는 캐릭터의 조건을 들자면, 우선 독창적이고 심플해야 하고, 조형으로서 매력이 있어야 하며, 캐릭터 친구의 수가 많아서 수집벽을 자극하는 것[37]이어야 한다. 그러나 무엇보다 중요한 것은 캐릭터의 성질, 속성, 배경에 있는 스토리나 드라마가 매력적이고 정체성을 띠어야 한다. 현대의 많은 고객들이 캐릭터를 원하는 것은, 그것을 통해 혼란스런 자기 정체성을 분명히 표현하고 싶은 욕구가 작용하기 때문이다.

다시 말해서 하나의 캐릭터가 성공하려면, 어떤 감수성을 갖고 있고 어떤 라이프 스타일을 지향하는가 하는 분명한 세계관이 있어야 한다. 캐릭

---

34) 예를 들면, 울트라맨의 모델은 미륵불상이다.

35) 江戶 시대에 남자가 담배쌈지나 지갑의 끈 끝에 매달아 허리띠에 질러서 빠지지 않게 하던 세공품. 산호·뿔·마노·상아 등으로 만들며, 동물이나 에비스(惠比壽·惠比須 : 七福神의 하나로 商家의 수호신이며, 싱글벙글 웃는 얼굴로 오른손에 낚싯대, 왼손에 도미를 들고 있음), 다이코쿠텐(大黑天 : 七福神의 하나로, 머리에 두건을 쓰고 요술방망이와 큰 자루를 들고 쌀가마 위에 올라서 있는 福德의 신)의 모습, 혹은 아이들이 놀고 있는 모습이 많다.

36) 앞발로 사람을 부르는 시늉을 하고 있는 고양이 장식물. 왼쪽 앞발을 들고 있는 것은 손님이 많이 들어오길 비는 뜻에서 가게 앞에 두고, 오른쪽 앞발을 올리고 있는 것은 복을 불러들인다는 뜻에서 주로 가정에 둠.

37) 예를 들면, 테디베어나 포켓몬, 스누피, 세서미스트리트 등.

일본 대중문화에 나타난 요괴 이미지 — 이재성

터 비즈니스는 감성 체험을 선물하는 사업이기 때문이다. 죽어 있는 박제품이 아니라 상상력을 자극하고 살아 숨쉬는 것, 고객의 감성과 잘 조응하는 감수성과 라이프 스타일을 가진 캐릭터라야 정서적 공감대를 확보하여 오래도록 사랑받을 수 있는 것이다.

시각적 디자인에 있어서는 한국도 일본에 크게 뒤지지 않는 수준에 도달했다고 생각된다. 문제는 어떻게 그 '껍데기' 속에 차별화된 정체성과 생명력을 불어넣고 혼을 담고 의미를 부여해 매력적인 스토리를 이끌어 낼 수 있느냐 하는 것이 아닐까 생각된다. 그리고 이러한 요구에 비교적 쉽게 부합할 수 있는 것이 바로 귀신이나 요괴가 아닐까 하고 필자는 생각한다.

요괴는 사람의 상상력에 의해 생겨나고 사람들의 마음과 감수성을 반영한다. 요괴는 일종의 정신문화이며 고유한 가치와 상상력과 세계관이 어우러져 생겨난 일종의 상징이자 문화적 기호이다. 그런 만큼, 요괴는 본래부터가 캐릭터성이 풍부한 존재이며 캐릭터화 하기가 매우 용이한 대상인 것이다.

한국은 오랫동안 유교적 이념과 도덕의 규율 속에 갇혀 있었다. 다분히 미신을 배척하고 무절제한 상상을 구속했던 유교적 전통으로 인해, 다양한 귀신과 요괴의 패턴이 생겨날 토양이 마련되지 못했거나, 생겨났다고 해도 기록으로까지 남기는 쉽지 않았을 것이다. 그러므로 한국은 일본처럼 많은 귀신과 요괴가 없는 것이고 다양한 요괴 캐릭터도 생겨날 수 없는 것이라고 체념만 하고 있을 것인가.

일본만큼은 아니더라도 한국에도 구전되어 오는 요괴·귀신 이야기는 찾아보면 적지 않을 것이다. 더 늦기 전에 그러한 속신(俗信)이나 요괴 관련 민담들을 지역별·유형별로 수집 정리하고 체계적으로 분석하는 한편, 그러한 자료들을 바탕으로 시각적 이미지화 하여 재현하는 작업이 이루어져야 할 것이며, 시대와 호흡할 수 있게 재창조 혹은 리메이크를 하거나 상상력을 바탕으로 새로운 요괴를 창조하는 작업도 필요할 것이다.

사실, 현대의 도시문화 공간 속에서도 새로운 요괴가 속속 등장하고 있

일본의 요괴문화 그 생성원리와 문화산업적 기능

다. 근년에, 전차 안에서 휴대전화로 긴 통화를 하고 있으면 휴대전화가 갑자기 노파의 모습으로 변해서 "남에게 피해 주는 전화하지 마!" 하고 경고하는 '휴대전화 할멈(携帶婆)' 이나, 100미터 경주를 제의해서 지면 잡아먹는다는, 도

1970년대에 형성된 입 찢어진 여자 이야기는 순식간에 일본전국에 퍼져나갔고, 그 여파는 오랜 동안 남아 있었다. 초등학교 어린이들에게 나타나서 커다란 입을 보이며 공포의 도가니로 몰아넣는다는, 사실처럼 전해지는 현대 도시전설의 한 가지이다.

교 시부야(澁谷) 지역의 '경주할멈(徒競走婆)' 같은 새로운 요괴의 출현이, 휴대전화 메일 등을 통해 여고생들 사이에서 퍼졌던 적이 있다. 이것은 옛날 어린아이들 사이에 유행했던 '입 찢어진 여자(口裂け女)' 의 현대판 같은 것인데, 그 후 '경주할멈' 은 자동차로 도망쳐도 금방 뒤쫓아오는 '100킬로할멈' 이나 소리보다도 빠르게 달린다는 '마하할멈' 으로 진화하며 전파되고 있다. 또한 한 번 보면 죽는다는 홈페이지도 인터넷상에 출현하는 등, 요괴도 하이테크화와 스피드화가 이루어지고 있는 듯하다. '고지라' , '입 찢어진 여자' , '사람 얼굴의 개(人面犬)' 등은 현대인이 만들어낸 요괴라고 할 수 있다. 우주인도 요괴로 본다면 현대판 요괴라 할 수 있을 것이다.

309

일본 대중문화에 나타난 요괴 이미지 — 이재성

색인

일본의 요괴문화 그 생성원리와 문화산업적 기능

일본의 요괴문화 그 생성원리와 문화산업적 기능

일본의 요괴문화 그 생성원리와 문화산업적 기능

316

317

<〈필자〉

박전열(朴銓烈) 중앙대학교 교수, 민속학 · 비교문화학
고마쓰 가즈히코(小松和彦) 국제일본문화연구센터 교수, 문화인류학
권익호(權益湖) 중앙대학교 교수, 일본언어학
구정호(具廷鎬) 중앙대학교 교수, 일본고전문학
임찬수(林璨洙) 중앙대학교 교수, 일본문학 · 일본전통문화론
최경국(崔京國) 명지대학교 교수, 일본근세문학
다치바나 시게요(橘薰代) 중앙대학교 교수, 일본문화론
김용의(金容儀) 전남대학교 교수, 일본문화론
류희승(柳嬉承) 중앙대학교 강사, 일본고전문학
서윤순(徐潤純) 가톨릭대학교 강사, 일본언어학
이미림(李美林) 성결대학교 교수, 일본미술사
김종대(金鍾大) 중앙대학교 교수, 민속학
정재서(鄭在書) 이화여자대학교 교수, 중국고전문학
이재성(李在聖) 중앙대학교 교수, 일본문학 · 일본대중문화론

일본의 요괴문화
그 생성원리와 문화산업적 기능
·
저자 / 박전열 외
발행인 / 김재엽
발행처 / **한누리미디어**
디자인 / 지선숙
·
110-816, 서울시 종로구 부암동 185-5 (4층)
전화 / (02)379-4514, 4519
Fax / (02)379-4516
·
신고번호 / 제300-2006-61호
등록일 / 1993. 11. 4
·
초판1쇄발행일 / 2005년 8월 20일
초판3쇄발행일 / 2006년 7월 25일
·
ⓒ 2005 박전열 외 Printed in KOREA
·
값 15,000원
·
E-mail/hannury2003@hanmail.net
·
※잘못된 책은 바꿔드립니다.

ISBN 89-7969-278-1 93380